新しい英語教育の展開

高橋貞雄 編著

玉川大学出版部

はじめに

　英語教育はグローバル化と教育環境の両面から改革を求められています。グローバル化という面で言えば，英語運用力に対するニーズはかつてないほどに高まっています。英語力を格段に上げなければ日本は世界の舞台から降ろされてしまうという声があちこちから聞こえてきます。
　それにともない，教育環境も抜本的な見直しを迫られています。教育格差の問題，学習力の低下，小学校英語の教科化，学校区分の見直し，入試制度改革，あるいはその中で行われるべき到達目標の提示とその成果の透明化，英語の授業は英語で行う，教員養成のあり方など，課題が山積みです。

　本書は，そうした社会のニーズや教育改革を見据えて編んでいます。小学校から高等学校までを1つの線上に並べて授業のあり方を提案しているのはそのためです。今後の教育のあり方を考えたときに，従来の再生産的な授業方法では社会の期待に応えることはできません。本書のタイトルに「新しい」という語をつけたのは，従来の考えから少しでも前に進みたい，今後の課題に取り組む道筋をつけたい，という姿勢を明確にするためです。
　現在，初等教育から高等教育までの各段階において，問題解決型学習（PBL）やアクティブ・ラーニングが注目されています。この背景には様々な要因が考えられます。1つは，社会の様々な側面で軋轢が生じているということ，もう1つは，多様な価値観が交錯する中で，1人では物事を解決することが難しくなってきているということです。そのために英語教育においても，従来の受動的な学習から脱却し，協同学習を積極的に取り入れた主体的・自律的な学習への転換が求められています。新しい時代を生き抜く人材を育成するために，英語教育を通して若い世代のコミュニケーション能力の向上に寄与していきたいと考えています。

　本書は，以下のような方をおもな対象にしています。

　　・英語科の教職課程を受講している学生

・小・中・高の英語教育のあり方を関連させて学びたい方
・英語科の評価のあり方やテストの作成について学びたい方
・「英語で行う授業」の手がかりを得たい方
・語彙や表現の指導にコーパスを活用したいと思っている方

　また，本書を英語科の教員研修でも活用していただきたいと思います。本書がより良い授業作り，指導力の向上に少しでも寄与できれば幸いです。ドイツの教育学者ディースターヴェークは「進みつつある教師のみ人を教うる権利あり」と言っています。学ぶものも教えるものも一緒になってお互いに協力しながら，より良い社会作り，より良い人間作りに貢献できることを願っています。

編者

目次

はじめに 3

第1章
英語科の基礎

- 1.1 言語教育論 ……………………… 11
- 1.2 英語論「なぜ英語か」………………… 13
- 1.3 コミュニケーション能力 …………… 15
- 1.4 言語の使用場面と言語の働き ……… 17
- 1.5 授業論 …………………………… 18
  - 1.5.1 題材 18
  - 1.5.2 言語材料（文構造・語彙・音声） 19
  - 1.5.3 言語活動（学習形態） 20
  - 1.5.4 シラバス 23
  - 1.5.5 4技能の総合と統合 25
  - 1.5.6 指導案（授業案） 26
  - 1.5.7 授業評価・学習評価 27
- 1.6 教材論 …………………………… 30
- 1.7 学習理論と教授法 ………………… 32
- 1.8 学び方の指導と動機づけ ………… 36
- 1.9 教師論 …………………………… 38

第2章
英語科の到達目標と評価

- 2.1 評価規準による観点別評価 ………… 41
  - 2.1.1 経緯 41

2.1.2　評価規準はどう変わったか　43
　　　2.1.3　残された課題　46
　2.2　「CAN-DO リスト」の形での学習到達目標設定 …………………………………… 49
　　　2.2.1　学習到達目標の設定をどうするか　49
　　　2.2.2　CAN-DO リストをどう作るか　50
　　　2.2.3　CEFR-J プロジェクト　53
　2.3　評価法とテスト作り ………………… 57
　　　2.3.1　現行テストの問題点　57
　　　2.3.2　各技能のテスト方法　60

第3章

小学校の授業展開

　3.1　小学校の英語教育のねらい ………… 82
　　　3.1.1　外国語活動の目標　82
　　　3.1.2　学年ごとの目標　83
　　　3.1.3　外国語活動の位置づけ　84
　　　3.1.4　外国語活動と外国語科──コミュニケーション能力の素地　86
　3.2　英語活動と外国語活動──外国語活動導入の経緯 ……………………………… 87
　3.3　指導内容と指導形態 ………………… 88
　　　3.3.1　指導内容　88
　　　3.3.2　指導内容と活動　90
　　　3.3.3　文字の扱いについて　98
　　　3.3.4　指導形態──外国人指導助手（ALT）等とのチーム・ティーチング　98
　3.4　英語で行う授業 …………………… 101
　　　3.4.1　学級担任による英語表現　102
　　　3.4.2　英語で行う授業の際に留意すべきこと　103
　3.5　指導案 ……………………………… 105

第4章

中学校の授業展開

- 4.1 中学校の英語教育のねらい ………… 108
  - 4.1.1 学習指導要領の基本方針 108
  - 4.1.2 領域別目標 110
- 4.2 指導内容と指導形態 ………………… 110
  - 4.2.1 聞くこと・話すことの実践例 112
  - 4.2.2 読むことの実践例 114
  - 4.2.3 書くことの実践例 115
- 4.3 授業作り ……………………………… 117
- 4.4 英語で行う授業 ……………………… 119
  - 4.4.1 授業内での教師と生徒とのインタラクションについて 119
  - 4.4.2 教科書本文の内容を英語でどのように導入するか 120
  - 4.4.3 授業運営で使用する英語 121
- 4.5 指導案 ………………………………… 124
  - 4.5.1 指導案（略案） 124
  - 4.5.2 指導案（細案） 133
  - 4.5.3 英語による指導案 138

第5章

高等学校の授業展開

- 5.1 高等学校の英語教育のねらい ……… 145
  - 5.1.1 学習指導要領の基本方針 145
  - 5.1.2 科目別目標 151
- 5.2 指導内容と指導形態 ………………… 153
  - 5.2.1 指導内容 153
  - 5.2.2 指導形態 160
- 5.3 授業作り ……………………………… 162
  - 5.3.1 何を教えるか 162
  - 5.3.2 どのような手順で教えるか 164
- 5.4 英語で行う授業 ……………………… 167

5.5　指導案 …………………………………… 169
　5.5.1　指導案（1）　コミュニケーション英語Ⅰ　169
　5.5.2　指導案（2）　英語表現Ⅰ　175

第6章
英語で行う授業のヒント

6.1　英語で行う授業に求められていること ………………………………………… 184
　6.1.1　英語で行う授業についての3つの立場　184
　6.1.2　日本の学習指導要領　186
　6.1.3　英国の手引き書　188
6.2　英語で行う授業の実際 ……………… 191
　6.2.1　フィンランドの小学校での新出単語の学習　191
　6.2.2　日本の中学校での文法の導入　193
　6.2.3　日本の中学校での話す活動の指導　196
　6.2.4　フィンランドの高等学校での読む活動の指導　199
6.3　英語で行う授業の理論 ……………… 202
　6.3.1　1言語指導法から2言語指導法へ　202
　6.3.2　各教授法での第一言語の位置づけ　206
　6.3.3　第一言語使用への賛否　208
6.4　英語で行う授業のヒント …………… 212
　6.4.1　教師の英語使用と生徒の英語使用　212
　6.4.2　英語科の学科方針　216

第7章

役立つフレーズ——生徒が英語で言いたいこと

7.1 英語で言いたかった表現を集めた学習者コーパス ……………………… 218
7.2 input と output との関係について先行研究ではどのようなことが言われているのか ……………………… 223
7.3 中学校の検定教科書にどのような表現を補って指導したらよいのか ………… 224
  7.3.1 基本動詞　play など　224
  7.3.2 接続詞　because　228
  7.3.3 接続詞　while　230
  7.3.4 不定詞　231
  7.3.5 関係代名詞　233
  7.3.6 発信型日本文化　236

おもな英語試験　241
参考文献　245

第 1 章

英語科の基礎

　英語は明治以降，良くも悪くも議論の対象でした。しかもどちらかというと「成果」という観点から批判されることが多かったと言えるでしょう。それは「日本人にとっての英語」という視点から，ある種の憧れでもあると同時に，どこか遠い存在だった（そして今も）からでしょう。

　英語教育は，明治時代の第一次ブーム，戦後期の第二次ブームを経て，現在は第三次ブームを迎えていると言ってよいでしょう。しかし，英語教育の目的は，一言で言えば，受容から発信へと大きく変容してきています。その理由は，現在はグローバル時代を生き抜くという，官民を挙げた戦いの真っただ中にあるからです。

　本章は，これから英語教育の現場に就こうと考えている皆さんを念頭に，英語科の基礎として理解し，また修得してもらいたいことを想定して記述していきます。もちろん，すでに教職の現場に立たれている方も参考にしていただければ幸いです。英語教育に寄せる考え方は一様ではありません。したがって，ここで述べる内容に異議を持たれる方もいるでしょう。その場合には批判的に活用していただければと思います。

1.1　言語教育論

　英語教育はいったい何のために行うのでしょう。英語教育は今までに様々な制度改革を行い莫大な投資をしてきたのにもかかわらず，十分な成果を挙げられていない，あるいはそう思われているのはなぜでしょう。それは，英語教育の目的を真剣に議論してこなかったからではないでしょうか。確かに今までも，教養論や実用論などの議論はありましたが，その議論がかみ合ったことはありません。そしてここにきてのグローバル論です。そうしてみると，立場立場でのイデオロ

ギーや雰囲気が先行して，具体的な教育現場での指導法や学習法を本気で改革するためのエネルギーになってきていないように思えます。

　ここで，英語教育の目的論を語る前に，英語教育は言語教育であるということを確認しておきたいと思います。英語教育は確かに，英語という言語の教育の他に異文化理解教育といった側面もありますが，基本は言語教育です。近年は，デジタル化や映像化が進み，いわゆる活字離れや言語力の低下といったことをよく耳にします。しかし人間が人間であるためには言語は最重要の要素です。もし本当に若者の言語力が低下したのであれば，人間の将来は「危うい」ということになりますし，少なくとも人間の資質が大きく変容していくことになるでしょう。

　ここで，言語とは何かを押さえるために，その「機能」つまりは何のために言語があるのかを整理しておきましょう。『ロングマン言語教育・応用言語学用語辞典』（南雲堂，2013）では言語の機能を次の4種類に分類しています。

(a) 記述的機能（descriptive function）：話し手や書き手の世の中の経験を体系化し，述べたり，否定したり，場合によっては試したりできるような情報を伝達すること。
(b) 社会的機能（social function）：人同士の関係を築いたり，維持したり，合図を出したりするために使うこと。
(c) 表現的機能（expressive function）：話し手が自分の意見や先入観や過去の経験などについての情報を表すこと。
(d) テクスト形成の機能（textual function）：書記テクストや音声テクストを作り出すこと。

　簡略して言えば，(a)は何かについて述べること，(b)は人と人をつなぐこと，(c)は考えを述べること，(d)は会話や文章を作ること，といったことになるでしょう。これは言語一般の働きですから，個別言語の日本語でも英語でも同様です。ここで，英語教育の目的論につなぐために，言語機能を次のように再整理してみます。

(1) 社会的機能：人間関係を作ったり維持したりする機能
(2) 伝達機能：情報のやりとりをする機能
(3) 思考・認知機能：考えたり，理解したりする機能

　(1)は，上記の(b)に相当し，social function（社会的機能）や phatic communion（交感的言語使用）と呼ばれるもので，言語が人間関係を維持する上で重要な働きを

するということです。例えば，友人であっても何も言葉を交わさずに一緒にいたら，その友人関係が破綻します。これはたとえて言うならば，猿が仲間の関係を維持するために「毛づくろい」をするのに似ています。言語では「こんにちは」や"How are you?"などがその代表的なものです。

(2)は，上記の(a)や(c)に相当します。これは communicative function（伝達機能）のことです。一般に，言語は何のためにあるのか（使うのか）といった問いに，情報のやりとりをするためです，と答えることが多いでしょう。この機能は大変重要であり，とりわけ外国語教育においてはここに焦点が置かれることが多いのです。学習指導要領の中で「言語の働き」に焦点を当てて指導することを求めていますが，情報のやりとりをする力を身につけることによってコミュニケーション能力の育成を図る，ということです。

(3)の機能は，最初の分類では直接には言及されていません。これは metacognitive function（メタ認知機能）と呼ばれるものです。(2)の伝達機能に焦点を当てすぎると，忘れがちな機能ですが，言語教育の観点ではきわめて重要な機能です。人間は何かを考えたり，様々な現象を理解したりするときに言語を介します。つまり言語を使わないと，思考したり認知したりすることができない（または困難になる）ということです。通常，日本人は日本語を通して考えたり理解したりします。英語を学ぶことによって，英語を通しての思考や理解が可能になります。例えば，英語の"brother"は日本語では「兄」なのか「弟」なのかよくわかりません。日本語では両者を区別することが重要ですが，英語では通常はその必要がなさそうです。つまり，言語は文化を反映しているのです。英語を学ぶことによって思考の幅が広がるとか，複眼的思考ができるようになるとか言われますが，このことは英語教育の重要な意義の1つです。英語教育の成果を問うときに，言語の伝達機能に焦点を当てて数値で評価する，例えば英検の級や TOEIC の点数で評価するということが行われますが，思考や認知の機能は点数化することは困難です。しかし，言語教育全体を考えたときには，重要な役割を果たしていると評価すべきでしょう。

1.2　英語論「なぜ英語か」

なぜ英語を学ばなければいけないの？　という問いは避けては通れません。教室現場でも子どもたちが持つ素朴な疑問だからです。これには2つの側面から答えなければなりません。1つは，日本では英語ができなくても日常生活で困ることはない，将来も英語に関係のある仕事には就きそうもない，という疑問です。2つ目は，英語の他にも外国語はたくさんあるのに，なぜ英語なのか，という問

いです。English とは，複雑な歴史的経緯を簡略して言えば，英国の England（原義はアングル族 (the Angles) の国）の言語であるから English なのです。英語は，軍事力，政治力，経済力を背景に世界に広まっていきました。いわゆる帝国主義と期を一にして広がっていったということです。Robert Phillipson の *Linguistic Imperialism*（1992）の出版以来，一時期，言語帝国主義論が応用言語学の研究者を中心にして多くの注目を集めました。この理論では，英語が広がることによって，アングロサクソンのユダヤ教とキリスト教の文化を押しつけることになり，非英語圏の文化や言語の脅威になる，と主張します。日本においても，ネイティブ崇拝やネイティブ・スピーカー・シンドロームは根強く浸透していますが，そうした傾向に警鐘を与える理論だと言えます。

　そういったある種のブレーキや戸惑いとは別に，英語はますます力を増してきています。それはとりわけ経済のグローバル化によるものです。現在は，ほとんどすべての会社や企業において，言語鎖国の状態で成立することは不可能です。一般的な定義においては，日本人にとって英語は外国語（English as a Foreign Language, EFL）であり，第二言語（English as a Second Language, ESL）ではありません。第二言語としての英語というのは，日常生活において母語に代わって使われる言語のことです。世界には英語が公用語（English as an Official Language）になっているところもあります。公用語というのは，例えば，英語が学校で使われる公式の言語であったり，市役所において国語と対等の資格で使われる言語のことであったりします。現在，英語が公用語または準公用語になっている国は60ヶ国以上あります。日本の社会では英語は第二言語や公用語としての資格は持ち得ていません。

　一方で，日本においても世界の趨勢にたがわず，グローバル化が急速に進展しています。同時に英語化も進んでいます。例えば，アジアでビジネスが展開される場合に，使用言語は日本語でもなく中国語でもなく，英語だということです。ビジネス以外でも，例えばプロテニスの選手は英語でインタビューを受けます。このような状況で使われる英語は，国際語としての英語（English as an International Language）や国際共通語としての英語（English as a Lingua Franca）と呼ばれます。Crystal（2010）によると，世界の総人口の中で，英語を母語として使う者（いわゆる native speaker）が約4億人，第二言語が6億人，外国語として流暢に英語を使う者が6億人います。さらに，流暢とは言えない英語使用者も含めれば20億人に達します。こうした状況の中で母語話者同士で英語を使うものは4億人に限定されるわけですから，大半の英語活動は母語話者以外の者同士で行われるということです。これが現代社会における英語使用の現実であり，こうした傾向はますます強くなっていくことが想定されます。今英語を学んでいる生徒

も，これから英語教員を目指す学生も，こうした事実を踏まえて取り組む必要があります。

1.3 コミュニケーション能力

「コミュニケーション能力」という言葉が現在ほど重視される時代はなかったでしょう。企業が求める人材の資質の中で常に1位になるのが，コミュニケーション能力のある人材です。では，英語教育の分野ではこの能力はどのように扱われてきたのでしょうか。英語教育の目的として英語によるコミュニケーション能力の育成は当然のことだと思われるかもしれません。しかし，英語教育の長い歴史の中で，コミュニケーションの文言が初めて登場したのは平成元年（1989）の学習指導要領でした。極端なことを言えば，それまでの英語教育はコミュニケーション能力の育成を主たる目的にしてこなかったことになります。その後，コミュニケーション能力の育成を図るために様々な努力が重ねられてきましたが，期待するほどの成果が得られたとは言えません。そこで，平成10年（1998）の学習指導要領では，4技能の中から「聞くこと」と「話すこと」をより重視して，新たに「実践的コミュニケーション」という言葉を登場させました。つまり「使う」ということにより舵を切ったことになります。この流れと並行した施策が，従来の詰め込み教育からの方向転換として，新学力観のもとに学習内容および授業時数の3割削減，「総合的な学習の時間」の新設でした。いわゆる「ゆとり教育」が始まり「ゆとり世代」という言葉まで生まれました。英語教育の中では，実践的なコミュニケーション能力の育成という旗印とともに，「会話」的な授業は多くなったものの，語彙数の削減（中学校では従来の1000語程度から上限900語まで，必修語は100語にまで削減），さらに授業時間の削減（週3時間）などがあり，学力の低下を招き，英語力の底上げにはつながりませんでした。そこで，平成20年（2008）（小中），平成22年（2010）（高校）では再度学習指導要領が改訂され，小学校では外国語活動が必修として導入され，中学校では「聞くこと，話すこと，読むこと，書くことなどのコミュニケーション能力の基礎」の養成を目標に掲げ，4技能のバランスを重視するとともに，文法観においても「コミュニケーションを支える」という位置づけがなされました。並行して，授業時間の確保（週4時間），語彙数の増加（1200語程度）も図られました。さらに高等学校では「コミュニケーション英語Ⅰ」が必修になり，語彙数も従来の中高合わせた2200語から3000語まで増加しています。また，高等学校では授業を基本的に英語で行う施策も導入されています。このように，我が国の英語教育は，従来の教育の伝統を踏まえつつ，社会の動向も見ながら，「コミュニケーション能力」の育成を

第 1 章

めぐって苦心惨憺しているのが現状と言えるでしょう。

　ここで，英語のコミュニケーションとは何か，について言及しておきましょう。従来，そして現在も，文法とコミュニケーションが対立軸として捉えられることが多いようです。つまり，文法とコミュニケーション（特に会話）は相反するものであり，文法を重視しすぎるからコミュニケーションができない，あるいはコミュニケーションばかりするから基礎学力が身につかない，という考え方です。確かに従来の英語教育（英語の授業）は文法中心に行われてきており，「使う」ということを重視してこなかったと言えるかもしれません。ここでは，文法とコミュニケーションは利害関係にあるものではないということを確認しておきたいと思います。すでに言及したように，文法（文構造）はコミュニケーションを支えるもの，という理解が重要です。一例を挙げれば，不定詞の用法を学ぶということは，単に不定詞（to プラス動詞の原形）というしくみを学ぶということだけではなく，それを使って，例えば将来なりたい職業について話すことができる，という認識の涵養が必要です。ちなみにコミュニケーション能力（communicative competence）の定義として最もよく引用されるのが Canale & Swain (1980) です。

(1) 文法能力（grammatical competence）：文法，語彙，音韻，意味などを操作する知識や能力。
(2) 社会言語能力（sociolinguistic competence）：言語が使われる社会的な状況を理解し，その場にふさわしい表現を使えたり，適切な対応ができたりする能力。
(3) 談話能力（discourse competence）：発話や文章をまとまりのある一貫した内容に構成する能力。
(4) 方略的能力（strategic competence）：言語技能や知識の弱点を，言い換え，身振り，他言語の借用などの様々な方略を用いて補う能力。

　Canale & Swain は，コミュニケーション能力には上記の様々な能力が含まれ，しかもこの順序で重要性が高いといいます。したがって，コミュニケーション能力にとって，文法は欠くことのできないものであり，少なくとも文法とコミュニケーションが相反するものではないことがわかるでしょう。しかも，近年は，デジタル通信が欠くことのできないものになっており，従来にもまして，読んだり書いたりするコミュニケーション技能の重要性も高まってきているのです。

1.4 言語の使用場面と言語の働き

　平成 10 年度（1998）の学習指導要領から「言語の使用場面」と「言語の働き」に配慮することが求められるようになっています。こういった概念が登場する背景は Hymes（1972）によって communicative competence（コミュニケーション能力）が提唱されたことにさかのぼります。それまで主流だった linguistic competence（言語能力）では言語使用者の当該言語についての知識のみが問題にされており，誰がどのような場面でどのような目的のために言語を使うのか，またそうしたことができる能力は問題にされていませんでした。こうした概念や用語が提唱されて以来，Communicative Approach（コミュニカティブ・アプローチ）や Communicative Language Teaching（CLT：コミュニカティブ言語教授法）が盛んに研究・実践されるようになりました（おもな教授法については後述します）。その中で使われるようになったのが situation（場面）と function（機能または働き）という概念です。場面というのは，文字どおり，その言語が日常のどのような場面で使われるかということです。また，機能や働きというのは，一部は前述していますが，どのような目的のために言語が使われるのかということです。いずれも言語使用能力を高めるためには欠くことのできない要素です。

　学習指導要領ではコミュニケーション能力の基礎を養うという観点から，「言語の使用場面」と「言語の働き」が用例とともに記載されています。詳細は学習指導要領で確認する必要がありますが，例えば，平成 20 年度（2008）の中学校では言語の使用場面の例としては以下のようなものが示されています。

　　(a) 特有の表現がよく使われる場面
　　　　・挨拶　・自己紹介　・電話での応対・　買い物
　　　　・道案内　・旅行　・食事　など
　　(b) 生徒の身近な暮らしに関わる場面
　　　　・家庭での生活　・学校での学習や活動　・地域の行事　など

さらに，言語の働きの例として以下のようなものが示されています。

　　(a) コミュニケーションを円滑にする
　　　　・呼び掛ける　・相づちを打つ　・聞き直す　・繰り返す　など
　　(b) 気持ちを伝える
　　　　・苦情を言う　・ほめる　・謝る　など
　　(c) 情報を伝える
　　　　・説明する　・報告する　・発表する　・描写する　など
　　(d) 考えや意図を伝える

　　　　・申し出る　・約束する　・意見を言う　・賛成する　・反対する
　　　　・承諾する　・断る　など
　　(e) 相手の行動を促す
　　　　・質問する　・依頼する　・招待する　など

　とりわけ「言語の働き」については，Communicative Approach における communicative function の影響を強く反映したものになっています。学習指導要領において，ここまで学習内容を細かく示していることに関して是非論はありますが，少なくともコミュニケーション能力の基礎を養う，という観点では一定の成果を上げる指針として評価できるでしょう。当然ながら，「言語の使用場面」と「言語の働き」は検定教科書にも反映されています。教材研究を進めたり，授業計画を立てたりする上で配慮する必要があります。

1.5　授業論

　近年，中等教育，高等教育にかかわらず授業のあり方そのものを研究対象にするアプローチが盛んになってきました。このような研究は「授業学」または「授業論」として定着してきています。ここでは授業を考える上で考慮すべき事柄を押さえておきたいと思います。

1.5.1　題材

　英語教育は，文構造やコミュニケーションの仕方だけを教えることが目的ではありません。例えば，英語教育で異文化理解教育に責任を果たすべきかどうか，また異文化理解を扱うとしたらどのように取り上げるべきかが問題になります。これには複数の意見があります。英語教育は英語の教育であるから，英語そのものを中心に教えるべきだ，という立場が1つです。もう1つは，言語は文化であり，当然のこと言語に載せるメッセージ性が重要である，という立場です。確かに，異文化理解は英語教育だけが責任を担うものではなく，他の教科においても扱うべきものです。しかし，英語教育ならではの，英語教育だからこそ可能になる異文化理解教育は行うべきでしょう。

　平成20年度（2008）の中学校の学習指導要領では，教材選定の観点として以下のように述べています。

　　「教材は……英語を使用している人々を中心とする世界の人々及び日本人の
　　日常生活，風俗習慣，物語，地理，歴史，伝統文化や自然科学などに関する
　　ものの中から，生徒の発達の段階及び興味・関心に即して適切な題材を変化

をもたせて取り上げるものとし，次の観点に配慮する必要がある。
（ア）多様なものの見方や考えを理解し，公正な判断力を養い豊かな心情を育てるのに役立つこと。
（イ）外国や我が国の生活や文化についての理解を深めるとともに，言語や文化に対する関心を高め，これらを尊重する態度を育てるのに役立つこと。
（ウ）広い視野から国際理解を深め，国際社会に生きる日本人としての自覚を高めるとともに，国際協調の精神を養うのに役立つこと。」

このようにしてみると，英語教育は公教育における一分野として，子どもたちの世界観を広げたり，判断力を養いながら人間的な成長を促す責任を負っていることがわかります。さらに，新たに伝統文化や自然科学が加わってきたことも，英語教育における授業論として配慮すべき事項です。

1.5.2 言語材料（文構造・語彙・音声）

授業の骨組みを構成するのが言語材料です。学習指導要領においては，言語材料は「音声」「文字及び符号」「語，連語及び慣用表現」および「文法事項」の4領域から構成されており，それぞれ指導すべき内容が明示されています。通常，授業を考案したり，指導案を作成したりするときには，言語材料とは，文法，語彙，音声のことであると理解しておけばよいでしょう。

従来，文法については文型，あるいは文法・文型と呼ばれたりしていましたが，現在は文構造という用語を使うようになっています。文型という用語は，いわゆる5文型を連想させ，例えばThere構文などは何文型として説明すべきかとか，文型練習中心の授業になってしまう，などを理由に使われなくなってきています。そのため，検定教科書においても，文型の代わりに文構造とか文のしくみ，といった用語を使うようになっています。学習指導要領では中学校で扱うべき文法事項，高等学校で扱う文法事項が厳密に規定されていますので，用例とともに確実に押さえておく必要があります。

語彙（単語）については学習指導要領が改訂されるたびに，扱うべき語数に変動がありました。現在では中学校で1200語程度，高等学校では中学校と合わせて3000語となっています。かつては必修語の規定があって必ず教えなければならない単語が決まっていたことがあります。今ではその規定がなくなっていますので，どの単語でもよいことになります。一方で，言語活動を豊かにするという観点からin front of, look forなどの連語を積極的に取り上げることを求めています。単語については語数のみに焦点が当てられがちですが，学習の効率やコミュニケーションでの活用を考えたときには，頻度の高い語を優先する，聞く話すな

どに活用しやすい発表語彙を優先する，英検や入試などに頻出する語彙を押さえる，学習者のニーズを優先する，などの配慮がなされなければなりません。

　音声については，現代の標準的な発音を指導することが求められています。英語は世界の多くの地域や場面で使用され，用法だけでなく発音にも多様性があります。ここで言う標準的というのは，特定の地域や集団の発音に偏ったり，口語的すぎたりしない発音ということです。一方で，様々な発音があることも事実ですから，ある程度学習が進んでから徐々に多様な発音に触れさせるようにしたらよいでしょう。また，語と語の連結による音変化，基本的な語強勢や文強勢，音調（イントネーション），文の区切り，といったことを指導できるようにしておかなければなりません。さらに，言語によって母音や子音の種類や数が異なること，発音の仕方が異なること，などが発音指導の基本です。その意味では，音声学で基本となる，発音記号（特に国際音標文字 IPA：International Phonetic Alphabet），調音の様式（manner of articulation），調音位置（place of articulation）も修めておかなければなりません。

　発音指導で欠くことができないのが音読（reading aloud, oral reading）です。黙読（silent reading）もありますが，これはどちらかというとリーディング指導で活用されるものです。現在，授業では様々な音読法が用いられます。一斉読み（chorus reading），グループ読み（group reading），個人読み（individual reading），バズ・リーディング（buzz reading），シャドーイング（shadowing），read-and-look-up，スラッシュ・リーディング，チャンク・リーディング，表現読み，など基本的な手法を活用して音読指導ができるようにしておきたいものです。

1.5.3　言語活動（学習形態）

　授業の主要な部分を構成するのが言語活動です。言語活動を立案するためには，授業の成果（到達目標）を見据えて，それを達成するための方策を考えることが必要です。つまり，はじめに言語活動ありきではない，ということです。例えば，文部科学省は，2020年からの完全実施に向けて「グローバル化に対応した新たな英語教育の在り方」を答申しています。それによると，中学校では，身近な話題についての理解や簡単な情報交換，表現ができる能力を養うこと，また授業を英語で行うことを基本とする，という指針が示されています。また，高等学校では，幅広い話題について抽象的な内容を理解できる，英語話者とある程度流暢にやりとりができる能力を養う，授業を英語で行うとともに，言語活動を高度化（発表，討論，交渉等）する，となっています。したがって，こうした目標を実現するために様々な活動を考えることになります。当然ながら学習段階にふさわしい活動も考慮に入れる必要があります。さらに，中学校，高等学校ともに，授業を

英語で行うことが想定されています。ここでは，英語で授業を行うことの意義を
よく考えておく必要があります。ここでも「授業は英語で」が最初にあるわけで
はありません。つまり，何のために英語で授業を行うのか，ということです。英
語で授業を行うことによって，言語活動のどの面が活性化し，目標とする成果の
達成がより容易になるということでなければ意味がありません。さらに，英語で
授業を行うのは教員ですが，何よりも大事なのは学習者の視点です。英語で授業
が行われることによって，生徒の英語を使う活動が増加する，ということが担保
されなければなりません。

　以上のことを念頭に置きながら，言語活動の種類や形態について，Harmer
(2010)を参考にしながら想定される利点や欠点について考察します。一般的に，
授業には以下のような形態があります。

(1)　一斉授業（whole-class teaching）

　最も一般的かつ伝統的な授業形式です。教室配置としては，いわゆるスクール
形式が一般的ですが，そのほかにも円形，馬蹄形などのバリエーションが可能で
す。以下はこのタイプのメリットとデメリットです。

　［メリット］
　・クラスの帰属意識が高まる。
　・教師中心の授業に適している。
　・教師の授業準備等の負担が少なく，一度に均一の指導が行える。
　・文法訳読法などの指導法に適している。
　・授業の雰囲気や進度を測りやすい。
　・教師，学習者ともに安心感が得られ，「教えてもらいたい」と思うような学
　　習者には好まれる。

　［デメリット］
　・一人ひとりの学習者が習熟度にかかわらず，同時に同じ進度で学ばなければ
　　ならない。
　・一人ひとりの英語の発言の機会が少ない。
　・演繹的な授業になりがちなので，学習が受け身になる。
　・知識の習得には適しているが，自分の学習に責任を持ちにくい。
　・コミュニケーションを目的にした指導には適さない。

(2)　個人学習（individual learning）

　ここで言う個人学習は，家庭学習などのことではなく，平常授業の中で行われ
る学習形態を言います。また，教師の立場から言えば，個人指導ということにな

ります。

[メリット]
- 学習者の進度や学習スタイルなどの個人差に応じて指導することができる。
- 一斉授業などと比べて，学習者のストレスが少ない。
- 教師に直接教えてもらえるという安心感がある。
- 自律的な学習者を育てやすい。
- 静かな教室環境を作りやすい。

[デメリット]
- 学習者の帰属意識が育たない。
- 人前で英語を使う機会がない。
- 学習者同士の学び合いや教え合いができない。
- 大人数クラスでは，個人に合わせた授業の準備が大変である。

(3) ペアワーク (pairwork)

対話練習などで最もよく使われる活動です。インフォーメーション・ギャップの活動や音読練習などの活動でも使われます。

[メリット]
- 一斉授業と比べて一人ひとりの英語の発言量が多くなる。
- 教師の指導がなくても活動が行えるので，自律的な学習力がつく。
- ペアワークの活動中に教師の机間指導がしやすい。
- 協力心が育ち，教室が和やかな雰囲気になる。
- 責任を分かち合うので，その分個人のストレスが軽減する。

[デメリット]
- 時として教室が騒々しくなり，教師のコントロールが難しくなることがある。
- ややもすると本来の活動からそれて，別の活動（例えば，日本語を話す）をしてしまうことがある。
- 進度に差があるペア同士よりも，教師とのやりとりを好む学習者もいる。
- ペアを組むこと自体が難しいこともある（教師の指導力が問われる）。

(4) グループワーク (groupwork)

ペアワークでは十分な活動が行えないときに，例えば，4，5人でグループ活動を行うことがあります。話し合いやロール・プレイなどに適した活動です。協同学習ではしばしばグループワークが行われます。

[メリット]
- ペアワークと同様に，一人ひとりが話す機会が多い。

- ペアワークと異なり，人間関係の問題は生じにくい。
- 多様な考えを得たり，多様な貢献をしたりすることができる。
- 協力や交渉といった技能を育みやすい。
- 自己表現が担保されるので，学習者の自律が促進される。
- 一斉授業と比べて，学習者のストレスは少ない。

［デメリット］
- 時としてクラスが騒々しくなり，教師のコントロールが難しくなることがある。
- 学習者によっては，仲間同士の活動よりも，教師とのかかわりを期待することがある。
- グループワークでは相互の役割が固定されがちで，特定の学習者が常に受け身にまわってしまうことがある。
- 教師にとっては，グループの編成や教材の準備に負担がかかりすぎることがある。

ここでは，学習形態の特徴について述べてきました。当然のことながら，1つの活動で1つの授業を通すということは普通はありません。それぞれの活動タイプの特徴を生かしながら，組み合わせて授業計画を立てることになります。大事なことは，ただ単に多様な活動を取り入れるというだけではなく，何を目的にして活動を行うのかを教師がよく把握しておくということです。

1.5.4 シラバス

シラバス（syllabus）は，授業で何を教え，それをどのような順序で教えるかを記述したものです。シラバスの別名としてカリキュラム（curriculum）を用いることがありますが，一般的にはカリキュラムの方が広い意味で使われます。カリキュラム開発の一側面としてシラバスを用意することをシラバス編成（syllabus design）と言います。シラバスとは，授業の中身と順序を明記したものなので，後述する教材編成にも関係してきます。

ここでは，一般的に用いられているいくつかのシラバスを取り上げ，その目的と特徴について解説することにします。

(1) 文法シラバス（Grammatical Syllabus）：構造シラバス（Structural Syllabus）とも呼ばれます。文構造や音韻構造を，難易度，頻度，有用性といった基準に照らして選択，配列していくシラバスです。伝統的な英語教育ではこのシラバスをしばしば採用します。中学校や高等学校では教えるべき文構造が指定されているの

で，それを一定の基準に従って配列する必要があります。その際に，言語発達における習得順序や，教えやすさ・学びやすさ，といった観点が基準になることもあります。

(2) 場面シラバス（Situational Syllabus）：at a restaurant, at a party などのように，コミュニケーションが行われる場所や場面を設定して，そこで使われる可能性がある語句や表現をまとめて教えることを意図したシラバス。学習指導要領においても，「言語の使用場面の例」として，具体的に買い物，道案内などが指定されています。このシラバスの良いところは，場面ごとにすぐに使える表現を練習することができるということです。一方で，文法の体系性を教えることができないといった課題もあります。

(3) 話題シラバス（Topical Syllabus）：題材シラバスとも呼ばれます。健康，環境，衣食住などの話題やテーマを中心にして編成するシラバスです。学習者の習熟度や発達段階に応じて，取り組みやすい話題から順にシラバスを編成する，といったことが可能です。例えば，中学1年では，学校や家庭などの身近な話題を取り上げるといったことが想定されているので，その学年ではそうした話題に関する語句や表現を教えるようにします。

(4) 機能シラバス（Functional Syllabus）：依頼する，報告する，説明する，言い直す，などといったコミュニケーションの機能（function）を類別して編成するシラバス。Communicative Approach が登場して以来，注目されるようになり，機能シラバスに基づく教材も数多く出版されています。このシラバスの特徴は，いろいろな場面での有用性が高いというところにあります。例えば，「依頼する」といった機能で使う表現は，特定の場所に限定されることなく，様々な場面で使うことができます。このシラバスは，有用性が高い反面，ややもすると暗記を意図した単なる「表現集」にすぎない，といった批判を招く可能性もあります。学習指導要領では，この「機能」は「言語の働き」といった表現に置き換えられています。

(5) 概念シラバス（Notional Syllabus）：期間，方向，度量衡などを概念（notion）と言い，そうした概念を基準にして編成したシラバスを概念シラバスと言います。前置詞，色，家族なども一種の概念であり，そういった概念ごとに語彙を整理して教えるといったことは有効です。また，「道案内」の場面では，「方向を表す」といった概念が有効に働くことになります。

(6) 機能・概念シラバス（Functional-Notional Syllabus）：上記の「機能」と「概念」をセットにして「概念・機能シラバス」（Notional-Functional Syllabus），または「機能・概念シラバス」（Functional-Notional Syllabus）と呼ぶことがあります。

(7) 技能シラバス（Skill Syllabus）：メモをとる，要点を聞き取る，要点を読み取る，推測するなど実際の言語活動の場面で必要になる「技能」を基準にしたシラバス。技能シラバスは，とりわけ言語の発達段階を考慮に入れて編成する必要があります。今後はいわゆる4技能（four skills）においても，「読み方」「書き方」などのように，例えば，どうすれば読めるようになるのか，といった技能を意識した指導が求められるようになります。

(8) タスクシラバス（Task Syllabus）：手紙を書く，地図を描く，方向をたどる，指示に従う，といったタスク，つまり何らかの作業を伴う活動に基づくシラバス。多くの場合，タスクがいくつかのステップを踏むことがあり，その場合には，プロセス・シラバス（Process Syllabus）や手順シラバス（Procedural Syllabus）と関連付けられることがあります。

(9) 混合シラバス（Mixed Syllabus）：1つの授業を1つのシラバスで，例えば1時間を使って「道案内」の授業をすることは可能です。また，教材においても，機能シラバスだけで1つのテキストを書くことも可能です。しかし，中学校や高等学校の教科書が特定のシラバスのみに基づいて編成されることは現状では考えられません。通常は複数のシラバスを編みこんで編成します。検定教科書のほとんどは，文法シラバス（構造シラバス），話題シラバス，機能シラバス，場面シラバス，技能シラバスなどを重層に配置していきます。そのため，この種のシラバスを混合シラバス，または層シラバス（Layered Syllabus），多層シラバス（Multi-layered Syllabus）などと呼びます。

1.5.5　4技能の総合と統合

　学校の英語教育においては4技能をどのように系統だてて教えるかは重要な課題です。技能指導をどのように行うかを考えるときに「総合」と「統合」の扱いが重要になります。学習指導要領（中学校）では，「聞くこと，話すこと，読むこと，書くことなどのコミュニケーション能力の基礎を養う」と言っています。また，それぞれの技能別に言語活動として扱うべき内容についても明示しています。このことは，4技能をまんべんなく総合的に指導することを意味しています。つまり，コミュニケーション能力を養うためには4技能をすべて指導することが

必要だということです。

　一方で，日常の言語活動を考えたときに，1つの技能だけで事足りるということはそれほど多くはありません。いくつかの技能を組み合わせてコミュニケーションを図ることはままあることです。例えば，電話の相手の言うことをメモに書き留めたり，内容を別の人に伝えたりすることがあります。これにはいくつかの技能が複合的に関わっています。英語教育においては，複数の技能が交差することを cross-skilled と言ったりすることがあります。このように，複数の技能を組み合わせて活動を行うことを統合的な指導と言います。例を挙げれば，何かを読んで要点を書く活動は Read and write ですし，原稿を書いてスピーチする活動は Write and speak です。さらに，プロジェクト型の授業を行うこともあります。例えば，校外学習や修学旅行のまとめを英字新聞にするとか，誰かのスピーチを聞いたり読んだりして，それを参考にして自分のスピーチの原稿を書いてスピーチを行う，といった活動です。このような活動には複数の技能が関わっています。こうした活動では，最終的な出口（outcome）を設定して，それにたどり着くまでの過程としていくつかの技能を活用することが特徴です。こうした活動では，技能指導だけでなく，学習形態も考えなければなりません。出口に至る過程の中で協同学習などのアクティブラーニングの手法を取り入れることも考慮したいものです。

1.5.6　指導案（授業案）

　授業計画をまとめたものが指導案です。ベテランの教師になると，指導案を頭の中で書くことができますので，特にプリントの形にしないで授業に臨むことがあります。しかし，経験の少ない教師や実習生はきちんとした指導案を毎回準備するようにしたいものです。指導案のことを日本語では「学習指導案」「授業案」「授業計画」などと言ったりすることがありますし，英語でも teaching plan や lesson plan などと言うことがあります。指導案は1人で行う授業のほかに，チーム・ティーチングを行う TT 型の指導案もあります。

　指導案は，どのような情報を盛り込むかによって「略案」と「細案」に分けることができます。略案は，授業のねらい，大まかな流れや手順，時間配分などの授業のアウトラインを書いたものです。一般的な指導案は，授業の中で何のために何がどのように行われるのかを詳しく書いたものを言います。これは細案です。とりわけ実習生に求められるのは細案が書けるようになることです。細案では，単元の目標と授業計画，クラスの状況を考えた生徒観，教材観，指導観，本時の目標（コミュニケーションへの関心・意欲・態度，外国語表現の能力，外国語理解の能力，言語や文化についての知識・理解といった観点別目標），本時の授業展開として，

挨拶（greeting），復習（review），展開（activities），整理（consolidation）とそれぞれの時間配分，板書計画，学習支援や評価法，教材・教具などを具体的に示していきます。指導案の例については後の章で詳しく述べることにします。

1.5.7　授業評価・学習評価

評価は何のために行うのでしょうか。一般的に言って，評価されるというのはあまりうれしいものではありません。テストされることによって，序列がつけられ，いわゆるできる子とできない子にレッテルが貼られるだけの場合は特にそうです。少なくとも，評価されることによって，自分の学習成果が確認でき，問題があるとすれば何が問題なのか，今後どうすればその問題を克服して先に進めることができるのかの指針が得られるものでなければなりません。

ここでは評価に関するいくつかの区分と，テストの種類と活用について概略していきます。

(1) 評価の対象

日本語での「評価」は英語では assessment と evaluation に二分されることがあります。assessment は，一般に，学習者の知識や運用についての情報を集めて評価することを言います。一方，evaluation は assessment よりも広い意味で用いられ，program evaluation のようにコース内容や指導法の適切性などに関する評価を言います。日本語ではどちらの場合も評価という用語で語られますので，両者の違いはそれほど厳密なものではありません。

(2) 絶対評価と相対評価

絶対評価とは，ある特定の基準（例えば can-do）に対して，その基準を満たしているかどうかの評価を言います。例えば，クラスの全員が基準を満たしていれば，全員が評定5ということがあります。ただしその場合には，基準そのものが適正だったかどうかの問題は残ります。相対評価は，クラスの中での位置づけを示す評価です。そのために，評定の5や1に偏ることはありません。この場合には，最高の評価5を得ても，その生徒が何ができるようになっているかを示す指標にはなりません。

このような評価法はテスティングでは，目標基準準拠テスト（criterion-referenced test）と集団基準準拠テスト（norm-referenced test）に区分されます。絶対評価は前者に相当し，相対評価は後者に相当します。したがって，英検やTOEICなどは目標基準準拠テストということになります。

(3) 総括的評価と形成的評価

通常の指導課程が修了したときに，そのプログラムが効果的だったかどうか，またその課程の履修者がどの程度意図していた成果を上げられたかどうかを評価することを総括的評価（summative evaluation）と呼びます。また，カリキュラムやプログラムを作成中に，あるいは指導の途中の段階でどの程度有効なのかを評価することを形成的評価（formative evaluation）と呼びます。仮に形成的評価の結果，プログラムの内容や学習の進度に問題があると判断された場合には軌道修正を行うことになります。また，それぞれの評価を行う際にテストをする場合には，総括テスト（summative test），形成テスト（formative test）と言います。

(4) 直接的評価と間接的評価

測るべき知識や能力を可能な限り実際の言語使用状況に近づけた形で評価を行うテストのことを直接テスト（direct test）と呼びます。ライティング能力を直接測る場合には，エッセイを書かせてみるといったことがあります。スピーキングの能力を測る場合には，試験者とインタビューを行わせる，といった方法があります。一方，実際の言語使用状況とは異なるような方法であっても，間接的に学習者の知識や能力を知る方法があります。そのような方法は間接テスト（indirect test）と呼びます。ライティングの間接テストの例としては，文中の誤りを見つけさせたり，単語の並べ替えを行わせる，といった方法があります。発音記号を活用して，発音の能力を推定するといった方法も間接テストです。

(5) 量的評価と質的評価

この区分はしばしば研究手法の違いといった側面で取り上げられます。量的評価（quantitative assessment）は，数値的なデータを集めて，異なる変数の相関を統計的に処理して説明を行う評価方法です。一方，インタビュー，観察，事例研究などのように非数値的なデータを活用して行う評価は質的評価（qualitative assessment）です。被験者の数によっては量的評価が意味をなさないこともあります。数人の学習者にリーディング能力とスピーキング能力の相関を測るようなテストを行っても統計的に有意な差を見出すことはできませんが，その数人の能力の発達を一定期間にわたって観察して記録（縦断的研究 longitudinal study）していけば説明力のある結果を見出すことが可能です。

(6) 評価者

言語活動や単元の学習が終了した後で評価を行う場合に，誰がその評価を行うのかが問題になることがあります。一般に，あるいは最終的には教師が評価を行

うことになりますが，それは教師評価（teacher assessment/teacher evaluation）と呼びます。学習者自らがどの程度学習できたかを振り返って評価することもあります。それは自己評価（self-assessment/self-evaluation）です。さらに学習者同士が互いに評価し合うこともあります。それは相互評価（peer assessment/peer evaluation）と呼びます。

　最後に，テストを行う際の要件といくつかのテストの種類について概説しておきます。良いテストには以下のような3つの条件が備わっていなければなりません。1つ目は妥当性（validity）です。これはテストが測定すべき能力を測定しているかどうか，あるいは意図された目標に到達しているかどうかの度合いを言います。例えば，読解力を測るためにいわゆる総合問題を課したとしたら，測るべき能力を正確に測っていないことになります。この場合には妥当性に欠けるということになります。学校現場において，指導と評価の一致が問題になります。これは評価の妥当性を問題にしています。2つ目は信頼性（reliability）です。あるテストが異なった機会に行われても，異なった人々に行われたとしても同じような結果が出るときに，このテストは信頼性が高いということになります。例えば，TOEICのような検定試験は数回受けてもほぼ同じような得点が得られるように設計されています。つまり信頼性を確保するためです。検定試験などは標準化される必要があるので，標準テスト（standardized test）と呼ばれることがあります。3つ目の要素は実行可能性（feasibility）です。たとえ，用意したテストが妥当性と信頼性を確保していたとしても実際に行うのが難しいのであれば，それは良いテストであるとは言えません。例えば，大学の卒業研究として10,000人の中学生を対象にして文法の熟達度を調査するテストを考案したとしたら，それは実行不可能であると言わざるを得ません。
　ここで，よく用いられるテストとその目的について述べることにします。
- クラス分けテスト（placement test）：受験者をプログラムやコースの適切なレベルに振り分けるテスト。選別テストと呼ばれることもある。
- 診断テスト（diagnostic test）：受験者の強い面と弱い面を測るテスト。例えば，4技能のどの面が強いのか弱いのか，あるいは文法の何を習得しているかしていないか，などを診断して，その後の指導に活用する。
- 到達度テスト（achievement test）：通常はコースの最後に行われ，そのコースの到達目標に照らして，どの程度目標を達成したかどうかを測る。進度テスト（progress test）と呼ばれることもある。
- 熟達度テスト（proficiency test）：言語運用能力テストとも呼ばれる。特定のプログラムとは関係なく，学習者の現在の熟達度や運用能力の度合いを測

る。TOEIC や TOEFL などは代表的な熟達度テストの例である。

1.6 教材論

　教材は英語では materials または teaching materials と言います。教材は広義には授業や学習に用いられるものすべてを言います。例えば，教科書，辞書，ピクチャーカード，フラッシュカード，プリント，DVD，CD，電子黒板用ソフト，その他実物教材（realia）などです。

　ここでは教室で活用する教材として中心となる教科書を，教材論の観点から概説することにします。まず，検定教科書は，中学校の場合でも高等学校の場合でも学習指導要領の指針に沿って作られます。教科書会社は，その指針を得て，どのような教育をどのように行うべきかという「編集理念」を立て，教材を準備します。出来上がったものを文部科学省に申請し，それが認可されて「文部科学省検定済み教科書」が出来上がります。教科書の柱となるのは「題材」「言語材料」「言語活動」です。題材には，物語，エッセイ，新聞記事，メール，スピーチ，伝記など様々なジャンルが盛り込まれます。言語材用の柱となるのが文構造です。盛り込まれる文構造は学習指導要領で指定されています。語彙や音声に関する素材も言語材料です。言語活動は，聞く・話す・読む・書く，といった4技能の学習活動として取り入れます。

　教材編集の際に重要になるのが選択（selecting）と配列（ordering/sequencing）です。題材にしても，言語材料にしても，言語活動にしても，まずは選ぶ必要があります。次に行うのが配列です。例えば，文構造を，1年生，2年生，3年生の学習段階を考えて，どのように配置したり順序付けしたりするかという作業が行われます。ここで出来上がるのが，題材シラバス，文法（構造）シラバス，活動シラバスです。

　配列にもいくつかの原理があります。それは，学びやすさ（learnability），教えやすさ（teachability），有用性（usability/usefulness）といった観点です。

　ナチュラル・アプローチの原理に基づいて，母語の学習者は過去形の習得において，規則形よりも不規則形の方を早く習得するので，教科書でもその順序にした方がよいのではないかという意見が出ることがあります。そこで考えなければならないのが，EFL の環境下での学びやすさと教えやすさです。このような原理は教科書構成上の様々な場面で配慮しなければなりません。例えば，不定詞，関係代名詞，完了形などでもそれぞれの用法に順序付けが必要になります。言語活動においても，メカニカルな活動（mechanical drill），インタラクティブな活動（interactive activity），コミュニカティブな活動（communicative activity）がありま

す。一般的な学習原理に沿えば，この順序で配置していくべきでしょう。テニスの練習にたとえるならば，素振り，球出し，乱打，試合形式の順序です。このような学習理論に関連してPPPモデルがあります。これは学習を「提示」(presentation)→「練習」(practice)→「産出・発表」(production)のような展開で行うべきだという考え方です。最近はこれを修正したPCPPモデルが提案されています（村野井, 2006）。このモデルでは，「提示」の後に「理解」(comprehension)を加えています。このようなモデルは教材編集においても重要な観点ですが，毎時の授業の中でも配慮すべき事項です。

　ここで，Tomlinson（1998）を参考にして教材に求められる事項を概説しておきます。教科書の特徴を理解したり評価をしたりする際の，また自分で教材を準備する際の，手がかりとして活用するとよいでしょう。

1. 教材にはインパクトが必要である：そのために必要なのは，新奇さ，多様性，魅力的な提示，魅力的な題材など。
2. 教材は，学習者に安心感を与える必要がある：そのために必要なのは，余裕のある紙面，自文化に関連するような中身やイラスト，学習のための支援やサポート，具体的な指示など。
3. 教材は，学習者に自信を持たせるものでなければならない：そのためには，取り組みやすく，達成感・成功感が得られる必要がある。
4. 教材は，学習者が自分に関連があり，有益だと思うようなものでなければならない。
5. 教材は，学習者に自己投資を求め，それを促進させるようなものでなければならない。つまり，取り組む価値があると思わせる必要がある。
6. 教授内容を身につける準備が学習者に整っていなければならない。
7. 教材は，学習者に「生の言語インプット」を提供する必要がある。
8. 教材は，インプット中での言語特徴に学習者の関心を引き付けるような手だてが必要である（focus on form）。
9. 教材は，学習者に言語を使ってコミュニケーションの目的を達成させる機会を提供しなければならない。
10. 教材は，指導の効果は遅れて出てくることを考慮しなければならない。
11. 教材は，学習者の学習スタイルが多様であることに配慮する必要がある。
12. 教材は，学習者の情意的態度（関心・意欲）の多様性に配慮する必要がある。
13. 教材は，指導の初期段階には学習者に「沈黙期」があることを許容する必要がある。
14. 教材は，左脳的活動と右脳的活動を取り入れ，学習者の知的・情意的かかわりを促し，学習効果を高める必要がある。

15. 教材は，統制的な練習に偏ってはいけない。
16. 教材は，学習成果にフィードバック（振り返り）の機会を提供する必要がある。

最後に，教材は，文化や人種やジェンダーなどの面で偏りがないこと，公平であることが必要です。教材は，ややもすると，題材や例文を通してステレオタイプを生んだり，PC（Politically Correct）という教育の原則に抵触してしまうことがあるので注意しなければなりません。

1.7　学習理論と教授法

英語の授業を考えるときにまず思い浮かぶのは，どのような教授法を用いるべきかということでしょう。現在は教授法不在の時代である，と言われることがよくあります。以前は，外国語学習では○○教授法が一番良い，と言われたこともありました。現在は，様々な教授法や指導法が提案されており，1つの教授法だけを用いて1つの授業を行うことはあまりありません。それぞれの教授法には特徴（プラスの面とマイナスの面）があり，その特徴を考慮して授業を構築する時代になったということです。

教授法や指導法を考えるときに，まず整理しておかなければならないのは，教授法（method），アプローチ（approach），指導技術（technique）の違いです。教授法は，特定の言語観や学習観の応用として生まれてきたもので，それぞれに体系的な原理や手順を伴います。○○教授法というときには，多くの場合にはその提唱者が存在します。アプローチは，言語観や言語の学び方に関する考え方，ないしは理論を言います。例えば，言語学習で最も大事なのは模倣することである，といった考え方です。技術は，生徒の誤りを訂正したり，発話を引き出したりする具体的な指導上の手順のことです。

ここで一般的に知られている教授法を，主として Richards & Rodgers（2001）および Larsen-Freeman & Anderson（2011）を参考にして，その特徴に言及しながら概説します。全体として言えることは，教授法の台頭なり発展は，言語学，心理学，教育学の発展，そして時代のニーズに呼応しているということです。

(1)　文法訳読法（Grammar-Translation Method）
古典的教授法とも言われる教授法である。古くはギリシャ語やラテン語の教授法として活用され，現在においても指導の容易さから根強い人気を得ている。典型的な授業は，文法規則の提示，語彙の学習，訳読練習からなっている。指導理念として演繹的指導（deductive approach）が中心となる。文学の言語が会話の言

語よりも優れていると考えており，コミュニケーション能力の育成を目標にしていない。そのため，現在ではあまり重視されていない。

(2) 直接教授法（Direct Method）

特に新しい教授法ではないが，言語教育の目標がコミュニケーション能力の育成として考えられるようになり，再評価されてきている。この教授法には，以下のようないくつかの特徴がある：1) 母語を使用してはいけない。2) 意味は実物教材や身振りなどを活用して「直接」（つまり，訳さないで）理解させる。3) 読み書きは話すことの後に指導する。4) 文法は帰納的（inductive approach）に指導する。この教授法の利点は目標言語をより多く活用する点であるが，抽象的な内容の指導や高度な内容のリーディング指導などに課題がある。

(3) オーディオリンガル教授法（Audio-Lingual Method）

特に1950年代および60年代にかけて広く活用された教授法で，オーラル・アプローチ（oral approach）とも言われる。行動主義心理学（behavioral psychology）の強い影響を受けている。この心理学では，学習は刺激と反応によって行われる（stimulus-response theory）と考えられる。言語学習も同様であり，教師が刺激を与え，生徒がそれに反応する形で進められる。ここでは意味よりも形式が重視され，特定のパターンを何度も繰り返して，自然に口から出てくるまで，つまり習慣になる（習慣形成 habit formation）まで学習する。典型的には文型練習（pattern practice）がドリル形式で行われる。文型を暗記すれば，いつの日かコミュニケーションとして活用できるようになると考えられていたが，言語習得理論の進展とともに廃れていった。しかし，文法の導入練習などにおいては，今でも活用する価値がある。

(4) 暗示式教授法（Suggestopedia/Desuggestopedia）

ブルガリアのLozanovによって提唱された教授法である。言語学習者は多くの場合，難しい，間違うかもしれない，といった心理的な壁を教室に持ち込んでくる。そのため，この教授法では，音楽，視覚教材，緊張をほぐす運動などを用いて，学習が楽しい，覚えようとしなくても自然に身につく，といったプラスの雰囲気作りをする。ポスターの活用（周辺学習 peripheral learning），明るい教室の配色，座席の工夫なども重要な要素になる。この教授法は暗示学を教室の学習に応用したものである。

(5) 全身反応教授法（Total Physical Response）

1970年代初期にAsherによって提唱された教授法である。この教授法は、学習者の身体的な反応を必要とする。例えば、Stand up. Walk to the door. Touch the door. などのような命令や指示に従って、実際に体を反応させることによって、学習を進めていく。特に入門期の指導でよく使われている教授法である。この教授法と同一軌道上にあるのがKrashenとTerrellが提唱したナチュラル・アプローチ（Natural Approach）である（Krashen & Terrell, 1983）。この教授法では第一言語習得と同じように理解すること、つまり聞くことからスタートする。またこの指導法を支えているのがインプット理論（input theory）である。ここでは学習者は、現在のレベルより少しだけ高いレベルの入力（理解可能な入力 comprehensible input）があれば、自然に言語を身につける、と考える。

(6) コミュニカティブ言語教授法（Communicative Language Teaching）

コミュニカティブ・アプローチ（communicative approach）とも呼ばれ、1970年代以降に発展してきた教授法である。もともとはアプローチと呼ばれているとおり、特定の指導手順をとるというよりも言語教育の原理や理念として捉えられることが多い。この教授法では、コミュニケーション能力（communicative competence）の獲得を目標としており、言語の機能や働き（function）や概念（notion）に基づき、言語の使用場面（situation）を想定して、できるだけ生の（authentic）言語使用や活動を授業の中心に据える。Morrow (1981) は、授業をコミュニカティブにするための要素としてインフォーメーション・ギャップ（information gap）、選択（choice）、フィードバック（feedback）を提案している。この教授法では、言語の正確さ（accuracy）だけでなく流暢さ（fluency）、さらに適切さ（appropriateness）も重視する。この後に登場する教授法は、コミュニカティブ言語教授法を発展させたり、進化させたりしているものが多い。

(7) タスク中心の指導法（Task-based Instruction）

コミュニカティブ・アプローチの発展形であり、特に何らかの作業を伴う活動を授業に取り入れた指導法である。タスクの定義には幅があるが、一般的には、活動の最後のゴールが明確であること、またそのゴールに到達するために、プレ・タスクから始まり、インタラクションを伴う一連の作業手順を踏む活動である。例えば、クラスアンケートを行い、その結果をグラフにして発表する、といった活動である。この指導法では、前もって決められた文法シラバスを用いない。作業を行う中で必要な文法を扱い、最後に文法に気づきを促すような活動を取り入れる。このような活動はフォーカス・オン・フォーム（focus on form）と呼ばれる。

⑻ 内容中心の指導法（Content-based Instruction）

コミュニケーションには，通常，内容（content）がある。その内容を特に重視したのがこの指導法である。近年，「英語を教える」から「英語で教える」ことをうたった英語教育が注目されているが，内容中心の指導法と同一軌道上にある考え方である。この指導法は"one for two"の指導法であるとも言われる。この指導法を通して，内容と言語の両方の習得を目指すからである。この指導法は，とりわけヨーロッパでは，内容言語統合型学習（CLIL：Content and Language Integrated Learning）と呼ばれ，最近は日本でも注目されている。学校の教科を目標言語で教えるイマージョン・プログラム（immersion program）や特定の目的のための英語（ESP：English for specific purposes）なども，広義には内容中心の指導法の例である。

⑼ 学習ストラテジー・トレーニング（Learning Strategy Training）

1970年代以降，言語学習者は自ら学習に積極的に関わっている，また関わるべきであるという考えが生まれてこの指導法が注目されるようになった。一方で，優れた言語学習者（GLL：Good language learner）に関する研究が進み（Rubin, 1975; Griffiths, 2008），彼らがどのように学習に取り組んでいるかが明らかになってきた。そこで，優れた言語学習者が取り入れる方略（strategy）をクラスの中でも活用しようという指導法が生まれた。それが，学習ストラテジー・トレーニングである。この指導法を取り入れる教師は単に言語を教えるだけでなく，例えば，リスニングやリーディングができるようになるにはどうすればよいか，どのような手法を用いればよいか，といったいわば学び方や取り組み方の指導を行うのである。

⑽ 協同学習（Cooperative Learning）

学習者がペアやグループで協力して学習を進める指導法をいう。協同学習は協働学習ともいう。協同学習では，学習者同士だけでなく，学習者と教師が協力して課題に取り組むことも重要である。この指導法では，責任とかリーダーシップといったソーシャルスキルを身につけることも指導目標の1つになる。近年，アクティブ・ラーニング（active learning）を取り入れた学習法が注目されているが，これはいわば従来のスクール形式（教師が教え，生徒が学ぶ）の枠にとらわれずに，学習者同士の助け合いや自律（autonomy）を促す手法である。

⑾ 多重知能理論（Multiple Intelligences）

従来，知能はIQに代表されるように，数学や言語について言われることが多

かった。心理学者のGardner（1993, 2006）は，学習者はこれ以外にも多くの知能を有していると主張した。Gardnerによれば，知能には以下のような8つの知能があるという：1）言語的知能（linguistic intelligence），2）論理・数学的知能（logical/mathematical intelligence），3）空間的知能（spatial intelligence），4）音楽的知能（musical intelligence），5）身体・運動的知能（bodily/kinesthetic intelligence），6）対人的知能（interpersonal intelligence），7）内省的知能（intrapersonal intelligence），8）博物的知能（naturalist intelligence）。こうした知能はすべての学習者に備わっているが，それぞれの学習者にはそれぞれの学習傾向，つまり学習スタイル（learning style）がある。学習を効率的に進めるためには，得意な知能を活用し，弱い知能を伸ばす必要がある。教師に求められるのは，それぞれの知能を生かした活動を考えることであり，例えば，授業計画を立案するときには，できるだけ多くの生徒に受け入れられるような展開にするべきである。

全体として，新しい教授法になるにしたがって，教師中心（teacher-centered）から学習者中心（learner-centered）へ，情意的側面の重視，スクール形式型からアクティブラーニング型へという移行が見られます。これは，詰め込み・暗記型から引出型への転換と言うこともできるでしょう。さらには，教授法から指導法へ，さらには学習法への移行と見ることもできるでしょう。

1.8　学び方の指導と動機づけ

英語教育では，何をどのように教えるかが問題になりがちです。しかし，最終的には学ぶのは学習者であり，教師はその学びを助けるサポーターです。教育現場で，しばしば「個に応じた指導」の重要性が問題になります。前節の学習理論と教授法で述べたように，学習者の個性を生かすような，あるいは社会性を育むような協同学習的アプローチが重要視されてきています。したがって，これからの教師は，英語を教えるだけでなく，学び方も教えなければなりません。そのため，ここでは「学習」というものを少し整理しておきたいと思います。

(1)　学習スタイル（learning style）

学習者にはそれぞれが好む学習法があります。これを学習スタイルと言います。前節の多重知能理論のところでもこのことについて触れました。視覚的な学習を好む学習者は，聴覚的な学習では成功しない可能性があります。学習スタイルに関しては様々な2項対立が提案されています。例えば，右脳優位か左脳優位か，直感的か省察的か，総合的か分析的か，場独立か場依存か，曖昧性に寛容かそう

でないか，視覚的か聴覚的か，などがあります。このような区分は相互に重なり合っている点が多くあります。例えば，右脳優位の学習者は，全体を見る傾向があり，大まかなガイドラインを好み，直感的で柔軟性があり，音楽や絵画を好みます。英語の学習で言えば，リーディングやリスニングで，概要を捉えるのが得意で，スピーキングなどで誤りを犯すことを恐れない傾向があります。一方，左脳優位の学習者は，細部を見る傾向があり，規則や定義を好み，論理的で計画性があり，言語や数学を好みます。英語の学習で言えば，精読や言語の分析を好み，スピーキングではリハーサルを行うなど，誤りを犯すことを良しとしない傾向があります。

　性格（personality）も学習スタイルと結びつく可能性があります。一般的に，外交的（extraverted）な学習者は内向的な（introverted）な学習者よりも外国語学習に向いていると言われることがあります。しかし，この考えは必ずしも正しくはありません。内向的な学習者の方が，計画的に着実に学習する傾向がありますので，長い目で見れば良い成績を修めることがよくあります。大事なことは，学習スタイルや性格には良し悪しはないということです。自己分析をして，自分に適した学習法を見出し，それを実践することが最も大事なことです。

(2) 学習ストラテジー（learning strategy）
　言語学習者は，今学んでいる言語の意味や用法，言語構造などを理解しようとして様々な方略を用います。そのため，学習ストラテジーのことを学習方略と呼ぶこともあります。今までに Oxford（1990），Chamot & O'Malley（1994）などによって，いくつかの分類が提案されています。概略すれば以下のように3分類されると考えればよいでしょう。

① メタ認知ストラテジー（metacognitive strategies）
　自分自身の学習を意識して，学習計画を立てたり，学習をモニターしたり，今までの学習を評価したりすることです。一般的に，学習計画を立てたり学習の振り返りなど，メタ認知ストラテジーを効果的に運用できる学習者は優れた学習者だと言われています。

② 認知ストラテジー（cognitive strategies）
　学習に際して，様々な手段を駆使することです。推論，要約，辞書の活用，分類，イラストの活用，フローチャートの作成，ノートやメモの活用，背景的知識（schema スキーマ）の活用などがこれに当たります。

③ 社会的・情意的ストラテジー（social/affective strategies）
　先生に聞いたり，仲間と協力して学んだりすることです。目標言語の練習の機会を確保するためにe-mailフレンドを探したり，会話をしているときに具

体化や繰り返しを求めたりするのもこのストラテジーです。

一般的には，優れた学習者ほど，多様なストラテジーを，しかも数多く用いると言われています。

(3) 動機づけ（motivation）

人間の行動の多くは何らかの動機づけに支えられています。これは言語学習においても同様です。ただ授業があるからというだけで英語の勉強をしていて良い結果を得ることはあまりあり得ないことです。したがって，英語の教師は授業の中で生徒の動機づけを喚起し，それを維持していく努力・工夫をしなければなりません。一口に動機づけと言っても，いろいろな動機があります。Ellis（1997）は以下のような4つの動機づけを挙げています。

① 道具的動機づけ（instrumental motivation）

良い仕事に就く，試験に合格する，といった外発的な動機づけ。

② 統合的動機づけ（integrative motivation）

目標言語を話す人々やその文化に親しみを覚える，またその人たちと交流を持ちたいといった動機づけ。

③ 結果的動機づけ（resultative motivation）

試験で良い点をとれた，検定試験に合格した，英語が通じた，などといった学習の結果が原因となって生じる動機づけ。

④ 内発的動機づけ（intrinsic motivation）

上記のような具体的な動機はないが，英語の勉強が好き，授業が楽しいといった動機づけ。

なお，内発的動機づけに対して，親の圧力，社会の期待，成績要件などの外的要因によって駆り立てられる動機づけを外発的動機づけ（extrinsic motivation）と呼ぶことがあります。一般的には，短期で成果を得たいときには道具的動機づけなどの外発的動機づけが有効であり，統合的な動機づけなどの内発的動機づけは長期間にわたって効果をもたらすと言われています。しかし，言語学習においてはどの動機が最も有効であるといったことはなく，多くの場合にいろいろな動機が重なって機能します。中には，担当の先生が好きだから勉強する，といった動機もあり得ます。逆のケースを考えてみればあり得ないことではありません。

1.9 教師論

ここで，英語科の教師としてのあるべき姿を「8箇条」という形でまとめておきたいと思います。留意しておいてほしいことは，何かで決まっていることでは

なく，これ以外にもあるということです。ここで挙げていることはあくまでも指針です。

第1箇条　英語力がある。
　英語科の教員ですから，まずは専門性として期待されている英語力(英検準1級，TOEFL iBT 80点，TOEIC 730点)を英語教師の責任としてクリアしたい。しかし，この基準は必要条件であって十分条件ではありません。当然のことながら英語力があるだけで英語教師として認められるわけではありません。

第2箇条　教科指導力がある。
　英語科の教員としては英語の授業力が何よりも求められます。教材の活用，教具・教育機器の活用，指導法の獲得，指導案・授業計画の習熟などを通して授業の「引き出し」を多く持てるようにしたいものです。

第3箇条　自ら学び続ける姿勢がある。
　「進みつつある教師のみ人を教うる権利あり」(ディースターヴェーク)という言葉があります。これはすべての教科について言えることですが，英語科においても同様です。この姿勢がないと生徒はついてきません。

第4箇条　コミュニケーション能力がある。
　英語科の目標の1つがコミュニケーション能力の育成です。このことは，お手本を示す意味においても教師に求められる重要な資質です。教師と生徒，教職員同士が人間関係を築き，良好なコミュニケーションをとることができなければなりません。「チーム学校」という考え方が重視されてきていますが，学校教育はまさに協働によって成り立つのです。

第5箇条　多様な価値観を受け入れることができる。
　英語教育はグローバル教育・グローバル人材育成の中核を担っています。世界には多くの言語，そして多様な文化・価値観が存在します。このことは日本国内においても同様です。多様な価値観を体得し，それを受容することができるようになるために，自ら海外留学などの実践を積んでおくことが重要です。

第6箇条　豊かな言語観を持っている。
　英語教育は「言語教育」でもあります。英語教育を通して，言葉と文化の関係，母語の大切さを学ぶ機会が得られます。言うまでもなく，言葉はコミュニケー

ションを図る重要な道具であり，社会生活を営むための要です。言葉は人に生きる勇気を与えたり，場合によっては人を殺めたりもします。とりわけ，英語教師は言葉に関心を寄せ，言葉を大切にする気持ち・姿勢を持っていたいものです。

第7箇条　英語以外に得意なものがある。

英語教師は英語が得意なのは当たり前です。しかし，英語しかできない教師は生徒にとって魅力的でしょうか。音楽やスポーツをやるとか，畑を借りて野菜を育てるとか，英語以外に得意なものや趣味を持つことが教師としての幅を広げることにつながっていくでしょう。

第8箇条　人間を育てる熱意と責任感がある。

学校教育における教育の対象は生徒です。教師が責任を担う授業，すべての言動が生徒の人間的な成長に貢献するものでなければなりません。教師は教科の目標をよく理解した上で，熱意と信念と責任感を持って教育実践を行わなければなりません。生徒一人ひとりの人格を尊重し公平に接しなければならないことは言うまでもありません。

第 2 章
英語科の到達目標と評価

CHAPTER 2

2.1　評価規準による観点別評価

2.1.1　経緯

　英語教育の評価というと，入試や成績のことがすぐに頭に浮かぶかもしれません。確かに，これらも評価に関わる大切な事柄ですが，評価の役割はそれだけではありません。英語教育における評価の本来の役割は，学習者の側から見れば，学習したことがどの程度身についたか，また，指導者の側から見れば，指導したことを学習者にどの程度身につけさせることができたか，ということについて知ることでしょう。

　こうした評価の方法としては，日本の初等中等教育では，従来，集団の中での相対的位置情報に基づく「相対評価」が用いられてきましたが，今日では，目標に準拠した「絶対評価」が用いられています。目標に準拠した絶対評価では，他人との比較をするのではなく，目標に照らして，「到達している，していない」を判断することになります。他人との比較ではないので，全員が目標を達成していることもあれば，全員が目標を達成していないということもあるでしょう。従来の相対評価では，どんなにできていても自分よりできる生徒がいれば，いい成績はもらえませんでしたし，あまり出来は良くなくても，自分よりできない生徒がいれば，良い成績がついていました。

　日本での絶対評価は，評価規準による観点別評価という形で導入されています。評価規準による観点別評価とは，「学習指導要領に示す目標に照らしてその実現状況を評価する，目標に準拠した評価」です。以下では，この「評価規準による観点別評価」について，まず見ていきます。

　平成 22 年（2010）3 月の中央教育審議会初等中等教育分科会教育課程部会報告では，学習評価については，「目標に準拠した評価を着実に実施すること」と

されています。この「目標に準拠した評価」は，これまで平成14年版の『評価規準の作成，評価方法等の工夫改善のための参考資料』http://www.nier.go.jp/kaihatsu/houkoku/index_jh.htm をもとに行われてきたものですが，これが基本的に継続されることが明らかになりました。この評価の実施方法は，平成22年（2010）11月に『評価規準の作成のための参考資料』http://www.nier.go.jp/kaihatsu/hyoukakijun/chuu/all.pdf，平成23年（2011）7月に『評価規準の作成，評価方法等の工夫改善のための参考資料（中学校　外国語）』http://www.nier.go.jp/kaihatsu/hyoukahouhou/chuu/0209_h_gaikokugo.pdf（以下，後者を『中学校参考資料』とする）において示されています。前者には「学習評価の在り方」と「評価規準の設定等」が，後者には，これらに加えて，具体的な「（中学校外国語の）評価方法」が示されています。ここでは，より包括的で具体的な後者の資料をもとに議論を進めていきます。

　これまでは「観点別学習状況の評価」というと，「小中学校の話」と思われてきた節がありますが，「小学校，中学校，高等学校及び特別支援学校等における児童生徒の学習評価及び指導要録の改善等について（通知）」（平成22年5月11日付）において，高等学校について「各教科・科目の評定については，観点別学習状況の評価を引き続き十分踏まえること。」（http://www.mext.go.jp/b_menu/hakusho/nc/1292898.htm）というような通知がなされています。これは，実態としては，高等学校ではそれまで「観点別学習状況の評価」が十分に行われてきていなかったことを示唆しています。「引き続き」とあえて入っているのは，それまで導入されてきていなかったことを文部科学省として認めるわけにはいかなかったからではないでしょうか。高等学校の「観点別学習状況の評価」についても，『評価規準の作成，評価方法等の工夫改善のための参考資料（高等学校　外国語）』（http://www.nier.go.jp/kaihatsu/hyouka/kou/11_kou_gaikokugo.pdf　以下，『高等学校参考資料』とする）が平成24年（2012）7月に発表されていますが，ここではおもに『中学校参考資料』を中心に見ていきます。

　『中学校参考資料』では，外国語の「観点別評価」は，「コミュニケーションへの関心・意欲・態度」「外国語表現の能力」「外国語理解の能力」「言語や文化についての知識・理解」となっています。そこでは，従来「表現の能力」と「理解の能力」とあったものが，それぞれ「外国語表現の能力」と「外国語理解の能力」と名称が若干変わりましたが，基本的な枠組み自体に大きな変更はありません。それぞれの観点の趣旨は，以下のとおりです。

コミュニケーションへの関心・意欲・態度	外国語表現の能力	外国語理解の能力	言語や文化についての知識・理解
コミュニケーションに関心をもち，積極的に言語活動を行い，コミュニケーションを図ろうとする。	外国語で話したり書いたりして，自分の考えなどを表現している。	外国語を聞いたり読んだりして，話し手や書き手の意向などを理解している。	外国語の学習を通して，言語やその運用についての知識を身につけているとともに，その背景にある文化などを理解している。

　外国語の「関心・意欲・態度」は，「コミュニケーションへの関心・意欲・態度」となっており，教科や授業への「関心・意欲・態度」ではない点に注意が必要です。また，「言語や文化についての知識・理解」における「文化」というものは，いわゆる「文化」全般でなく，「言語の背景にある文化について理解している」とされています。具体的には，この点に関して，『中学校参考資料』(p. 48)では，「ここで評価対象とする「文化についての理解」は，コミュニケーションを円滑にするための背景的理解知識としての文化理解であり，この知識を持っていることにより，コミュニケーションにおいて生じやすい誤解などを最小限に抑えることができる点，つまり，この知識を身に付けることでコミュニケーション能力が高まるという点に留意する必要がある。」としています。

　これらの4観点とは別に，「内容のまとまり」というものもあります。この「内容のまとまり」も，その名称や中身も変更はありませんでした。「内容のまとまり」とは，学習指導要領に示される領域や内容項目等をそのまとまりごとに整理したものですが，外国語（英語）における「内容のまとまり」は，「聞くこと」「話すこと」「読むこと」「書くこと」です。評価規準に基づく観点別評価は，4つの観点と内容のまとまりの観点から成るマトリックスのような枠組みに基づいて行うことになっているのです。

　また，観点別学習状況はABCの3段階，評定は54321の5段階で行うという点も維持されています。ただし，枠組み自体は大きな変更はありませんが，『中学校参考資料』は評価実践における重要な変更点を含んでおり，注意が必要です。

2.1.2　評価規準はどう変わったか
(1) 評価の重点化

　まず，大きな変更点としては，評価の重点化が強く打ち出された点です。この点に関しては，『中学校参考資料』(pp. 11–12)には，「年間指導計画を検討する際，それぞれの単元（題材）において，観点別学習状況の評価に係る最適の時期や方法を観点ごとに整理することが重要である。これにより，評価すべき点を見落と

第2章

していないかを確認するだけでなく，必要以上に評価機会を設けることで評価資料の収集・分析に多大な時間を要するような事態を防ぐことができ，各学校において効果的・効率的な学習評価を行うことにつながると考えられる。」とあります。つまり，評価の時期と方法を絞ることで，その最適化を図ることを求めています。またさらに，『中学校参考資料』(p. 14) には，「1単位時間の中で4つの観点全てについて評価規準を設定し，その全てを評価し学習指導の改善に生かしていくことは現実的には困難であると考えられる。教師が無理なく生徒の学習状況を的確に評価できるように評価規準を設定し，評価方法を選択することが必要である。」というように強調されています。つまり，1時間の授業の中で，4観点すべてを評価しなくてもよいということです。

　これまでの公開授業などで配布される指導案を見ていると，評価に関して，授業のあらゆる場面で評価規準が書かれていたりしました。これをまともに実践しようとすれば，授業は評価漬けになってしまうわけです。しかし，その一方で，指導案に書かれてはいても，その評価は実際には授業中ほとんど行われず，まったく別の形で実質的な評価が行われていたりしました。実際には，評定のかなりの部分が，定期試験の結果によっていたにもかかわらず，指導案には定期試験への言及がまったくないという状況でした。こうした反省に立ち，評価規準に基づく評価を実効性を伴ったものとするために，重点化を推奨しようとしていると考えられます。実際，『中学校参考資料』には，1時間の授業で評価対象となるものがまったくないという事例が載っています。これなどは，英語の評価の重点化を示したものと言えるでしょう。具体的には，この1時間の「授業のねらい」は，「語句の意味を確認し音読する。」「比較表現を用いて口頭で発表する練習をする。」「本単元で身に付ける文の構造を理解する。」などとなっていますが，これらはそれ自体が学習最終到達目標なのではありません。新しい『中学校参考資料』では，そうした活動は到達目標を達成するための「練習」や「導入」であると位置づけられていて，これらの活動自体を評価する必要がないということを意味します。

(2)　ペーパーテストの位置づけの明確化

　平成14年版の『中学校参考資料』では，ペーパーテストについてはまったく言及がありませんでした。ペーパーテストは従来より行われていたために，ことさら言及する必要がないと考えたのかもしれません。しかし，実際は「ペーパーテスト」への言及がなかったために，現場はかなり混乱し，様々な状況を生み出しました。その1つは，「ペーパーテスト」は本来は望ましくないというようなメッセージとなって現場に伝わり，熱心な先生ほど授業中の観察評価に精を出すことになったことです。もう1つは，いわゆる絶対評価における「ペーパーテス

ト」は相対評価における「ペーパーテスト」とは作り方が根本的に異なるにもかかわらず，その本質的な違いが伝わらずに「ペーパーテスト」の修正がなされなかったことです。

　ところが，今回の『中学校参考資料』では，「評価方法」の欄に「後日ペーパーテスト」と明確に書かれているところが何カ所もあります。しかも，1時間の評価規準が1つで，この評価方法が「後日ペーパーテスト」となっているところがほとんどで，テストの実例も載っています。むしろ「ペーパーテスト」以外の代替的評価（alternative assessment）がまったく姿を消してしまったかのような印象すら受けるほどです。ちなみに，「評価方法」が「テスト」でなく「活動の観察」とあるのは，「コミュニケーションへの関心・意欲・態度」における「言語活動への取組」に関するものだけです。これは，大きな変化といってよいでしょう。

(3) 教科書とは異なる文章によるテストの出題

　もう1つの着目点は，評価方法の実例が示された中で，「読むこと」の評価では既習の文章ではなく，教師によって書き換えられた文章の使用が示された点でしょう。『中学校参考資料』（pp. 39-40）では，『時間軸に沿って物語のあらすじを読み取ることができる。（適切な読み取り）』という評価規準に対して，「教科書とは異なる物語を読むペーパーテストにおいて，時の流れを表す表現などを頼りにしながら全体のあらすじを読み取ることができるかどうかをチェックし，判断する。」という評価方法が示されています。しかも，「評価上の留意点」では，こうした物語を要求度の低いものと高いものと2種類用意し，その出来から判断するとあります。ここまでできるかどうかは別としても，教科書の既習の文章を出題しないとしたことは，大きく踏み込んだと考えていいでしょう。

　これまでは，ほとんどの定期試験の「読むこと」の問題で，既習の文章が出題されてきました。しかし，既習の文章を用いた「読むこと」のペーパーテストでは，評価規準に示された読みを生徒が実際にできるかどうかはわかりません。授業で読んだ文章は，その内容は記憶されており，ペーパーテストでその内容の理解を問うても意味がありません。教科書とは異なる文章をどうペーパーテストに用意していくかは，今後，現場の大きな課題になるでしょう。また，これが「読むこと」で示されているということは，同様のことが「聞くこと」でも当てはまります。

(4) 文法・語彙問題の行方

　細かいところでは，「文法や語法など」を見る，いわゆる文法・語法問題の結果は，「言語や文化についての知識・理解」のどの内容のまとまりとして扱えば

いいのかという点に関して，「読むこと」と「書くこと」の中で扱うということが明確に示されました。この点に関して，平成14年版の『中学校参考資料』では，「文構造についての知識がある。」は，「言語や文化についての知識・理解」において，すべての「内容のまとまり」に見られていましたが，平成23年版の『中学校参考資料』では，「文構造や語法，文法などに関する知識を身につけている。」という評価規準は「書くこと」に，「語句や文，文法などに関する知識を身につけている。」という評価規準は「読むこと」に登場しており，これ以外には「文法」関連の評価項目は登場していません。この他の評価規準の設定例についても，それぞれの「内容のまとまり」にふさわしい典型的な例示がなされています。平成14年版のように，すべての「内容のまとまり」で「文構造についての知識がある」かを見るということは，それはそれで見識であったと言えます。それは，どの技能であっても，文構造処理は関わってくると考えられるからです。これに対して，平成23年版は，現状の英語のペーパーテストの実態に寄り添った形になっています。

ただ，「文法」に関する知識は「読むこと」と「書くこと」のどちらにもあるために，「ペーパーテスト」のいわゆる「文法問題」の結果は，「読むこと」と「書くこと」のどちらに行くのかはわかりません。もちろん，「読むこと」の要素の強い問題の結果は「読むこと」へ，「書くこと」の要素の強い問題の結果は「書くこと」へという原則はあるでしょうが，例えば最も一般的な多肢選択式の空所補充問題の結果がどちらに行くのか，にわかには答えを出せません。もっとも，現行の枠組みでは，いずれにしてもこれらの問題の結果は「言語や文化についての知識・理解」の枠に行くので，あまり悩まずには済みます。

また，日本語が書かれていて，その下に英語の単語がランダムに並んでいる，並べ替え問題なども，ときに「外国語表現の能力」なのか「言語や文化についての知識・理解」なのか，問題になることがあります。並べ替え問題は，文構造を見ていると考えれば，「書くこと」の「言語や文化についての知識・理解」となるはずです。ただ，この問題の根本は，これまでのテスト作りの慣習をそのままにして，それを新しい観点別評価に当てはめようとしているところにあります。そもそも「外国語表現の能力」を真正面から評価しようとするならば，並べ替え問題のようなテスト形式が選択されることはないはずです。

2.1.3 残された課題

新たな『中学校参考資料』は，これまでの課題をいくつかの重要な点で解決しています。しかし，まだ残された課題もいくつかあるのも事実です。以下，それらの課題について考察します。

(1) 残された課題：総括の方法

　『中学校参考資料』でも，総括の方法はなかなか悩ましい問題です。「総説」の中の「観点別学習状況の観点ごとの総括」(p. 16) では，「評価結果のA，B，Cの数」と「評価結果のA，B，Cを数値に表す」の2つの方法を基本として説明されています。また，「観点別学習状況の観点の評定への総括」(p. 17) も同様に，「各観点の評価結果をA，B，Cの組み合わせ，又は，A，B，Cを数値で表したものに基づいて総括」する方法が示されています。つまり，ここではA，B，Cをそのまま扱い，その数の有り様で総括するという方法と，A，B，Cを数値に変換し，その数値を合計した結果をもとに総括するという方法が提案されているということです。

　ここで示されている基本的な総括の方法は，これまでの方法とほぼ同様です。このうち以前より特に問題となっていたのは，「A，B，Cの数」で総括する方法の方ではないでしょうか。数値に変換する場合は，基準を決めておけば，判断は機械的で容易ですが，「A，B，Cの数」で総括する場合は，その組み合わせが多数あり，総括は容易ではありません。その点，『中学校参考資料』においても，例に挙げられているのは，比較的自明な例で，厄介なケースについては，「「AABB」の総括結果をAとするかBとするかなど，同数の場合や3つの記号が混在する場合の総括の仕方をあらかじめ決めておく必要がある。」(p. 16) のように，判断を現場に任せた形になっています。私見ですが，これらの総括の方法については，ある程度の統一的な見解を示した方が，現場の混乱がなくなるのではないでしょうか。でなければ，こうして総括された評定は，学校ごとに異なった意味を持ってきてしまいます。また，現実には，定期試験の合計点から「逆算」して，観点ごとの成績を割り振るというような評価がまだ行われてはいないのか，というより根本的な点も気になります。

　相対評価では，合計点を出して，それを上から5段階の比率に合わせて割り振っていけば，評定が出ました。これに対して，観点別・絶対評価では，それぞれの観点ごとに，基準に達しているかについて判断しなければなりません。しかしながら，その基準の決定は恣意的です。例えば，基準を5割とするのか，6割とするのかなどは，教師自身が決めたり，学校で統一の基準があったりします。観点別・絶対評価にテストを用いた場合には，この基準に合うようにテストが作られていなければなりません。実際，基準の「線引き」の作業は，テストの難易度とも絡んで，かなり厄介な作業です。たとえ同じ実力・同じ「線引き」であっても，テストが易しければ基準に到達しやすくなりますし，テストが難しければ基準に到達しにくくなります。また，TF (True or False) で理解を問うような問題であれば，「鉛筆を転がしても」5割は正解することになっており，これをもっ

第2章

て基準に達しているとは判断すべきではありません。いくらいいテストを作ってきても，この「線引き」のさじ加減1つで，結果は大きく異なってきてしまいます。今までの惰性に流されることなく，一度立ち止まって自分の「線引き」の妥当性を検討してみてはいかがでしょうか。

(2) 残された課題：技能統合の評価

　新学習指導要領（外国語）における注目点の1つが，「技能統合」です（本書1.5.5参照）。『中学校学習指導要領解説外国語編』(p.3) の外国語科改訂の趣旨には，「「聞くこと」，「話すこと」，「読むこと」及び「書くこと」の4技能の総合的な指導を通して，これらの4技能を統合的に活用できるコミュニケーション能力を育成する…。（下線筆者）」とあります。これまでの英語教育では，4つの独立した技能が，指導や評価において前提となるユニットでありましたが，新学習指導要領では，4つの技能をまんべんなく「総合的に」指導するだけではなく，複数の技能を合わせたより有機的な「技能統合」による指導も求められています。「技能統合」の言語活動では，放送を聞いて必要な情報を書き取ったり，メールや手紙などを読んでその返事を書いたり，誰かから聞いた話を別の誰かに伝えたり，といったような活動が考えられます。このように，有機的な技能統合とは，ある文脈の中におけるコミュニケーション上の必然的で自然な統合を意味しています。それゆえ，高いオーセンティシティを持つことになります。

　さて，こうした指導要領の変化は，観点別評価にどのような影響を与えるのでしょうか。本来は技能統合が『学習指導要領』にうたわれた時点で，それに伴った変更が観点別評価の枠組みにも必要だったのかもしれません。しかしながら，こちらに変更がない以上は，今のところこの枠組みでの処理を考えるしかありません。新たな『中学校参考資料』の枠組みでも，「内容のまとまり」は各技能に対応しているために，技能統合の場合は，この部分が複数箇所にまたがることになります。ただし，最終的には，観点別に学習状況が記録されるために，同一観点内だけで統合されていれば，判断に迷うことはないはずです。

　上述のとおり，観点別学習状況は4観点で記録されますが，技能統合テストの結果が関わるのは，この4観点のうち，「外国語表現の能力」と「外国語理解の能力」でしょう。となると，「書くこと」と「話すこと」，「読むこと」と「聞くこと」が統合している限りは，それぞれ「表現の能力」と「理解の能力」として扱うことができるので，その判断に問題はありません。しかし，「読んだものを書いてまとめる」とか，「聞いたものの概要を口頭で誰かに伝える」といった活動の評価となると，その技能は「理解」と「表現」にまたがっているために，どちらのカテゴリーで判断するのかは単純ではありません。この点に関して，『中

学校参考資料』の事例3の「技能統合型における評価」(pp. 41-44) では,「まとまりのある文章を読んで,自分の感想を書くことができる」を例示としていることから,どうやら「理解の能力」と「発表の能力」とにまたがるものをおもに想定しているように思われます。ここでは,この評価結果を「外国語表現の能力」として扱っているので,最終的に用いられる発表技能の評価,つまり,「外国語表現の能力」での評価が提唱されていることがわかります。しかしながら,統合における発表技能の役割が限定的な場合,3技能以上が統合している場合(例えば,講義を聴いて,参考文献に書かれた内容との違いをまとめて書く)などについては,今後検討が必要でしょう。

これに関連して,技能統合テストが推奨されるのであれば,いわゆる「総合問題」でもいいのではないかと考える人もいるかもしれませんが,これは違います。なぜなら,「技能統合問題」には,複数の技能が用いられる必然性が必要ですが,「総合問題」には,そうしたタスクとしての必然性はまったくないからです。空所補充をしたり,単語の意味を答えたり,下線部を和訳したりというような,異なった問題の処理を現実の生活の中で求められることはありません。

2.2 「CAN-DOリスト」の形での学習到達目標設定

2.2.1 学習到達目標の設定をどうするか

英語の授業を日々行っていて,その結果生徒は最終的にどのような英語力を身につけるのか,それを知ることは必要かつ重要なことです。教師は,明日の授業のことに追われがちですが,時に毎日の指導がどのような結果をもたらしているのかを考える必要があるのではないでしょうか。

それでは,その「結果」である英語学習の到達をどう語ったらよいのでしょうか。日本では,英語の到達目標をよくテストの点数や偏差値,大学合格者数によって表しています。しかし,私たちはこのことにあまりに慣れすぎてしまっているのではないでしょうか。よくよく考えてみれば,テストの点数の高低はテストの難易度に依存していますし,偏差値や大学合格者数はいずれもテストを受けた他の人たちの能力に依存するために,学習者個人の目標の達成度が不明確です。しかも,大学合格者数に至っては,英語の貢献度はその一部でしかありません。

これとは別に,知っている単語や文法というような「言語知識」の量で英語の到達目標がイメージされていることもあります。英語の単語を1200語知っているとか,中学で習う英語の基本的な文構造を知っているというような具合です。確かに,こうした記述は言語教育の専門家や教師にとってはある程度意味をなしても,学習者や評価結果の利用者(例えば,保護者や企業の採用者など)にとって

は，それらが実際にどのようなことを意味するのかわかりにくいでしょう。

1970年代から始まったCommunicative Language Teaching（本書1.7(6)参照）への流れは，notional-functional syllabus（言葉の「概念」や「機能」に基づくシラバス）という考え方とともに，（言語）行動に基づく到達目標の設定という考えを生んできました。こうした流れをさらに加速した動きとしては，アメリカにおける行動目標準拠評価の考えもあったでしょう。action-oriented approachによる言語能力の記述が結実したのが，2001年に公開されたCEFR（Common European Framework of Reference for Languages）（Council of Europe, 2001）です。CEFRでは「言語を使って何ができるか」を記述したCAN-DOディスクリプタ（または，CAN-DOステイトメント）が，言語能力の記述に用いられています。そして，このCAN-DOディスクリプタの集まったリストは「CAN-DOリスト」と呼ばれています。

日本では，文部科学省において，平成22年（2010）から23年（2011）にかけて，「外国語能力の向上に関する検討会」が開催され，その会議結果を受けて，平成23年6月30日付で，「国際共通語としての英語力向上のための5つの提言と具体的な施策～英語を学ぶ意欲と使う機会の充実を通じた確かなコミュニケーション能力の育成に向けて～」が発表されました。この提言1の「生徒に求められる英語力について，その達成状況を把握・検証する。」に対して，具体的施策として，「国は，国として学習到達目標をCAN-DOリストの形で設定することに向けて検討。」と「学校は，学習到達目標をCAN-DOリストの形で設定・公表し，達成状況を把握。」の2つが挙げられています。さらに，これを受けて，平成24年（2012）8月28日から，「外国語教育における『CAN-DOリスト』の形での学習到達目標設定に関する検討会議」が開催され，『各中・高等学校の外国語教育における「CAN-DOリスト」の形での学習到達目標設定のための手引き』（以下，『手引き』）が平成25年（2013）3月に公開されました。こうしたことから，国は国として学習到達目標をCAN-DOリストの形で設定すると同時に，各中・高等学校は，学習到達目標をCAN-DOリストの形で設定・公表することが求められていることがわかります。

2.2.2　CAN-DOリストをどう作るか

では，教師は，どのようにCAN-DOリストを作ったらよいのでしょうか。学習到達目標の達成状況を評価するためにCAN-DOリストを活用するといった場合，既存のCAN-DOリストを利用する方法とオリジナルのCAN-DOリストを作成する方法とがあるでしょう。既存のCAN-DOリストを利用する方法の利点は，一般に英語力の尺度としての精度が高く，他のテストとの関連付けがなされ

ている点です。ただし，既存のCAN-DOリストが，自分の英語教育の文脈に適合しているとは限りません。したがって，既存のCAN-DOリストを利用する方法を採用する場合は，この点を確認した上で，参照することが重要です。

　これに対して，オリジナルのCAN-DOリストの作成は，5つの提言が求めるものと方向性は一致しています。オリジナルのCAN-DOリストを作るには，日々の指導が最終的にどのようなことが英語でできるようになる学習者を育てることにつながるのかを考えなければなりません。日々の授業に追われていると，教科書を教えることに汲々として，「教科書を教えることで最終的にどのような生徒を育てたいのか」ということを忘れがちです。よく「教科書を教える」のではなく，「教科書で教える」のだと言われますが，CAN-DOリストの作成では，まさに「教科書で教え」て「生徒は何ができるようになるのか」が問われています。ただし，CAN-DOリストは，英語を用いてどんな行動ができるかを記述したものですから，単語をいくつ知っているとか，文法知識があるとか，といった記述は含みません。そもそも，指導計画（およびそれに基づく授業）や評価計画の中に言語活動が含まれていなければ，CAN-DOリストでの評価を行うことはできないでしょう。

　では，具体的にはどのようにCAN-DOリストを作るのでしょうか。まず，生徒が卒業までに英語でどのようなことができるようになっていることを目指すのかを考えます。ただ，実際には初めのうちは生徒が英語を使っている姿が想像できずに，途方に暮れることも少なくありません。その理由の1つは，生徒ができることがほとんどないと考えてしまうためです。英語力が低ければ，英語でできることは確かに限定的ではありますが，CAN-DOディスクリプタでは，肯定的な記述を行います。

　こうした作業を行う際に，ネックとなるのは，教師自身の英語使用経験が意外に限られていることです。ALTとのつきあいや海外研修などの経験があることから，「口頭のやりとり(spoken interaction)」はいくつか思いつくことができても，「口頭発表（spoken production）」や「書くこと」についてはあまり思いつかないことが多いようです。この意味では，生徒の行動目標を設定しながら，教師自身も様々な英語使用経験を積み重ねることが重要でしょう。

　CEFRを日本の英語教育に適用したCEFR-Jをもとに，具体的なCAN-DOディスクリプタの例（すべてA1.3のレベル）を紹介します（投野，2013）。

・「聞くこと」（買い物や外食などで）簡単な用を足すのに必要な指示や説明を，ゆっくりはっきりと話されれば，理解することができる。
・「読むこと」簡単な語を用いて書かれた，挿絵のある短い物語を理解すること

第 2 章

ができる。
- 「話すこと（やりとり）」趣味，部活動などのなじみのあるトピックに関して，はっきりと話されれば，簡単な質疑応答をすることができる。
- 「話すこと（発表）」前もって発話することを用意した上で，限られた身近なトピックについて，簡単な語や基礎的な句を限られた構文に用い，複数の文で意見を言うことができる。
- 「書くこと」自分の経験について，辞書を用いて，短い文章を書くことができる。

　これらの例を見てわかるように，当然のことながら，ディスクリプタの最後は，何らかの行動ができるということが書かれています。これは，いわゆる「タスク」ですが，これらは「学習」タスクではなく，「現実生活」において行うタスクです（Green, 2012）。また，ディスクリプタには，「基準」や「条件」などの要素も含まれることになります。「簡単な語を用いて書かれた」とか「限られた身近なトピックについて」などは「基準」の典型的な例ですし，「ゆっくりはっきりと話されれば」とか「辞書を用いて」などは「条件」の典型的な例です。ここからわかるように，様々な「条件」で，様々な「基準」の「タスク」を課すことができますが，これらの組み合わせにより，その難易度を調整することができます。

　こうして英語のCAN-DOリストが作成されれば，現行の評価規準による観点別学習状況の評価とともに2つの評価システムが併存することになります。この点に関して，上述の『手引き』（p. 10）では，「観点別学習状況の評価における外国語科の評価の観点は「コミュニケーションへの関心・意欲・態度」「外国語表現の能力」「外国語理解の能力」及び「言語や文化についての知識・理解」とされているが，このうちCAN-DOリスト形式の目標設定と対応しているのは，「外国語表現の能力」及び「外国語理解の能力」であると考えられる。」としています。

　もう1つの重要な違いは，CAN-DOディスクリプタは，学習者が自立的にできるようになることを書くものであるのに対して，評価規準による観点別学習状況の評価では，教室での（多くの場合，教科書を用いた）指導の到達目標を観点別に書いたものです。別の見方をすれば，前者は長期的なスパンで学習者を見ているのに対して，後者はかなり短期的で，定期試験や学期ごとの評価に用いられるものです。また，CEFRやCEFR-JなどのCAN-DOリストでは，「話すこと」が「発表」と「やりとり」に分かれている点にも着目です。

　日本における「話すこと」の指導では，往々にして「発表」のみが評価対象になっています。しかも，この「発表」は，しっかりと準備をさせた上での「発表」なので，「話すこと」のCAN-DOリストを作るときには，即興性の高い「やりとり」についてのCAN-DOリストも意識的に作成する必要があります。

2.2.3 CEFR-J プロジェクト

(1) CEFR-J の CAN-DO リストの開発

　CAN-DO リストを作るとき，自分の授業や教科書を振り返り，オリジナルの CAN-DO リストを作ることは，確かに意義があります。その一方で，こうして「ローカル」に作った到達目標は，大きな枠組みの中でどのように位置づくのかわかりません。これに対して，大きな枠組みの中で，CAN-DO リストを開発した場合は，目の前の学習者の有り様だけでなく，その学習者が今後どのように発達していくのかについてのイメージを持つことができます。

　今日，世界的に広まっている言語能力評価枠組みとして，CEFR があるわけですが，ここではその CEFR をもとにどのようにして日本の英語教育に適用する枠組みを作ったかについて，簡単に説明します。これを参考にしていただくことで，既存の枠組みをそれぞれの文脈に適用する方法に役立てていただけるのではないかと考えます。

　CEFR を日本の英語教育に利用するに当たって，考えなければならないことがいくつかありました。その1つは，そのレベル分けが日本人英語学習者にとって有用なものかどうかです。CEFR-J の開発に先立ち，まず日本人英語学習者の CEFR レベルを知る必要がありました。現実には，開発当時は日本人の全英語学習者の英語レベルを直接調べたデータは存在しなかったために，いくつかの関連資料を収集し，そこから推定することを行いました。その結果，日本人の英語力はおおよそ8割程度が A レベル（Basic User），2割程度が B レベル（Independent User），C レベル（Proficient User）はほとんどいないということがわかりました。もっとも，その後行われた「平成26年度 英語教育改善のための英語力調査」では，日本人の高校3年生のほとんどがすべての技能で A1 に留まっているということがわかり，より下の CEFR レベルへの偏りが明らかになりました。

　また，CEFR の CAN-DO ディスクリプタが，日本人英語学習者に対して，適用できるかについても調べられました。CEFR の CAN-DO ディスクリプタをもとにした質問紙調査の結果によれば，CEFR は日本人学習者にほぼ適用可能なものの，若干の修正が必要であることがわかりました。

　これらの結果から，日本の英語教育に CEFR を適用する場合には，下のレベル（A1〜B2）の枝分かれ（branching）と CAN-DO ディスクリプタの修正を行うこととしました。その結果，CEFR-J のレベルは，Pre-A1, A1.1, A1.2, A1.3, A2.1, A2.2, B1.1, B1.2, B2.1, B2.2, C1, C2 となりました。

　この決定に基づき，CEFR の CAN-DO ディスクリプタや European Language Portfolio（ELP）の CAN-DO ディスクリプタ，および GTEC for STUDENTS や英検などの CAN-DO ディスクリプタ，SELHi 校の CAN-DO ディスクリプタ等

を収集,整理し,CEFR-J の α 版を作成しました。

この α 版を日本の英語教師や海外の CEFR の専門家に示し,コメントをもらい,そのコメントに沿って,CAN-DO ディスクリプタを分解,整理,書き直しを行いました。CAN-DO ディスクリプタは,発表技能(Spoken Interaction, Spoken Production, Writing)用としては,(1) task,(2) condition,(3) quality(criteria),受容技能(Listening, Reading)としては,(1) task,(2) condition,(3) text の観点から分解され,整理されました。受容技能においては,学習者が産出する言語の質に差があるわけではないので,quality(criteria)は text となっています。つまり,どのようなテキストが理解可能かも書かれています。テキストに関しては,発表技能では学習者の産出テキスト(output text),受容技能では学習者への入力テキスト(input text)が書かれているということになります。「聞くこと」B2.2 の descriptor の分解の実例を見てみましょう。なお,受容技能のタスクはおもに「理解の程度」を表しています。こうして一覧表を作成し,その中の欠けている観点をまず追加しました。

text	condition	task
母語話者同士の多様な会話の流れ(テレビ,映画など)	非母語話者への配慮としての言語的な調整がなされていなくても,	ついていくことができる。

次に,技能ごとに,CEFR および ELP(European Language Portfolio)のファイルを検索し,関連する CAN-DO ディスクリプタをチェックしました。この作業の中で不整合のあった CAN-DO ディスクリプタの文言を修正し,その後に各ディスクリプタの上下のレベルのディスクリプタを見ることで,レベルの確認や文言の修正を行いました。こうしてできたものが β 版です。おそらく教師個人が行うことのできるのは,CEFR-J の開発で言えば,この段階まででしょう。以下の検証作業は,技術的には高度なものかもしれませんが,基本的な考え方の参考として紹介しておきます。

(2) CEFR-J の CAN-DO リストの検証

次に,様々な観点から,この β 版の検証を行いました。それらは,「教員による並べ替え調査」「学校でのパイロット調査」「学生による自己評価」「教員による学生評価」「自己評価と実際のスキルとの関係」などです。これらの検証結果を総合的に判断して,最終的な修正を行い,CEFR-J Ver. 1 として公開されました。ここでは,この検証プロセスの中でも中心的な「学生による自己評価」による検証を報告します。

まず，CAN-DOディスクリプタに基づいて作成された質問紙票を作成し，5468人の日本人英語学習者（中学生1685人・高校生2538人・大学生1245人）に自己評価の判断をしてもらいました。CEFRのCAN-DOディスクリプタの尺度作成を行ったNorth (2000) は，「教員による学生評価」データを分析対象としていますが，日本では，英語教員が5技能にわたって学生のすべてのCAN-DOディスクリプタの遂行可能性を予測することが困難であったために，本プロジェクトでは，学生の自己評価データに基づくことにしました。こうしたデータ収集の方法のために，5技能にわたってすべての参加者からデータを集められたという利点の反面，自己評価ゆえの評価の精度の問題もあったかもしれません。

　データの分析では，質問紙票に対する解答データをテストデータへの応答として扱い，項目応答理論を用いて，それぞれの項目困難度を算出しました。これらの項目困難度をCEFR-Jのレベルごとにプロットし，項目困難度があらかじめ想定していたレベル順に並ぶかどうかを確認しました。

　全体的結果としては，多くの項目は計画どおりに並びましたが，それぞれの技能にいくつかの「異常な」項目もありました。とりわけ，新しく枝分かれした，下の方のレベルの項目の中には，もとの順番どおりに並ばないものがありました。この例としては，「聞くこと」のA1.3からB1.1の8項目や「発表」のA1.2からA2.2までの8項目などを挙げることができます。

　以下では，分析結果から明らかになった問題点とその解決方法を紹介します。まず，ある部分の項目に関する学習者の困難度判断は，予想とは必ずしも一致しませんでした。こうした項目がある程度まとまって出現した場合は，項目難易度のとおりにディスクリプタを並べ替えるという判断をしました。

　また，いくつかのレベルで，ディスクリプタに「条件」の繰り返しがあり，質問紙票の元となった日本語版ではこの条件部分がディスクリプタの先頭に来ていました。このために，それらのディスクリプタがみな同じレベルにあるという印象を学習者に与えてしまったようです。そこで，日本語版では，日本語のディスクリプタが不自然にならない限り，条件の部分を真ん中に移動することとしました。これは，学習者自身に「できる・できない」を判断させる場合には，注意しなければならない視点でしょう。

　学習者が経験したことのないCAN-DOディスクリプタは，想定より難しいと判断されました。そこで，日本人学習者にとってなじみのない要素をなるべく排除するようにしました。例えば，次のような例です。

読むこと：A1.2（難）
- β版：旅の思い出などが書かれた<u>非常に短い簡単な手紙や葉書，メール</u>など

の身近な人からの非常に短い簡単な近況報告を理解することができる。
- Version 1：身近な人からの<u>携帯メール</u>などによる，旅の思い出などが書かれた非常に短い簡単な近況報告を理解することができる。

日本人の中高大の英語学習者は「手紙や葉書，メール」などは，今日では母語でもあまり書かなくなっており，これが英語でとなるとほとんど経験がないという状況でした。したがって，これらは彼らになじみのあると考えられる「携帯メール」に変更されました。こうした変更は，今後も学習者の状況に応じて行っていかなければならないでしょう。

なじみがないという意味では，専門的な「CEFR 用語」も同様で，これらを含む CAN-DO ディスクリプタは難しいと判断されましたので，専門的な「CEFR 用語」の使用はできるだけ避けるようにしました。

やりとり：PreA1（難）
- β版：基礎的な語句を使って，<u>差し迫った必要性のある領域で，</u>自分の願望や要求を伝えることができる。必要とあれば，自分の欲しいものを指さして，自分の意思を伝えることができる。
- Version 1：基礎的な語句を使って，「助けて！」や「〜が欲しい」などの自分の要求を伝えることができる。また，必要があれば，欲しいものを指さしながら自分の意思を伝えることができる。

こうした配慮は，学年が低くなればなるほど必要だと考えられるので，今後小学生向けの CAN-DO リストを開発する際などには，ある程度の正確さは犠牲にしても，彼らにとってのわかりやすさを優先しなければならないかもしれません。

CAN-DO ディスクリプタは，広範囲のタスクを含む可能性があり，学習者が想像するタスクはそれらのディスクリプタの書き手が想定していたタスクの難易度と異なっていたことがありました。これに対しては，例を入れることで，解釈の幅を限定しましたが，英語の表現などの実例の挿入は，やりとり：A2.1 のように，下のレベルのディスクリプタのみで可能でした。

やりとり：A2.1
- ベータ版：first や then，next といった簡単なつなぎ言葉を使って，<u>道案内</u>をすることができる。
- Version 1：順序を表す表現である first，then，next などのつなぎ言葉や「右に曲がって」や「まっすぐ行って」などの基本的な表現を使って，単純な道

案内をすることができる。

いくつかのディスクリプタは，含まれるタスクの遂行条件のために，学習者は想定より易しいと判断したり，難しいと判断したりしました。例えば，「辞書を引けば」などという条件は，本来「読みの能力」を限定するためのものですが，参加者は，「辞書を引けば何でも読める」というように考えてしまったらしく，かなり易しめのディスクリプタになってしまいました。したがって，このような条件は，少なくとも学習者の自己判断には削除した方がよいと思われます（ただし，教師用としては，含めておいた方がよいかもしれません）。

2.3 評価法とテスト作り

2.3.1 現行テストの問題点

ここまでは，大きな意味での，評価の枠組みについて見てきました。こうした枠組みに基づいて，評価を行う場合，実際には様々な方法がとられるわけですが，まずその代表的な手法である，テストの作成について詳しく見ていきます。学校のテストの多くは，教師によって作成されますが，教師自身は指導の研修は受けていても，テストに関する研修（テスト理論の講義や作成のトレーニング）を受けていないケースが少なくありません。それゆえ，教師は自分が学習者であったときに受けてきたテストを模倣して作るために，テストの問題点は，世代をまたいで引き継がれていきます。そこで，まず，今日の英語のテストが，どんな問題点を抱えているのか，そのいくつかに焦点を当てて考察し，次に，個別技能のテスト方法について紹介していきます。

(1) 設計図のないテスト

まず，「もの作り」の一般的な手順を考えてみましょう。作ろうとするもののコンセプト形成から始まり，それを具現化するための設計図の作成を行います。そして，場合によっては，それをもとに試作品が作られ，最終的なプロダクトに至ります。家作りにしても，車作りにしても，こうしたプロセスをたどり，ものが作られていきます。いい「もの作り」のために，とりわけ重要なのが設計図の作成です。家の設計図もなしに，窓を作り始めたりすることはありませんし，車の設計図もなしに，ドアを作り始めたりすることもありません。

ところが，これがテスト作りとなると「設計図」の作成を行わない人たちがほとんどです。テスト作りでは，多くの人が，まず問題を書くことから始めています。どんな全体像のテストとなるのかもわからずに，個々のテスト項目を作成し

第2章

ているのです。こうして作られるテストは「英語力」をただ漠然と測っているだけです。

　言語テストの場合は，全体図を描いた「設計図」のことをテスト・デザイン（test design）と呼び，そのパーツの詳細についての取り決めを書いたものをテスト・スペック（test specifications）と言います。ここにはおよそ以下のような事柄が含まれることになります。

・評価計画に沿ったテストの役割についての記述
・そのテストで測ろうとする能力や知識のリスト
・それぞれの能力や知識をどのような方法で測るかについての記述
・リーディングやリスニングでは，どのようなテキストを用いるかについての記述
・それぞれの大問に必要な小問の数
・それぞれの大問の重みづけ（配点）
・それぞれの小問の重みづけ（配点）
・採点基準

　定期試験などでは，少なくともこのようなことを決めずに，実際の問題作成に入るべきではないでしょう。これが熟達度テスト（proficiency test）ともなれば，これ以外にも，使える単語や文法項目・言語機能などのリストも確定しておく必要があります。

　このような「設計図」を作ることで，テスト作成者は，自分の指導の中で何が重要で，それをどの程度まで身につけていることを生徒に期待しているのかを考えることになります。明確な「設計図」があれば，何の能力（または，知識）を測ろうとしているのかわからないような問題はなくなるはずです。

(2)「総合問題」の意味

　観点別・絶対評価にあっては，ある到達目標に照らして，個人がその目標に到達しているかどうかを見ることになっています。したがって，何の能力（または，知識）を測っているのかわからないようなテスト問題は，観点別・絶対評価にあっては，上に述べたとおり，利用のしようがありません。この意味で，観点別・絶対評価になってまずその存在意義がなくなるはずだったのが，いわゆる「総合問題」ですが，この「総合問題」は定期試験からいまだに消え去ってはいません。ご存じのとおり，「総合問題」では，あるまとまった英語の文章が提示され，その中にある単語の発音を問うたり，単語の意味を問うたり，文法事項を問うた

り，文章の内容を問うたりしています。このように，「総合問題」にはばらばらのテスティング・ポイントが含まれているために，その結果の意味を解釈することは難しく，その得点は，観点別・絶対評価の枠組みでは行き場を失ってしまいます。

　この「総合問題」の得点は，往々にして「理解の能力」として扱われていますが，その中身を見れば，「理解の能力」を測っているわけではないということは明らかです。とりわけ定期試験における「総合問題」では，文章の内容理解を問う問題の比率は意外と少なく（まったく含まれていないこともあります），用いている文章は「総合問題」を「理解の能力」のテストとするための見せかけにすぎません。

(3) 文法問題

　観点別・絶対評価においては，どういった能力や知識を測っているかが明確になっていなければならないのは，いわゆる「文法問題」でも同じです。一般に，「文法問題」は，「総合問題」とは異なり，1つの大問の中に様々なタイプの問題が含まれているようには見えません。それは，「文法問題」は，それぞれの大問における問題形式がたいてい統一されているからです（例えば，「空所補充問題」「並べ替え問題」「適語選択問題」という具合です）。しかし，それが実はくせ者です。「問題形式」が統一されているからといって，「テスティング・ポイント」が統一されているわけではないのです。例えば，すべてのテスト項目が適語選択問題であっても，動詞の時制を問う問題が入っていたり，前置詞を選ぶ問題が入っていたり，単語や熟語の知識を問う問題が入っていたりすれば，この大問の結果から，生徒が何ができて何ができていないのかは見えてきません。また，同じ並べ替え問題でも，あるところでは句の内部構造を問うているのに，あるところでは内部構造は問題にしていないといったようなことがあります。となれば，こうした大問の出来から，生徒の文法知識を的確に診断することはできません。さらに，この種の文法問題から導き出される診断コメントは，例えば「空所を補充する能力がある」とか「正しい語を選ぶ能力がある」などとなってしまい，およそ英語の指導目標からはかけ離れてしまいます。これでは，このテストに適切な診断機能を期待することはできません。「文法問題」では，「問題形式」をそろえるだけでなく，それぞれの大問で，文法のどのような知識を測りたいのかを明確に意識する必要があります。

2.3.2　各技能のテスト方法

(1) スピーキング・テスト

　他の技能と比較すると，教師自身があまりスピーキング・テストを受けた経験がないために，テスト方法のレパートリーが少ないという問題があります。そこで，いくつかのスピーキングのテスト方法と，その根底にあるスピーキング力の考え方について紹介します。

　スピーキングという技能は発表技能ですから，外から観察可能です。それゆえ，その能力を測ることは，一見単純なことのように思われますが，何をどのように誰と話させるのかなど，様々な要素があり，考えればきりがありません。

　ここでは，スピーキング力の測り方を大きく2つに分けます。1つは，実際のコミュニケーション場面で行うであろうタスクをテストで生徒に課すもの，もう1つは，様々なスピーキング活動に共通する潜在能力を見ようとするものです。

① 実際のコミュニケーション場面に基づくテスト

　スピーキング・テストにおいて，実際のコミュニケーション場面に基づくテストといった場合，本人が「自分のまま」で受けられるテストと，「誰かの役割」を演じたり「どこかの場所」を想定したりして受けなければならないテストとがあります。多くの場合，インタビュー・テストでは，面接官から尋ねられた自分のことに関して，自分のまま（誰か別人の役割を演じることなく）答えることになります。「名前」や「住んでいるところ」，「好きなスポーツ」などに関する質問です。これらの質問には，すべて「自分についての事実」を答えることになりますが，そのクラスの担当教師が面接官をする場合は，教師の側がすでに答えを知ってしまっている質問（display question）になってしまい，本当の意味での情報のやりとりが行われていないことがあるので，注意が必要です。

　同じインタビューでも，2つの異なる絵を使って，生徒にそのうちの1つを描写させ，相違点を探させるという方法もあります。この場合，教師の持っている絵と生徒の持っている絵は異なっているので，そこにインフォメーション・ギャップ（information gap）が存在しており，コミュニケーションの必然性が生じることになります。また，複数の連続した絵を用意すれば，ストーリー・テリングとなります。1枚の絵を描写するのと，複数の連続した絵を描写するのでは，測れる能力が異なってきます。

　教師によるインタビュー・テストでは，教師が一方的に質問しがちですが，生徒同士（2人または3人）によるグループ・ディスカッションであれば，生徒も質問役にまわることができます。ただし，日本人学習者の場合は，うまくやらないと，単に教師と一対一で話す集団面接になってしまうことがあるので注意が必

要です。これを防ぐには，生徒同士が話し合わなければ解決しない課題を課したり，教師が司会者となり，生徒同士のやりとりを促したりするとよいでしょう。

これに対して，ロール・プレイという手法もあります。これは，ある場面を設定して，その場面における役割を受験者に与え，そこでの課題を遂行させるというものです。例えば，生徒には買い物の指示の書かれたロール・プレイング・カードが渡され，教師は店員の役をやるというようなものがあります。こうしたタスクでは，決められたシナリオがあるわけではないので，課題遂行のためにどのように話すかを受験者が自分で考えなければなりません。

② スピーキングの根底にある能力の測定

上述のテストは，現実の生活で見ることのできるパフォーマンスを再現しようとしていますが，無数にあるかもしれないパフォーマンス事例を追求することをしないで，あらゆるパフォーマンスの根底にある能力を測ろうとする方法もあります。これらの中には，文復唱テスト（sentence repetition test）や口頭並べ替えテストなどがあります。

文復唱テストとは，言われた文をそのまま繰り返すテストです。作業自体は，教室でもやっている活動ですが，どんな文が言われるかわからない状態で，文を聞き取って，一時的に保持した上で再生するという作業は，予想以上に困難なものです。テスト項目の困難度は，おもに文の長さと文構造の複雑さで決まります。

次に，口頭並べ替え問題ですが，これは1つの文をいくつかの単位にバラして，それらを音声で流し，受験者はそれらを聞き取って並べ替え，元の正しい語順の文にするというものです。

これらの手法は，作成や実施が比較的容易で，LL（Language Laboratory）などで一斉に行うこともできます。また，1問ずつの実施時間が短いので，多くの問題数を確保することができます。ただし，これらのテストで高得点をとることが，実際のスピーキングにおいてどのような能力を保証するのかは明確ではありません。例えば，受動態の文を繰り返して言えることや正しく並べ替えて言えることが，受動態の文を必要なときに自分で言える能力と，どの程度関連しているのかはわかりません。こうした点については，今後利用に際しては注意が必要でしょう。

③ インタビュー・テスト実施の心得

インタビュー・テストというとなじみがあるために，英語が話せさえすれば誰でもできると考えてしまうかもしれませんが，実はいくつかの注意点があります。

第2章

（A）「聞いているよ」という雰囲気を醸し出す

スピーキング・テストの受験者は不安なものです。そのような場面では、インタビュアーは、受験者の話を「聞いているよ」という雰囲気を醸し出すことが重要です。何人もの受験者のインタビューを行っていて、退屈しているというような態度は慎まなければなりません。受験者に聞いていることを伝えるためには、インタビュアーは、笑顔と受験者との適度なアイコンタクトを忘れてはいけません。

（B）発話を促す言葉を挟む

受験者を励ますような雰囲気を醸し出すことも大切です。"umm" "aha" "right" "oh, I see" などの言葉を適宜挟むことで、話し手は気持ちよく話せるはずです。決して、受験者の言葉を途中で遮ったり、受験者が言いかけた文をインタビュアーの方で完結させたりしてはいけません。

（C）母語で問題なくできるようなタスクを課す

英語のスピーキング・テストを行う場合、意外と言語以外の面で過度な要求をしていることがあります。テストを作成したら、そのタスクを母語で行った場合に受験者が遂行可能かどうかを確認するといいでしょう。

（D）「仕切り直し」をたくさん用意する

スピーキング・テストにいくつかのステージがある場合、それらが相互に依存しないようにしなければなりません。つまり、あるタスクができないことが、次のタスクの遂行に影響しないようにすることです。そのためには、いくつもの「仕切り直し」をテストの中に用意しておくのがいいでしょう。

（E）「本当の質問」をする

いいインタビュー・テストでは、見せかけの質問（display questions）ではなく、本当の質問（genuine questions）をするべきだとされています。自分の生徒に対するインタビューのときは、名前や学校などは既知の事柄であり、これらについて尋ねることは現実のコミュニケーションとしては意味がないでしょう。

（F）wh- 疑問文を用いる

質問をする場合に yes/no 疑問文を用いると、yes/no だけで会話が終わりがちです。このため、なるべく wh- 疑問文を用いるのがいいでしょう。仮に yes/no で答えた場合でも、"Why?" などのフォローアップ・クエスチョンが必要です。

（G）インタビュアーは話しすぎない

スピーキング・テストに積極的に取り組む教師は、自分自身が英語を話すことが得意で、楽しいと感じている人が多いかもしれません。これ自体は、英語の教師としてとても大事な資質ですが、スピーキング・テストの実施の際には少し注意が必要です。それは、「話しすぎ」です。自身が英語を話しすぎる教師は、スピー

キング・テストの本来の目的である「受験者に話させる」ということを，ともすれば忘れています。インタビュアーとして理想的なのは，できるだけ少ない言葉でできるだけ多くの英語を受験者から引き出すということです。例えば，"So?" "And (then)?" "Why?" "Tell me more." "What do you mean?" などはいずれも短い言葉ですが，受験者から多くの英語を引き出すことができます。こうした「魔法の言葉」のストックをたくさん持っていることは重要です。

(H)「誤り」の訂正をしない

スピーキング・テストを実施すれば，受験者は様々な種類の「誤り」を犯しますが，このような場合に，訂正しないことです。訂正することで受験者を萎縮させたり，受験者がそこから学習してしまって，本来の能力を見られなくなってしまったりすることがあるからです。誤りがあった場合には，自然にやり過ごすか，意味の確認が必要であれば，"You mean, ...?" などと言って確認すればよいのです。また，"Good." などの受験者の発言を評価するような言葉の使用も避けるべきとされています。

(I) インタビュアーと採点者を別にする

インタビュー・テストでは，試験官がインタビューをしながら採点をすることがあります。しかしながら，インタビューを実施しながら信頼性の高い採点を行うことは難しいものです。同時に2つのことをすれば，どちらかがおろそかになってしまいます。ALT（Assistant Language Teacher）がインタビュアーとして確保できるような場合は，日本人教師の方は採点に徹する，というように役割を分けた方がよいでしょう。

　以上，インタビュー・テストを中心に見てきましたが，英語を話す場面というのは，ダイアローグの場面だけではありません。話し手が1人で，ある程度の時間話し続けるモノローグの場面もあります。いわゆる，スピーチやプレゼンテーションの場面です。ダイアローグの能力とモノローグの能力は，厳密には同一ではありません。ダイアローグでは話し相手とのやりとりが必要となるのに対して，モノローグでは始めから終わりまで1人で話し，その中での一貫性が重要となります。指導はスピーチやプレゼンテーションを行いながら，スピーキング・テストがインタビューということがよくあります。スピーチやプレゼンテーションは，原稿をあらかじめ準備してそれを暗唱するような活動であることが多く，その結果は即興で話す能力や会話でのやりとりの能力とは必ずしも一致しません。これは，スピーキング・テストと言えばインタビューと画一的に考えていることが原因かもしれません。したがって，そのときの指導目標によく照らして，より適した方法を選択することが必要でしょう。

④　スピーキング・テストの採点はどうする

　スピーキング・テストの採点には，誰が採点するかという問題とどう採点するかという問題があります。

（A）誰が採点するか

　スピーキング・テストの採点を行うのは，教師自身ということになるように思われますが，実際にはALTに任せているという例が少なくありません。英語のネイティブ・スピーカーが採点するというのは，一見すると妥当な判断のように思われます。しかし，これが必ずしもうまく機能しているわけではありません。それは，いわゆる「ALTへの丸投げ」というケースです。つまり，採点は（そして，多くは面接も）すべてALTが1人でやっています。もちろんALTが採点してうまく行く場合もありますが，それは担当の日本人教師が，そのときのスピーキング・テストの目的や評価基準を十分に伝えている場合です。ところが実際には，丸投げを行っている日本人教師は，往々にしてALTと十分なコミュニケーションがとれていません。

　スピーキング・テストの目的や評価基準を十分に伝えていないと，ALTは自分の持つ基準で採点してしまう（しかも，これがいつも「発音」や「流暢さ」であったりする）ので，結果的には「しゃべれる子はいつでもしゃべれる」となっていることが少なくありません。つまり，本来の評価基準への到達の有無に関係なく，採点が行われてしまっているのです。

　実は，日本人が採点している場合でも，無意識のうちに「評価基準」と異なった基準で採点してしまっていることがあるので，注意が必要です。誰が採点するのであれ，指導目標との整合性は常に心がけなければなりません。

　また，誰が採点するかという問題以外に，テストの実施者が採点者を兼ねるかどうかも大きな分かれ目です。一般に，スピーキング・テストを実施しつつ，信頼性の高い採点を行うことは難しいとされます。それは，多くの場合，テストの実施に気をとられて，採点に十分な注意が向けられなくなってしまうからです。採点者がテストの実施者を兼ねなければならない場合は，以下に述べる「全体的採点」を行うか，また，「分析的採点」を行う場合でも，その観点の数をかなり絞る必要があります。

（B）どう採点するか

　スピーキング・テストの採点方法は，大きく分けて2つあります。1つは「全体的採点（holistic scoring）」で，もう1つは「分析的採点（analytic scoring）」です。前者は，受験者の行動を全体的に捉えて採点する方法で，後者は，それをいくつかの観点に分けて，分析的に採点する方法です。

まず,「全体的採点」です。この方法ではその目的によりいくつかの段階に受験者を分類しますが,その際には,それぞれの段階の行動の特徴が記述されたバンドを用います。このバンドの記述には,課されたタスクにより,「発音」や「文法的正確さ」「内容」など様々な観点が含まれますが,特徴は,複数の観点が1つのバンドの中に入っている点です。この方法を「印象主義的採点(impressionistic scoring)」と呼ぶことがありますが,いわゆる「印象」によって,「よくできる」のでA,「中ぐらい」なのでB,「あまりよくできない」のでCなどと判断しているわけではないので,この呼び方はやや誤解を招くかもしれません。

　この「全体的採点」には,あたかもこれら複数の観点が「手と手を取り合って,仲良く」発達していくという想定(holistic-universal view)があります。つまり,例えば,「発音」が良い生徒は「文法」も正確で,「語彙」も豊富というような想定です。例えば,「バンドC:強弱のリズムの習得がまだ十分ではなく,現在進行形の文を正しく作れないこともある。また,単語の選択にも時々誤ることがある。」というような具合です。こうした前提が崩れない限りは,「全体的採点」は,採点者側としては,簡便な良い方法ということができるかもしれません。

　これに対して,「分析的採点」では,複数の観点が立ち,その観点ごとに採点していきます。このため,一般に,「全体的採点」に比べ高い信頼性が得やすく,学習者へのフィードバックも診断的な機能を持たせやすい,と言われています。

　ただ,このようなメリットを実現するには,いくつかの注意が必要です。まず,「観点の独立性の問題」です。例えば,「発音」と「文法的正確さ」という観点が立っていたとすると,「発音のよさ」にまどわされずに,「文法的正確さ」を判断しなければなりません。次に,どのような観点を立てるかです。ここで立てる観点は,当然のことながら,指導目標に適合していなければなりません。さもないと,評価は指導目標とまったく異なった観点でなされてしまうことになります。これは,上で述べた「ALTへの採点の丸投げ」にも起因します。さらに,その観点の数も問題です。1つのテストであまり多くの観点があった場合,それらを高い信頼性を持って見ることはできません。とりわけ,定期試験などでは,毎回評価基準が異なるために,採点者がそれぞれの基準に徐々に習熟していくというわけにはいきません。であれば,本当に見たい観点に絞ることが必要です。

(2)　ライティング・テスト
① 　ライティング力の構成要因とテストの実態
　ライティング力と一口に言っても,そのライティング力にはどのようなものが含まれているのでしょうか。英語の文字や単語を書く力,符号の知識,文を書く力から,複数のパラグラフを書く力まで様々な力が含まれます。また,ここには

書くべき内容を思いつく力や文法力も関わってくるでしょう。

　しかし，英語の定期試験問題を見てみると，ライティング・テストのレパートリーがきわめて限られていることがわかります。これまでに収集した定期試験を見ると，おおよそ8～9割が和文英訳で，残りが「～について書け」式のいわゆる自由作文です。

　この圧倒的な出題比率の高い「和文英訳」はどのような力を測っているのでしょうか。和文英訳では，書く内容が与えられているので，「何を書くか」や「文章構成」は問題となりません。また，内容が規定されているので，書く長さもほとんど規定されています。つまり，レパートリーが「和文英訳」に偏っていることも問題ですが，これが測っている能力も偏っていることがわかります。さらに言えば，今日の中学の検定教科書などでは「和文英訳」というタスクはほとんど見受けられず，指導と評価の乖離も大きな問題でしょう。

② ライティングの様々な能力を測るテスト

　どのようなテスト・テクニックでもそうですが，レパートリーが偏れば，テストで見えてくる能力も偏ったものになります。また，レパートリーが少なければ，見ようとする能力と出題方法との相性についてあらためて考えるということもなくなってしまうでしょう。和文英訳と自由作文の間には，様々な種類のテストがあります。これらには絵や図を用いた作文も含まれますが，以下ではそれ以外のタイプを紹介します。様々なタイプのテストをうまく取り入れることで，ライティングの能力を多面的に測ることができます。

A：文字・符号テスト

次の文を，文字や符号などに注意して，英語の文として正しい形になるように書き直しなさい。その際，必要に応じて，下の□□□から適切な符号を選んで加えること。
what are you reading tomoko?

| . | , | ? | ' | " | " | ! |

特定の課題に関する調査（英語：「書くこと」）調査結果（中学校）

B：文完成テスト

次の文の下線部を補って，クラスメートに本を紹介しなさい。
This is the book which_____.

C：単語補充テスト
次の単語をそのままの順番・そのままの形で使い，必要な単語を補って，1文を完成しなさい。ただし全部で8語とする。 photo, taken, famous, photographer （解答例：The photo was taken by a famous photographer.）

D：文補充テスト
次の文章の空所を補って，あなたの将来の夢について書きなさい。ただし，空所には文を2つ以上入れてもよい（ここでは，スペースの都合で空所をそれぞれ1行分しかとっていないが，書かせたい分量をイメージして行を設定するとよい）。 I want to be _____. Why? First, _____. Second, _____. Third, _____. So, I want to be _____. Thank you.

E：自由作文テスト

　自由作文にも問題がないわけではありません。自由作文は，生徒に「自由に」書かせているのだから，何も悪くないように思えるかもしれません。しかし，例えば「あなたの好きな本について書きなさい」というようなテストをよく見かけますが，このような文章を書くことは現実生活ではほとんどありません。文章の目的が明らかになっていないからです。現実生活では，目的もなく何かを書くということはほとんどありません。また，このテストでは，誰に向けて書くのかということも明らかになっていません。誰に向けて書くのかがわからなければ，何を書くかを決めることは容易ではありません。さらに，これは手紙なのか，メールなのか，それ以外のものなのかも明らかになっていません。私たちはこのような「真空状態」で文章を書くことはないのです。

　同じ「自由作文」といっても，例えば次のようにするだけでだいぶ違ってくるのです。

「アメリカにある，あなたの町の姉妹都市の中学生に，あなたの好きなアニメを紹介するメールを書くことになりました。好きなアニメは何か，どのようなところが好きかなどについて，詳しく紹介してあげましょう。」

③　ライティング・テストの採点方法

　ライティング・テストの採点は，大きく「減点法」「全体的採点」「分析的採点」の3つに分けられます。このうち，日本のライティング・テストの採点で最もよ

く用いられているのが，減点法でしょう。これは出題方法と密接な関係があると考えられます。というのは，ライティング・テストのほとんどが和文英訳であるために，全員が基本的には同じ内容を英語にしており，間違えたところを減点していくという方法が機能するのです。

ただ，この方法を自由作文の採点に持ち込むと様々な問題が生じてきます。そのうち最も大きな問題は，たくさん書けた生徒の点数が少ししか書かなかった生徒より低くなってしまうことがあることです。自由作文では書けば書くほど誤りを犯す可能性が高くなるからです。したがって，基本的には自由作文のようなテストには「減点法」はふさわしくありません。

このため，自由作文の採点では，「全体的採点」か「分析的採点」が用いられることになります。これらは，スピーキング・テストのところ（本書2.3.2 (1) ④）で触れた採点方法と基本的な考え方は同じです。「全体的採点」は，ABCDや5段階などの段階評価ですが，それぞれのレベルがおおよそどのような特徴なのかを書いたレベル記述（level description）を大まかでもいいので持っておいた方がいいでしょう。単なる印象でつけていると，いつの間にか採点がぶれ，信頼性は低くなってしまいます。

これに対して「分析的採点」は，「内容」「構成」「語彙」「文法」「綴り等」というような観点ごとに別々に評価します。このため，信頼性が高く，生徒にどこがよくてどこが悪かったのかを伝えることができるので，フィードバック機能も高いとされています。分析的採点では，一般に，それぞれの観点の重要性に応じた重みづけがされます。多くの場合，「内容」「構成」は比重が高く，「語彙」「文法」「綴り等」は比重が軽い傾向にあります。

ただし，この採点法をとるには，ある程度の長さの文章が書かれていないと意味がありません。非常に限られたサンプルから，生徒のライティング力を分析的に見ることになるからです。また，当然のことながら，「分析的採点」において立てる観点は，指導目標を反映したものでなければなりません。

④　自由作文における長さの問題

和文英訳テストは，確かに正確に書く力を見るための便利な手法かもしれません。しかし，これほど圧倒的に和文英訳テストに偏ることによって，正確さと同様に重要な「たくさん書く力」や「何を書くかを考える力」などはないがしろにされている可能性があります。ライティング・テストがもっぱら和文英訳となっているせいで，指導や学習においても，どれだけたくさん書けるかや何を書くかを考えるプロセスはなくなってしまっています。

入門期のライティングにおいては，文字・単語・文のレベルでの「正確さ」が

重視されるのは当然ですが，ある程度学習が進んだら，「書く量」に目を向けることも重要になるでしょう。英語教育では，「正確さ」と「流暢さ」がしばしば重要な概念として挙げられますが，ライティング・テストにおいては「すらすら書いている様子」が見られるわけではないので，結局ある時間内にどれだけ書けているかが，「流暢さ」の間接的な指標になります。もし「正確さ」だけがいつも評価対象となり，この「量」の方がまったく評価対象となっていないとすれば，ある意味で，構成概念妥当性に欠ける（本来測るべき能力を測っていない）ということになるかもしれません。

　世界の様々な能力記述を見ると，日本の中学相当と思われるレベルの「書くこと」の記述が，かなり高レベルに感じることがあります。日本の中学のテストでは，複数のパラグラフを書かせる課題はほとんどありませんが，海外ではこの段階でも複数パラグラフの文章を書かせるのが，当然の到達目標のようです。

　日本には，本当の意味での英語教育のグランド・デザインがないため，ライティングの力をどう伸ばすかについて，英語教育に関わるものがみな同じイメージを持っているわけではありません。ライティングの能力をどう伸ばすかについては，各学習段階で正確さを優先するのか，あるいは量をたくさん書かせることを優先するのかという議論が重要です。現在，日本の中学校におけるライティング・テストを見ると，明らかに正確さを優先しています。しかし，エッセイ型のテスト結果を分析すると，あるレベルに至るまでは，学習が進むにつれて書ける量が確実に増えていくことがわかります。ということは，ある学習段階までは，正確さよりも量を優先すべきなのではないでしょうか。

　日本の英語教育が正確さを重視してきた背景には，客観的に採点しやすいということがあります。実際，客観的に（または，公平に？）採点することを重視するあまり，客観的に採点できないものは出題しなくなってしまっているのが現状でしょう。客観的に採点するということは，採点の信頼性を重視しているということですが，そのために測るべき能力を測っていないとなれば，これは妥当性を犠牲にしていることになります。一方，音楽や書道や美術などでは作品の評価を主観的に行っていて，これをほとんどの人が当たり前だと思っています。ある意味では，どのような内容の文章がいいとか，どのような構成の文章がいいということも，主観的に判断する性質のものです。これらを重要なことと考えるならば，テストでも見ていかなければなりません。

　採点の客観性重視の傾向は，テストの学習への波及効果の問題にもつながっています。テストでまとまった量のライティングを課さないので，まとまった文章を書く練習が行われなくなってしまいます。採点の客観性への意識は，入試ともなればますます強くなり，結果的に入試のライティング・テストの自由度と量は

きわめて限定的となります。最も波及効果の高い入試というテストにおいて，自由度のある，まとまった量の英文を書かせる課題が課されなければ，受験勉強の中から「自由作文」が消えていくのも当然でしょう。

　作文の量を重視した上で，採点の客観性をある程度高めたいということであれば，書いた単語の数や行数だけで採点してもいいかもしれません。もちろん，単純に量をかせぐために同じ文をいくつも書いたり，中身や構成をいい加減に書いたりする生徒もいるのではという懸念があるかもしれません。量を優先するなら，まずはこうした作文を認めるようなところから始めてもいいかもしれませんが，これが本当に問題であると認識するのであれば，中身をざっと確認し，大きな問題がなければあとは量だけで採点してしまうという手もあります。量だけで採点するので，採点は客観的です。もちろんこれは学習の初期段階の話で，ある程度のまとまった量が書けるようになったら，その上で正確さを求めていくべきでしょう。

　まとまった量を書かせれば，もちろん分析的採点を導入することもできます。ただ，この採点方法を導入した場合に悩ましい問題があります。それは，「文法」や「語彙」というような観点を立てた場合，「少ししか書いていないが，正確なもの」と「たくさん書いてあるが，誤りもたくさんあるもの」のどちらを高く評価するかという問題です。

　「量」と「正確さ」は，独立した観点ですから，これらは独立に採点するのがよいでしょう。こうなっていれば，「正確な文をほんの少ししか書かない場合」は，それほど高い評価は得られないことになります。また，逆に，「多少の誤りがあっても，たくさん書いてある場合」は，ある程度高い評価が得られることになります。あるいは，「量」と「正確さ」を合わせたカテゴリーにして，「ある一定量以上」でないと「正確さ」のあるなしは判断しないようにしておくような方法もあります。

　もちろん，分析的採点においては，「文法」や「語彙」といった各観点の下位観点の1つである「量」は，「バリエーション」とする考え方もあるでしょう。この場合は，単に量がたくさんあるかどうかではなく，どれだけ多様な文法形式や文型を使っているかが問題となります。つまり，同じような文型の文を羅列しても高い評価を与えないというものです。

　受験者の能力幅の広い大規模テストなどの場合は，答案に現れた文法項目や文型などが示唆する発達段階上のステージによって割り振る点を変えるという選択肢もあるでしょう。文型で言えば，SVCとSVOを使っているよりは，SVOOとSVOCを使っている方がレベルが高いと判断するという具合です。こうした観点は，「文型」以外にも，「時制」「相」「態」などでも行うことはできるでしょう。

(3) リスニング・テスト

　定期試験のリスニング・テストは，あまり教師自身によって作られていないのではないかと思うことがあります。というのは，これまで私が見てきた定期試験問題の中には，かなりの比率で市販のテスト問題を切り貼りして作ったと思われるものがあるからです。おそらく，音源を用意したり，テスト問題を作ったり，必要な絵を描いたりなどといったことが，手間がかかるために，英検などの過去問を切り貼りして使っているようです。しかし，こうした問題は，往々にして教師の指導とかけ離れて，その結果から指導の成果を見ることはできないでしょう。また，これは生徒に対しても，リスニング・テストは授業とは関係のないものというメッセージを与えかねません。もっとも，既製のテストが教師の指導目標に合っているのであれば，まったくダメということではないかもしれませんが，それにしても，コピーライト（著作権）の問題は残ります。では，リスニング・テストはどのように作ったらよいのでしょうか。

① スクリプトはどう書くか

　リスニング・テストにおいては，まず生徒に何かを聞かせなければなりません。このため，一般的に英語の教師は，自作のリスニング・テストを作る場合は，スクリプトを「書いている」と思われます。しかしながら，本来「話される」ものを「書く」というのは思うほど易しいことではありません。とりわけ自然な会話を書くというのは，難しいものです。実際，自作の定期試験問題の中には，どのような人間同士であればこのような会話になるのかと首をかしげたくなるものもあります。スクリプトを書き始める前に，どのような人物がどのような場面で何のために話しているのかを明確にしておくべきです。そうすることで，会話はより自然に展開していきます。

　リスニング・テストのスクリプトを見て，実際の会話ととりわけ異なると思われる点があります。実際の会話では，会話者はコミュニケーション・ブレークダウンが起こらないように最大限の努力を払いますが，テストではなるべく聞き手に「いじわるに」会話が展開されるようになっているように見えます。例えば，実際の会話では，電話番号や住所などは何度も確認して正確を期す（場合によっては音の聞き間違いのないように"M as in Mary"のような確認さえある）のが，テストとなると1度きりだったりします。

　その他，自然会話では，well, er, you know, let me see, I mean などの filler があったり，繰り返しや言い直しがあったりします。また really や oh などの語も適宜入り，会話は生き生きとしています。教師としては，どれもなじみのものかもしれませんが，意外とスクリプトを書く段になると忘れがちです。

第 2 章

　　しかし，考えてみれば，何もスクリプトを書かなければならないわけではありません。何かのオーディオ CD から素材をとってくることも可能でしょうし，インターネット上の様々な音源を使うこともできるでしょう。ただし，このような場合でも，指導目標との整合性や英語のレベルは確認すべきです。
　　音源の作成に当たり，ALT を利用する手もあります。ALT の利用となると，音声を吹き込んでもらうことがすぐに頭に浮かびますが，スクリプトを書いてもらったり，自分で書いたものを見てもらったりすることもできます。より進んだ利用方法としては，ロール・プレイング・カードを使ってスクリプトなしで即興で演じてもらう方法もあります。この方法だと，言いよどみや繰り返しが自然に出てきます。

② 文脈の必要性

　　リスニング・テストでは，「これから流れる英語を聞いて，次の質問に答えなさい」というような問題がよくあります。これはリスニング・テストとしてはありふれた問題ですが，現実の世界では，このようにどこからともなく聞こえてくるようなリスニングはあり得ません。どのような場面で，誰が話しているかもわからない状況で行われる，自分と関係ない会話の中身を細大漏らさず聞き取らなければなりません。だとすると，このような「真空状態でのリスニング」は，現実世界にはない，「よけいな負荷」を生徒にかけていることになります。ただでさえ文脈から切り離されているテストにおいては，場面や話者，聞く目的などについての情報を指示文に盛り込んでおくとよいでしょう。

③ タスクはどうするか

　　リスニング・テストでは，何かを生徒に聞かせて，それを理解しているかを見るために何らかの作業をさせます。そうするのは，人の理解の結果は外からは直接観察できないからです。
　　リスニングのタスクの作り方は，大きく分けて 2 つあります。1 つは，その音声テキストを聞く現実の場面で実行するようなタスクをテストに再現するものです。もう 1 つは，そうしたタスクの再現がかなわないような場合に，理解を反映するような非現実的な，いわゆる「テスト・タスク」を課すものです。
　　現実のタスクを設定するに当たっては，その音声テキストを聞くときに，現実の生活でどのようなタスクを行うか考えてみるとよいでしょう。例えば，誰かの住所を電話で聞き取る場合などは，その住所を手帳に書き取ったりします。こうした場合は，住所を書き取るというタスクを設定します。また，授業を聞いているような場合は，ノートをとったりするでしょう。こうした場合は，このノート・

テイキングというタスクを設定します。こうすることで，当該の音声テキストの理解において求められる言語処理をテストにおいて再現することが期待できます。

これに対して，どこかへの道順を聞き取るような場合に，実際の生活でやる行動は，目的地に向かって歩いて行ったり，車で行ったりすることでしょう。また，天気予報を聞くような場合の行動は，自分の関心のある（住んでいる？）地域と日時の天気を聞き取って，その天気にふさわしい服装をしたり，持ち物を持ったりすることです。しかしながら，こうした行動をテスト場面で受験者に実際にやらせることは，ほとんど不可能です。このために，こうしたタスクの場合は，受験者に地図上で行き方を再現させたり，服装や持ち物を書かせたり，選択肢の中から選ばせたりすることが，テスト・タスクとなるでしょう。

上述のようなリアル・ライフ・タスクとセミ・リアル・ライフ・タスクなどは，言語テストとしてはかなりオーセンティシティが高いと言えるでしょう。しかしながら，その一方で，現実の生活のリスニングの中には，音声スクリプトを聞いても，外から観察可能な何かの行動をとりたてて起こさないということも少なくありません。例えば，1人でテレビやラジオのニュースを聞いていても，ただ聞いているだけで，その理解を反映するような行動は特に起こさないでしょう（もちろん，その間にコーヒーを飲んだり，何かを食べたり，言語理解とは特に関係のない行動は起こすかもしれませんが）。

現実的なテスト・タスクとしては，多肢選択式やTF（True or False）式などによる内容一致問題が代表的でしょう（これらが「非現実的」なのは，現実の生活の中では行うことがない行動だからです）。こうした方法はテスト方法としてはなじみがあるために，安易に採用されがちですが，注意が必要です。これらの問題を作るときに陥りやすいのは，リスニングのどのような理解を測定するかという明確な意識のないまま，内容理解を問う問題を作ってしまうことでしょう。しかし，そのような問題への解答結果を見ても，リスニングのどのような力を持っているのかわかりません。

タスクのオーセンティシティを高めると，それが問う理解のレベルは，最も自然な理解のレベルとなることが期待されます。しかしながら，現実生活で目に見えるようなオーセンティックなタスクを実行しない場合では，非現実的なテスト・タスクに頼るしかありませんが，そのような場合は，どのような理解を見ることをねらっているのかを明確に意識しながら問題作りを行わなければなりません。どのような問題がどのようなリスニング理解を測っているのかを知るためには，これまでに作ったリスニング問題や既存のリスニング問題などを見て，それらがどのようなプロセスで解答可能となるかを1度考えてみるといいでしょう。より具体的には，音声テキストのどの部分をどのように理解できるとその問題が解答

できるのかを考えるということです。

　聞き取るべき箇所も，1カ所だけを聞き取ればいい場合と，いくつかの箇所を聞き取って統合しなければならない場合とがあります。また，それらの箇所の理解も文字どおりの理解でいい場合と，行間を読んだり発話意図を推察したりしなければならない場合とがあります。こうしたことを行っておくことは，テスト問題の作成のみならず，指導を考える際にもとても重要なことです。これによって養った視点を自分のテスト作りにも役立てるといいでしょう。

　非現実的なテスト・タスクでは，話された内容を別の言葉に「置き換えた」ものとの一致・不一致を問うことが多くなります。これが別の英語の言葉への言い換えの場合もあるし，日本語への言い換えの場合もあります。これらの方法は，一長一短があって，別の英語への言い換えの場合は，その同義性が問題になりますし，日本語への言い換えの場合は，同義性の他にコードスイッチングが問題になったりします。リスニングの場合は，特にメッセージが一瞬で流れてくるので，これらの負荷は本来のリスニングとは関係のないものなので，選択肢を短くするなどして，できるだけ減らす必要があります。

④　「理解のレベル」をどうするか

　リスニングにおける理解といっても，様々なレベルがあります。いわゆる文字どおりの理解から，リーディングでいう「行間を読む」ような理解まであbacteriaりますし，特定の箇所だけを聞き取るという理解もあれば，話全体の流れを理解するというものもあるでしょう。例えば電話番号や時刻の聞き取りは，特定の箇所を文字どおり理解すればよいのに対して，短いストーリーの聞き取りというようなものであれば，1語の聞き取りでは済まずにある程度全体的に理解しなければなりません。

　現行の学習指導要領では，「まとまりのある英語を聞いて，概要や要点を適切に聞き取ること」という指導事項が新たに加えられました。では，「概要や要点」の聞き取りはどのようにテストしたらよいのでしょうか。「概要と要点」の定義は必ずしも簡単ではありません。

　以下に，その定義を試みてみます。まず，「概要」とは，「話されたことのおよその内容」ですから，どれか1つだけの重要な点というより，話の全体像を伝えるようなある程度のまとまりのある内容ということになります。誰かが，見た映画の内容を話しているような場合は，概要を聞き取ることになるでしょう。

　これに対して，「要点」といった場合には，2種類の「要点」が考えられます。1つは，「話し手が伝えようとしている最も重要な点」です。例えば，待ち合わせをしている相手が電話をかけてきて，「その日は来られなくなった」と伝えた

とします。この場合は,それ以外のことも話していたとしても,「要点」は「待ち合わせには来られない」ということになります。

　これに対して,もう1つの要点は,「聞き手が必要としている点」ということになります。例えば,典型的には空港でのアナウンスを聞くような場合です。空港のアナウンスでは様々な行き先のフライト情報が流れますが,こうした放送を聞くときには,一般的な聞き手であれば,すべてのフライト情報をまんべんなく聞き取ることはせず,自分のフライトの情報だけを聞き取るでしょう。

　これらの違いを意識しながら,指導目標と照らし合わせて,リスニングのテスト問題の作成に当たるとよいでしょう。

⑤　テストの弁別力

　全体得点とテスト項目との関係を,そのテスト項目の弁別力と言います。つまり弁別力は,その項目が能力の弁別にどれだけ役立っているかを示しています。もちろん弁別力は高ければ高いほどいいわけですが,ここではこれまでの私の経験に基づいて,どのような項目がリスニングのテスト項目として高い弁別力を持つ傾向にあるかを紹介します。

　以下では,多肢選択式の内容理解問題における弁別力について考えていきます。まず,弁別力が低くなってしまうのは,スクリプト中のキーワードがそのまま正解の選択肢となっている場合です。このような問題では,聞いた英語をそれほど深く理解していなくても正解できてしまうため,できる生徒とできない生徒の弁別はうまく行われません。これに対して,スクリプトに含まれている単語が誤答の選択肢になっていて,正解の選択肢がスクリプトには含まれない単語で構成されているような場合には,弁別力は高くなります。もちろんこうした問題作りは,入門期のテスト作りにはあまり当てはまらないかもしれませんが,学習段階が進んだところでは考慮に入れるとよいでしょう。このほか,英語を理解できていなくても常識で答えられてしまうような問題や,問題同士が依存していて,片方ができるともう片方も自動的に正解できてしまうような問題などは,一般に弁別力は低くなる傾向があります。

(4)　リーディング・テスト

　リーディング・テストは様々な技能のテストの中で,ほとんどの教師にとって最もなじみのあるテストです。しかし,それゆえに,慣習に流されて作成しているテストでもあり,作成の常識について再考してみることも必要でしょう。

第2章

① テキスト（文章）はどうするか

　まず，第1の常識は，「定期試験のリーディング・テストの英文は，教科書から出す」というものです。教師が問題意識を持っているかどうかは別として，ほとんどの場合，教科書から出ているのが現状ではないでしょうか。

　この問題の議論に当たり，テストの波及効果（教科書の英文をテストに出すことで，生徒に教科書を何度も読ませる効果）を期待して出すという点を別にすれば，既習の英文を出題し，その内容理解を問うというのは，多くの問題をはらんでいます（この問題については，「評価規準」のところでも扱っていますので，ご参照ください）。

　まず，既習であるために，読まなくても内容を知っているわけですから，正解できたとしても，出題された文章の内容理解が本当にできるかどうかはわかりません。その意味では，定期試験のリーディング・テストは「出来レース」のようなものです。また，内容が既習であるために，教科書の英文は総合問題として出題されており，よく見ると内容を問う問題がほとんどないという皮肉な現象も起こっています。英文が出ていても，リーディング・テストにはなっていないのです。

　こうした傾向の意味するところは，授業の目標が「その特定の英文を理解すること」になっているということです。しかし，本当にそれでいいのでしょうか。リーディングのテストで読解力を見るというごく当たり前のことを定期試験で実践するには，すでに習ったテキストを用いることは避けなければならないでしょう。では，どのようなテキストを用いるかとなれば，習っていないテキストということになります。具体的な方法としては，教科書のテキストとパラレルなテキストを作成する方法が考えられます。「パラレルなテキスト」とは，文章の構成などは同じで，単語が異なっているテキストです。

　この方法は，学年が上がって，テキストの内容がトピックを深く掘り下げたようなものになってくると，あまり応用が利かなくなります。「パラレルなテキスト」の作成が困難な場合は，他社の教科書の同様のポイントを含んだ箇所を参考にしてもいいでしょう。ただしこの場合は，未習の単語や文法事項がないかどうかチェックし，未習のものは注をつけたり書き換えたりする必要があります。

　定期試験では，実は意外なほど内容理解問題の出題が少ないのですが，これは既習のテキストをテストに使用しているためでしょう。テキストがあり，それにいくつもの問題がぶら下がっているために，一見すると読解問題に見えるかもしれませんが，よく見るとテキストの内容理解を問う問題が含まれていないことも少なくありません。これはいわゆる「総合問題」ですので，注意をしなければなりません。

中学校の定期試験や高校入試問題を見ると,「会話文」の読解問題が出題されていることがよくあります。当初は,リーディングの問題なのになぜ「会話文」を読ませるのか私にはよく理解できませんでしたが,いろいろ調べてみると,教科書の「本文」には「会話文」があり,これをもとにテストを作るので「会話文の読解問題」となってしまうということがわかりました（高校入試問題はこの延長で出題されていると思われます）。現行の教科書の「本文」を見ると,実にたくさんの会話文があることに気づきます。しかしながら,現実の生活の中で「会話文」を読むことは多くないでしょう。確かにインタビュー記事や劇の台本などでは「会話文」を読むことになります。ただ,これらを読む可能性は,他のタイプの文章を読む可能性に比べればはるかに少ないでしょうし,教科書に載っているような「会話文」は,インタビュー記事や劇の台本などとはまるで異なるものです。

　リーディング・テストの作成に当たっては,生徒が実生活で読みそうなテキスト・タイプから文章を選ぶべきです。そうすることで,オーセンティックなタスクが作りやすくなります。「会話文」というテキスト・タイプを読むことが現実の生活では起こりにくいとすると,それに伴う現実的なタスクを考えることは難しいでしょう。

② 「テキスト選び」と「問題作り」どちらが先か
　第2の常識は,「リーディング・テストの作成では,テキストを選んでから問題を作る」ということです。定期試験でリーディング・テストを作るときには,まずは英文を試験範囲から選択し,そこから何が問えるかを考え,質問を作っていくのではないでしょうか。あるいは,試験範囲の中で,いろいろなことを問えそうな英文を探し出し,それから具体的な作問に入るということもあるかもしれません。いずれにしても,リーディング・テストは,テキスト探しから始まっています。

　しかし,世界の様々なテスト開発機関においては,逆にテキストを決める前に問題がほぼ決まっているというのが,「常識」と言っていいでしょう。私がリーディング・テストの作り方に関してこのことに気がついたのは,日本の英語入試問題と海外の英語能力テストを分類していたときでした。海外の多くの英語能力テストでは,どの回のテストであってもほぼ同じような質問が繰り返されています。それに対して,日本の入試問題では必ずと言っていいほど,毎回異なった質問がなされています。よく言えば,日本のリーディング・テストは独創性に富んでいます。しかし,別の見方をすれば,たまたま選んだテキストの特性により,問題作りが大きく左右される,「日替わり定食（こちらは,仕入れに左右される）」のよ

うなテストで，リーディング力をどう捉えているか見えてきません。

　言語テストの文献には，よく test specifications という用語が出てきます。これは，テストの設計図のようなもので，そのテストの作り方が詳細に書かれています。そこでは，リーディング・テキストについても，長さ，内容，言語的難易度やテキスト・タイプなどが規定されていますが，同時に，測定するリーディング・スキルも規定されています。いくつかの具体例を Heaton（1988, p. 106）から引用します。

— understand explicitly stated information
— understand relations between parts of a text through both lexical devices and connectives
— perceive temporal and spatial relationships, and also sequences of ideas
— understand conceptual meaning
— anticipate and predict what will come next in the text
— identify the main idea and other salient features in a text
— generalise and draw conclusions
— understand information not explicitly stated
— skim and scan (looking for the general meaning and reading for specific information)
— read critically
— adopt a flexible approach and vary reading strategies according to the type of material being read and the purpose for which it is being read

こうしたことが決まっているのであれば，問題を先に作ることもさほど難しいことではありません。

　例えば，平成 21 年度（2009）実施の東京都中学校英語教育研究会「英語コミュニケーション・テスト」は，次のようなデザインに基づいて作られました。

・【文章構成理解問題】文章の最後に適する文を選ばせたり，文を並べ替えさせたりする問題
・【指示代名詞問題】指示代名詞が何を指すかを選ばせる問題
・【タイトル選択問題】文章にふさわしいタイトルを選ばせる問題
・【概要理解問題】
・【詳細理解問題】

では，なぜこのようなリーディングのテスト作りが，日本の学校では行われないのでしょうか。その原因は，おそらくリーディング指導の意識と関わっています。多くのリーディングの指導において，教科書の英文の内容理解以外の目的が存在しないからではないでしょうか。そこでは，教科書の中の英文は，文法などの学習事項を文章の中で提示するためのもので，リーディング・スキルを身につけるためのものではありません。

　実は，海外の中学校英語教科書と日本の中学校英語検定教科書を比較してみると，日本の教科書にはリーディング・タスクがきわめて少なく，種類も限定的であることがわかります。このことは，日本では，伝統的にリーディング・テキストの内容理解に関する指導は，教師に任されてきたということを意味しています。しかし，その指導は往々にして，その場その場の文レベルの理解を中心とした指導であり，英語のリーディングに必要なスキルを包括的にカバーしたものではありません。おそらく，スキルが教科書の中で明示的なタスクとして示され，スキル・シラバスのようなものが提示されていれば，教師もそれを意識するのでしょうが，現実はそうなっていません。

　これらの問題は，結局のところ，リーディングの指導観の問題に行き着きます。リーディングに関して，何を教えるのかという明確な目標がないのです。これが明確になっていれば，授業で扱った英文そのものの理解だけが最終目標とはならないはずです。どのような読みの力をつけたいかということが明確になれば，それが指導目標に反映され，指導自体も変わってくるでしょう。この指導目標があれば，リーディング・テストの問題もそれを反映したものとなるはずです。

　もちろん，波及効果を考えれば，教科書の英文をそのまま出すということがあってもよいかもしれません。しかし，そうした問題ばかりでは，本来目指したリーディング・スキルを包括的に測ることはできないでしょう。常識を一度疑ってみることで，授業もテストも，きっとこれまでとはまるで異なったものになるでしょう。

③　問題同士の依存がないか

　中学生を対象としたリーディング・テストでは，文章が比較的短い傾向にあります。それと同時に，その短い文章に複数の問題が「ぶら下がっている」ことが多いのです。そのために，1つの問題が別の問題の答えを示してしまっていることがあります。これを「問題同士が依存している」と言いますが，こうした設問作りは避けなければなりません。例えば Did Yumi go to Okinawa? という問題があり，その後で What did Yumi buy in Okinawa? という問題があると，後者の問題から，ユミが沖縄に行ったことは自明でしょう。このような依存を避けて，

第 2 章

1つの文章に1つの問題しかぶら下げないというやり方も検討してみてもよいでしょう。

④　どのような「質」の理解を問うか

　読解問題を作るに当たり，どのような「質」の理解を問うているかに関して，あまり意識が向いていないことが多いのではないでしょうか。とにかく文章を持ってきて，そこから問えることを場当たり的に次々作問していく，という具合です。この場合，どのような「質」の理解を問うかは，その文章によって大きく左右されてしまいます。

　読解問題が問うている理解の「質」としては，いくつかのものが考えられます。よく用いられるメタファーとしては，read the line/read between the lines/read beyond the lines というような分類があります。具体例を見てみましょう。以下は，『NEW CROWN 3（平成 24 年度版）』'A Vulture and a Child' からとった文章です。

　　　Sudan is a large country in northeast Africa. It is a country with great promise. It also has great problems.
　　　For many years the people of Sudan have suffered from war and hunger. Kevin Carter went there to work as a photographer. He wanted the world to see the problems of Sudan.
　　　One day Carter saw a child on the ground. He knew why the child was there. She was so hungry that she could not move. Suddenly a vulture appeared and approached the girl. He took a photo. The photo appeared in newspapers all over the world. He won a Pulitzer Prize for it.

　このような文章の読解問題で，例えば Where is Sudan? というような問題を出したとしましょう。この問題には，冒頭の Sudan is a large country in northeast Africa. という1文を読めば解答できてしまいます。このような問題を read the line タイプの問題と呼びます。

　これに対して，How did Carter win a Pulitzer Prize? という質問に対しては，The photo appeared in newspapers all over the world. He won a Pulitzer Prize for it. という部分を読んで，it が the photo を指していることを理解して解答しなければなりません。このような問題を read between the lines タイプの問題と言います。通常，read between the lines というのは「行間を読む」ということで，書かれていない内容を推測することを一般には意味しますが，この分類では，

複数の文にわたる理解を問うような問題のことを言います。

また，Why did Carter take this photo? というような問題を出したとすると，これに対する答えは直接的に書かれているわけではないので，文章全体を読んだ上で推測して解答する必要があります。このようなタイプの問題を read beyond the lines タイプの問題と言います。

自分の作った読解問題がどのような「質」の理解を問うているかを知るには，上で見たように，その問題に解答するために文章のどの部分を読み，それをどのように理解できるとその問題に正解するのかを自分でモニターしてみるといいでしょう。読解問題では往々にして，表面的な読みを問う問題（read the line タイプ）が多くなります。まず，そのリーディング・テストの目的を確認し，その目的に合ったタイプの出題を心がけるべきです。

CHAPTER 3

第3章

小学校の授業展開

3.1 小学校の英語教育のねらい

3.1.1 外国語活動の目標

小学校における英語教育は教育課程上「外国語活動」として位置づけられています。平成20年（2008）3月に改正された学校教育法施行規則の第50条には，小学校の教育課程が次のように規定されています。

> 小学校の教育課程は，国語，社会，算数，理科，生活，音楽，図画工作，家庭及び体育の各教科（…中略…），道徳，外国語活動，総合的な学習の時間並びに特別活動によつて編成するものとする。

そして，外国語活動の授業時数は，第5学年と第6学年において年間35単位時間（週1時間相当）確保されました。小学校における1単位時間は45分です。

平成20年に告示され，平成23年度（2011）より完全実施されている『小学校学習指導要領』（文部科学省，2008a）は，外国語活動の目標を次のように定めています。

> 外国語を通じて，言語や文化について体験的に理解を深め，積極的にコミュニケーションを図ろうとする態度の育成を図り，外国語の音声や基本的な表現に慣れ親しませながら，コミュニケーション能力の素地を養う。

この目標は，①言語や文化について体験的に理解を深めること，②積極的にコミュニケーションを図ろうとする態度の育成を図ること，③外国語の音声や基本的な表現に慣れ親しませること，の3つの柱から成り立っています。これらの3つの柱を通してコミュニケーション能力の素地を養うこととしているのです。

外国語活動の目標の3つの柱は，学校教育法（小学校については第30条）で規

定されている学力の 3 要素と対応しています。学校教育法には，次のように書かれており，(1)基礎的な知識及び技能，(2)思考力・判断力・表現力等，(3)主体的に学習に取り組む態度を，学校で養うべき学力の 3 要素としています。

> (略) 基礎的な知識及び技能を習得させるとともに，これらを活用して課題を解決するために必要な思考力，判断力，表現力その他の能力をはぐくみ，主体的に学習に取り組む態度を養うことに，特に意を用いなければならない。

表 3.1 は，学力の 3 要素と外国語活動の目標の対応関係を整理したものです。第 1 に，外国語活動において，基礎的な知識及び技能とは，言語や文化についての知識・理解を意味します。円滑なコミュニケーションを実現するためには，言語についての知識を持つだけではなく，文化に対する理解も重要です。第 2 に，思考力・判断力・表現力は，外国語を使用することに付随しています。例えば，話すことには，何を言ったらよいのかを考え，状況に応じて言う内容や表現方法を選ぶことが含まれています。時には，自分の考えたことや判断したことを，外国語によって他者に伝えるという表現力も求められます。第 3 に，外国語活動においては，「学習」とはコミュニケーションに従事することであるという考えが背景にあります（この点は，中学校や高等学校における外国語科でも同様です）。主体的に外国語を学習する態度とは，積極的に外国語によるコミュニケーションを行うことであるという考えです。

表 3.1　学力の 3 要素と外国語活動の目標

学力の 3 要素	外国語活動の目標
(1) 基礎的な知識及び技能	①言語や文化について体験的に理解を深めること
(2) 知識及び技能を活用して課題を解決するために必要な思考力，判断力，表現力等	③外国語の音声や基本的な表現に慣れ親しませること
(3) 主体的に学習に取り組む態度	②積極的にコミュニケーションを図ろうとする態度の育成を図ること

なお，『小学校学習指導要領』では「外国語活動においては，英語を取り扱うことを原則とすること」（文部科学省，2008a, p. 107）と書かれており，外国語活動の「外国語」とは英語を指示し，どの外国語を扱ってもよいわけではないことに注意しましょう。

3.1.2　学年ごとの目標

他の教科と異なり，外国語活動においては，学年ごとの目標が設定されていま

せん。2学年間を通して，前節（3.1.1）で紹介した外国語活動の目標の実現を図っていくことになります。『小学校学習指導要領』（文部科学省，2008a）では，指導計画の作成に関する配慮事項として，「各学校においては，児童や地域の実態に応じて，学年ごとの目標を適切に定め，2学年間を通して外国語活動の目標の実現を図るようにすること」と書かれています。つまり，各学校が，学年ごとの目標を適切に定めるよう求められています。

学年ごとの目標を定めるためには，第5学年や第6学年の終了時にどのような「コミュニケーション能力の素地」が育成されうるのかということを，児童の具体的な姿として考えましょう。酒井（2014）は，下に示す枠を用いて，外国語活動の目標の3つの柱に沿って考えることを提案しています。

柱	外国語活動の目標	第6学年終了時の姿	第5学年終了時の姿
①	言語や文化について体験的に理解を深めること		
②	外国語の音声や基本的な表現に慣れ親しませること		
③	積極的にコミュニケーションを図ろうとする態度の育成を図ること		

例えば，「積極的にコミュニケーションを図ろうとする態度」について，酒井（2014）は，積極的な態度の具体的な姿として自ら人に声をかける姿に注目し，次のような目標の例を示しています（p. 123）。この各学年の目標に応じて，年間指導計画を作ります。

第5学年の目標	クラス内の友だちに，男女関係なく，自分から声をかける。
第6学年の目標	知らない児童同士や学校以外の人，ALT 以外の外国の人に自分から声をかける。

3.1.3 外国語活動の位置づけ

冒頭で示した学校教育法施行規則第50条から，外国語活動は教科として位置づけられていないことがわかります。教科として位置づけられると，文部科学大臣の検定を経た教科用図書もしくは文部科学省が作成する教科用図書を使用しなくてはなりません（学校教育法第34条）。外国語活動は教科ではないため，教科用図書は使用しません。教科用図書とはいわゆる教科書のことです。その代わり，文部科学省は平成21年（2009）に『英語ノート1』と『英語ノート2』，平成24年（2012）に *Hi, friends! 1* と *Hi, friends! 2*，平成27年（2015）に *Hi, friends! Plus* という教材を作成しています。

　また，教科として位置づけられると，目標に準拠した評価による観点別学習状況の評価や評定を指導要録に記録しなくてはなりません。観点別学習状況の評価とは，教科の目標に照らしてその実現状況を観点ごとに評価することです。観点ごとに，「十分満足できる」状況と判断されるもの（A），「おおむね満足できる」状況と判断されるもの（B），「努力を要する」状況と判断されるもの（C）と区別して3段階（A～C）で記入します。また，評定は，教科の目標に照らしてその実現状況を総括的に評価することです。つまり，観点ごとの評価をさらに総括して，「十分満足できる」状況と判断されるもの(3)，「おおむね満足できる」状況と判断されるもの(2)，「努力を要する」状況と判断されるもの(1)と区別して3段階（1～3）で記入します。外国語活動は教科でないため，「評価の観点を記入した上で，それらの観点に照らして，児童の学習状況に顕著な事項がある場合にその特徴を記入する等，児童にどのような力が身についたかを文章で記述すること」とされています。つまり，外国語活動では，観点は設けるものの，学習状況を文章で記述することとされ，A，B，Cの評価や3，2，1の評定はつけないということになっています。なお，評価の観点は学校の設置者が決めることになっていますが，外国語活動に関しては次の3つの観点と趣旨が参考として提示されています（表3.2参照）。

表3.2　外国語活動の評価の観点とその趣旨

観点	コミュニケーションへの関心・意欲・態度	外国語への慣れ親しみ	言語や文化に関する気付き
趣旨	コミュニケーションに関心をもち，積極的にコミュニケーションを図ろうとする。	活動で用いている外国語を聞いたり話したりしながら，外国語の音声や基本的な表現に慣れ親しんでいる。	外国語を用いた体験的なコミュニケーション活動を通して，言葉の面白さや豊かさ，多様なものの見方や考え方があることなどに気付いている。

　最後に，教科でない外国語活動は，英語の中学校または高等学校の教諭の免許状を有するだけでは担当できません。教育職員免許法では，小学校の教諭の免許状を持たなくても中学校か高等学校の教諭の免許状を持っていれば，それぞれの免許状に関わる教科に相当する授業を担当することができます（第16条5）。例えば，中学校教諭の免許状（音楽）を持っていれば，小学校教諭の免許状を持っていなくても，小学校で音楽の授業を担当することが可能です。しかしながら，外国語活動は教科ではありませんので，中学校・高等学校の免許状（英語）を持っているだけでは担当することができません。

　平成26年（2014）9月に，英語教育の在り方に関する有識者会議が，中学年

からの外国語活動の開始と高学年における教科化を盛り込んだ「今後の英語教育の改善・充実の方策について　報告」をまとめました。次に改訂される学習指導要領では、小学校における英語教育は、「外国語活動」と「外国語科」（教科）によって実現される可能性が高いと考えられます。

3.1.4　外国語活動と外国語科——コミュニケーション能力の素地

外国語活動の目標と中学校や高等学校の外国語科の目標と比較してみてください（4.1.2と5.1.1）。共通して、「積極的にコミュニケーションを図ろうとする態度の育成」が含まれています。外国語活動では、積極的に英語で話しかけたり、積極的に英語を聞こうとする姿、すなわち音声コミュニケーションに関する態度が中心ですが、中学校や高等学校の外国語科では、積極的に読んだり、積極的に書いたりといった文字コミュニケーションに関する態度へと発展していきます。

また、外国語活動の目標は「コミュニケーション能力の素地」を養うこととされているのに対して、中学校では「コミュニケーション能力の基礎を養う」、高等学校では「コミュニケーション能力を養う」とされており、小学校から高等学校まで、「素地」→「基礎」→「コミュニケーション能力」というように、一貫してコミュニケーション能力の育成を目指していることが理解されます。さて、外国語活動で培うべき、コミュニケーション能力の素地とは何でしょうか。『小学校学習指導要領解説 外国語活動編』（文部科学省, 2008b）は、コミュニケーション能力の素地を、中学校や高等学校の外国語科でのコミュニケーション能力の育成を支えるものであるとしています（p. 9）。

ここでは、コミュニケーション能力の素地を「コミュニケーションの働きを（言葉によらなくても）果たすことのできる力や、これらの働きを積極的に果たそうとする態度」として考えてみましょう。『小学校学習指導要領』（文部科学省, 2008a）では、コミュニケーションの働きの例として、次の5つの働きを挙げています。

(1)　相手との関係を円滑にする
(2)　気持ちを伝える
(3)　事実を伝える
(4)　考えや意図を伝える
(5)　相手の行動を促す

このコミュニケーションの働きを、言語や言語以外の方法で遂行することがコミュニケーションであると考えられます。例えば、How many dogs do you have? と質問されたとき，I have one dog. と答える児童もいれば，One. と表現する児童もいます。指で数を示す児童もいるかもしれません。文，単語，ジェスチャーなどの違いはあっても，これらの児童は，黙っていたり，質問者から逃げてしまったりせずに，「事実を伝える」（上記の(3)の働き）というコミュニケーションの機能を積極的に果たそうとしています。このような力や姿が，コミュニケーション能力の素地であると捉えるのです。

外国語活動で培ったコミュニケーション能力の素地は，中学校において外国語を使用してコミュニケーションする力につながっていきます。『中学校学習指導要領』では，「言語の働き」として，次の5つの働きが挙げられています。

(1) コミュニケーションを円滑にする
(2) 気持ちを伝える
(3) 情報を伝える
(4) 考えや意図を伝える
(5) 相手の行動を促す

つまり，英語で道を聞かれ，相手の手を引いて道案内をしていた児童が，中学校の外国語科の学習を通して，Walk about five minutes, and you'll get to the station. や Turn left at that corner. といった英語表現を使って道案内をする力を身につけるようになります。「コミュニケーションの働き」から「言語の働き」へと接続していきます。

3.2　英語活動と外国語活動——外国語活動導入の経緯

樋口（2013）は，公立小学校における英語教育は古く，1886年には高等小学校（10〜14歳）において英語科を設置することが可能であったと指摘しています（p. 2）。しかしながら，公立小学校において広く英語教育が導入されたのは，平成10年（1998）に改訂され，平成14年（2002）に完全実施された『小学校学習指導要領』（文部省，1998）からであると考えてよいでしょう。この学習指導要領では，第3学年から第6学年まで総合的な学習の時間が設定されました。総合的な学習の時間の中で，国際理解，情報，環境，福祉・健康などの横断的・総合的な課題，児童の興味・関心に基づく課題，地域や学校の特色に応じた課題などが扱えるようになりました。さらに，次のような配慮事項が明記され，外国語会話が国際理解に関する学習の一環として行えるようになりました。

第3章

> 国際理解に関する学習の一環としての外国語会話等を行うときは，学校の実態等に応じ，児童が外国語に触れたり，外国の生活や文化などに慣れ親しんだりするなど小学校段階にふさわしい体験的な学習が行われるようにすること。

　授業時数は，第3学年と第4学年は105単位時間（週3時間相当），第5学年と第6学年は110単位時間でした。

　平成13年（2001）に発行された『小学校英語活動実践の手引』（文部科学省，2001）によって，総合的な学習時間の中で扱われる外国語会話，特に英会話に関する学習は「英語活動」と呼ばれるようになります。『小学校英語活動実践の手引』では，国際理解に関する学習には，英語活動，国際交流活動，調べ学習があるとしています（p. 3）。英語活動は，「子どもの発達段階に応じて，歌，ゲーム，クイズ，ごっこ遊びなどを通して，身近な，そして簡単な英語を聞いたり話したりする体験的な活動」（pp. 2-3）であると説明されています。そして，英語をはじめとする様々な外国語を使って意思疎通を図る会話の体験は，国際理解に関する意識を高めていくことに寄与するとされています（p. 2）。

　この学習指導要領の実施が進むにつれて，全国的に総合的な学習の時間の中で英語活動の実施は広まっていきました。一方で，学校や地域によって英語活動の実施状況（指導者，授業時間など）はまちまちでした。英語活動による学びが中学校や高等学校の英語学習につながることを考えると，小学校から中学校への円滑な接続や教育の機会均等の確保が課題となります。このような状況が，第16期中央教育審議会初等中等教育分科会教育課程部会外国語専門部会で検討されました。そして，平成20年（2008）に改訂された小学校学習指導要領により導入されたのが外国語活動です。第5学年と第6学年において，週1時間必修となりました。

　小学校における英語教育は，総合的な学習の時間の中で国際理解の一環として行われた英会話，すなわち「英語活動」を経て，外国語活動として導入されました。

3.3 指導内容と指導形態

3.3.1 指導内容

　外国語活動では，どのような内容を扱うのでしょうか。学習指導要領には，次のように書かれています（文部科学省，2008a）。

> 〔第5学年及び第6学年〕
> 1 外国語を用いて積極的にコミュニケーションを図ることができるよう，次の事項について指導する。
>   (1) 外国語を用いてコミュニケーションを図る楽しさを体験すること。
>   (2) 積極的に外国語を聞いたり，話したりすること。
>   (3) 言語を用いてコミュニケーションを図ることの大切さを知ること。
>
> 2 日本と外国の言語や文化について，体験的に理解を深めることができるよう，次の事項について指導する。
>   (1) 外国語の音声やリズムなどに慣れ親しむとともに，日本語との違いを知り，言葉の面白さや豊かさに気付くこと。
>   (2) 日本と外国との生活，習慣，行事などの違いを知り，多様なものの見方や考え方があることに気付くこと。
>   (3) 異なる文化をもつ人々との交流等を体験し，文化等に対する理解を深めること。

大きく(1)コミュニケーションに関する事項と(2)言語と文化に関する事項に分かれています。『小学校学習指導要領解説 外国語活動編』（文部科学省，2008b）によれば，コミュニケーションに関する事項は，積極的にコミュニケーションを図ろうとする態度の育成に関わる内容であるとされています。実際にコミュニケーションを体験させることによって，コミュニケーションを図る楽しさを味わったり，コミュニケーションを図ることの大切さを知ったりすることができ，そして，積極的にコミュニケーションを図ろうとする態度の育成が図れると考えられています。

言語や文化に関する事項は，「体験的に」理解を深めることが重要であると強調されています。学習指導要領では，指導計画の作成についての配慮事項として「言語や文化については体験的な理解を図ることとし，指導内容が必要以上に細部にわたったり，形式的になったりしないようにすること」とされていますが，『小学校学習指導要領解説 外国語活動編』では，言語や文化についての気づきや体験を通した理解が大切であると指摘されています (p.14)。例えば，日本語，英語，中国語，韓国語などでじゃんけんをすることによって，児童が「いろいろな言語でじゃんけんが行われるんだな」と感じたり，「グー，チョキ，パーの順番が違うんだ」ということに気づいたりするとき，児童が文化について「体験的に」理解していると言えます。別の言い方をすると，説明を聞いて理解を深めるのではないということです。つまり，言語や文化について知識を教え込むのではなく，外国語を用いたコミュニケーションを通して言語や文化について気づかせることが重要であるとされています。

扱える言語や文化の内容について，小学校の外国語活動と中学校の外国語科で異なる点があります。言語について言えば，外国語活動では音声に関する気づき

が中心となります。言語や文化に関する事項(1)の「外国語の音声やリズムなどに慣れ親しむとともに，日本語との違いを知り，言葉の面白さや豊かさに気付くこと」について，『小学校学習指導要領解説 外国語活動編』は，日本語と英語の音声の違いとして，リズム，イントネーション，日本語にない音などを挙げ，「日本語との違いを知ることで，言葉の面白さや豊かさに気付かせることが大切である」(p.12) と述べています。一方，中学校の外国語科では，言語材料（例，音声，文字及び符号，語，連語及び慣用表現，文法事項）が明示されており，音声に関する知識だけでなく，言語の様々な面を扱うことが求められています。

　文化の扱いの点でも相違点があります。中学校の外国語科では，題材として「英語を使用している人々を中心とする世界の人々及び日本人の日常生活，風俗習慣，物語，地理，歴史，伝統文化や自然科学などに関するものの中から，生徒の発達の段階及び興味・関心に即して適切な題材を変化をもたせて取り上げる」（文部科学省，2008c, pp.50-51）ことができますが，指導し評価する対象としては，言語活動を行う上で必要な文化的な知識・理解であるとされています。国立教育政策研究所（2011）は，「一般常識的な知識や百科事典のような内容ではなく，技能の運用で求められる，言語の背景にある文化に限って評価する。すなわち，理解をしていないとコミュニケーションに支障をきたすような文化的背景を評価の対象とする」(p.34) と述べ，中学校の外国語科で扱う文化の内容は，コミュニケーションにとって重要な役割を担う文化的背景に限るとしています。一方，外国語活動では，言語や文化に関する事項の(2)において，「日本と外国との生活，習慣，行事などの違いを知り，多様なものの見方や考え方があることに気付くこと」とされており，比較的多種多様な文化的な内容を取り上げることができます。

3.3.2　指導内容と活動

　前節で示した指導内容（コミュニケーションに関する事項や言語や文化に関する事項）を実現するための活動には，次のようなものがあります。

(1)　歌やチャンツ

　歌やチャンツは，様々な目的で使用できる教材であり活動です。Eency Weency Spider という歌を例に取り上げましょう（Itsy Bitsy Spider と呼ばれることもあります）。

> Eency Weency Spider went up the water spout
> Down came the rain and washed the spider out
> Out came the sun and dried up all the rain
> And Eency Weency Spider went up the spout again

①歌やチャンツの意義

　第1に，異文化理解の観点から歌やチャンツを扱うことができます。Eency Weency Spider という歌は，アメリカをはじめ，いろいろな国・地域で知られている子どもの手遊び歌です。親指と人差し指でクモを作って，歌詞の内容に合わせて手を動かすという手遊びを体験させることができます。海外で歌われている歌やチャンツを知っていると，交流活動などの場面で海外の人と一緒に歌うことができます。また，子どものときにどんな風に歌ったり遊んだりしたのかという ALT の体験を児童に聞かせることもできます。

　第2に，歌やチャンツを通して，音声に関する気づきを高めたり，発音を学ばせたりすることができます。Eancy Weency Spider には，/sp/（spider, spout）や /dr/（dried）などの子音連結や，/t/（spout, washed, out）や /d/（dried），/p/（up）などのように子音で終わる語など，日本語とは異なる発音が多く含まれています。楽しく歌いながら，英語の音声に慣れ親しませることができます。また，英語の強勢に合う形で曲がつけられていますので，down came the rain や dried up all the rain の the が弱く発音されるなど，自然に英語のリズムに触れることができます。英語で多く見られる音変化に触れさせることもできます。例えば，went up の /t/ や and の /d/ は，脱落することが多いでしょう。さらに，spout と out が韻を踏んでいます。このように，歌やチャンツを通して，音韻的意識を高めることができます。

　第3に，歌やチャンツを通して，語彙を増やすことができます。天候に関する表現（the rain, come down, wash out, the sun, come out, dry up, all the rain）や，up, down, out などの副詞を伴う動作に関する表現（went up, came down, washed out, came out）など，複数の表現を児童に提示することができます。

　第4に，歌やチャンツによっては，中学校の英語学習につながるような文法事項を含んでいることがあります。Eency Weency Spider の歌には，過去形（went, came, washed, dried）が含まれています。中学生に過去形を導入するときに，Eency Weency Spider の歌を用いることができます。

②歌やチャンツの指導に関する留意点

　歌やチャンツを扱う際には，英語の意味を児童に理解させる工夫をしましょう。

第３章

時に，児童は耳真似をして，歌詞の意味がわからなくても歌えることがあります。絵本と関連のある歌やチャンツの場合には，絵本を読み聞かせた後で，歌を導入します。また，絵本がない場合には，絵を描いて，歌詞の意味を理解させます。次の絵は，Eency Weency Spider に関するイラストです。次のような絵を見せ，歌詞の内容を児童に語ってから，歌を導入すると，意味を理解した上で歌うことができます（太字の部分が歌詞に相当します）。

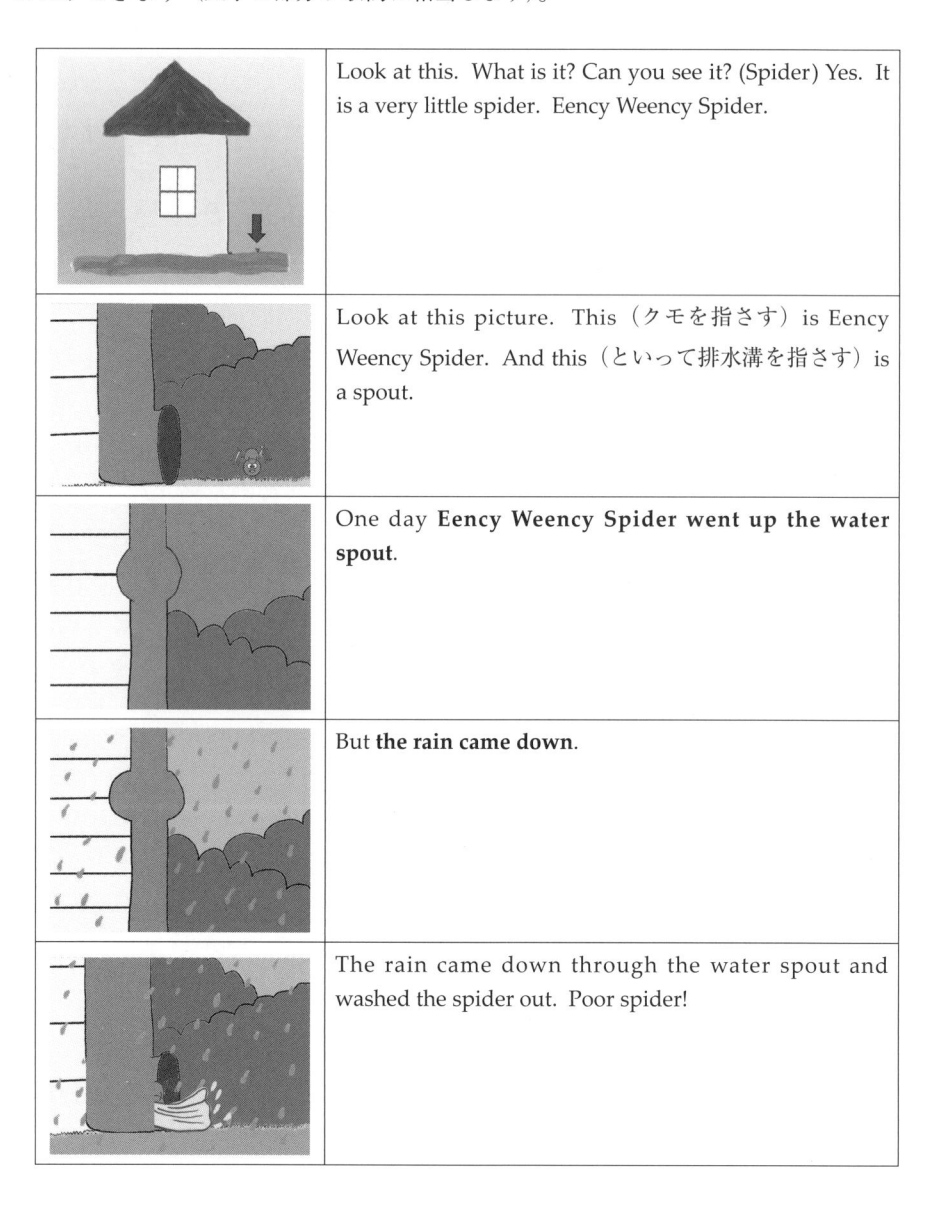

	Look at this. What is it? Can you see it? (Spider) Yes. It is a very little spider. Eency Weency Spider.
	Look at this picture. This（クモを指さす）is Eency Weency Spider. And this（といって排水溝を指さす）is a spout.
	One day **Eency Weency Spider went up the water spout**.
	But **the rain came down**.
	The rain came down through the water spout and washed the spider out. Poor spider!

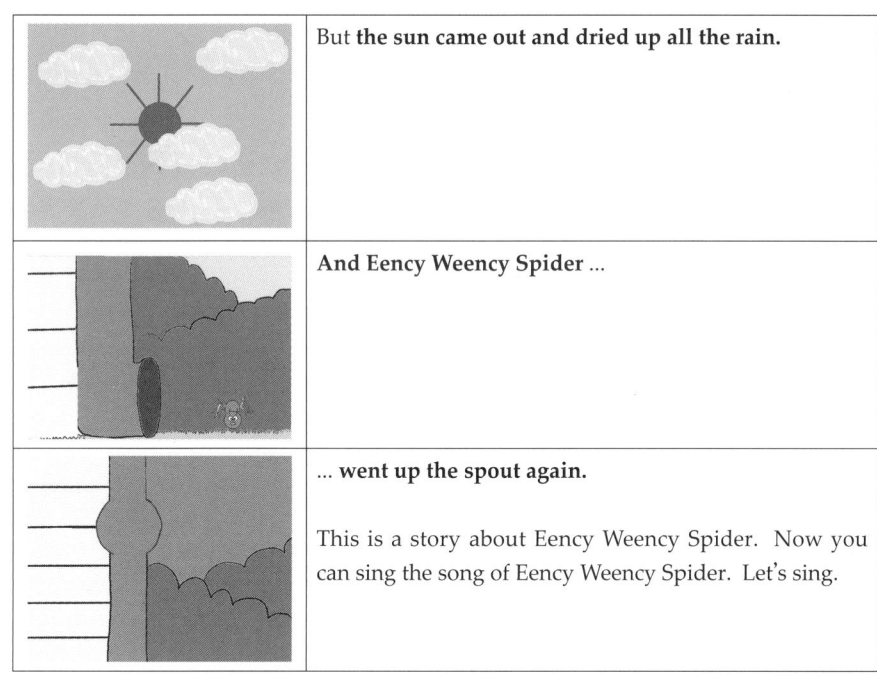

	But **the sun came out and dried up all the rain.**
	And Eency Weency Spider ...
	... went up the spout again. This is a story about Eency Weency Spider. Now you can sing the song of Eency Weency Spider. Let's sing.

（絵制作　須田洋平・西澤颯人）

　歌やチャンツによっては，動作を使った活動（サイモン・セッズなど）を行ってから歌を導入することができます。Head, Shoulders, Knees, and Toes のような歌は，サイモン・セッズのゲームを行い，Simon says, "Touch your head.", Touch your shoulders. というように身体の言い方に慣れさせた後で，What is this? (Head.) What are these? (Shoulders.) と身体を指さして尋ねます。Head, Shoulders と児童が答えたところで，Now you are ready. Let's sing Head, Shoulders, Knees, and Toes. と指示を出して，歌います。

　場合によっては，歌やチャンツを導入した後に，クイズを出したり動作をさせたりすることによって，歌やチャンツの内容を理解させてもよいでしょう。

　歌やチャンツを行っているだけでは，メッセージの授受を行っているわけではありませんので，コミュニケーションの体験をさせているとは言いがたいものがあります。歌やチャンツを素材にして，児童とやりとりする機会を作るように心がけましょう。

(2)　全身反応教授法（TPR）

　全身反応教授法（Total Physical Response）は，指示を出して学習者に動作をさせながら外国語を学ばせる教授法です（本書1.1.7(5)参照）。TPR と略されたりします。James Asher が1970年代に提案しました（Asher, 1996）。母語習得の観察

などから，言語を習得するためには，言語と身体運動の一体化が重要であり，話し始めるまでに十分言語を聞く必要があると考えました。Stand up., Sit down., Look up., Look down., と英語で指示を出し，学習者に動作させます。動作に関する表現だけでなく，Touch ～. や Point to ～. などの表現を使って，身の回りの語句を扱ったり，Put your pencil under the book. というような表現の中で前置詞を扱ったりします。全身反応教授法は，聞くことを中心とした教授法です。

小学校における英語教育において児童は英語を学び始めたばかりですので，英語を聞く活動を十分行う必要があります。その意味で，全身反応教授法は，児童にとって適切な活動です。

全身反応教授法の要素を含んだ活動

（a）サイモン・セッズ

全身反応教授法の要素を含んだ活動の1つに，サイモン・セッズがあります。Simon says, "～." と指示に対しては動作をしなくてはなりませんが，"～." という指示には動いてはいけない，というゲームです。例えば，Simon says, "Stand up." と教師が言ったら児童は立たなくてはいけませんが，"Sit down." と教師が言ったら児童は動いてはいけません。

（b）グループ作りゲーム（Group-Making Game）

教師が，Please make groups of ～ members and sit down. と指示を出します。～ members には，数字が入ります。その人数のグループを作った児童から床に座らせます。数字を聞いて，人数を理解するという活動です。

応用としては，数（1～10）までの数字が書かれたカードを児童に配り，Please make pairs or groups. The key number is six. と指示をします。児童は，自分たちの数字を足し合わせたり引いたりして，6になるようにグループを作ります。

(3) クイズ

ヒントを出しながら何のことなのかを考えさせるクイズは，とても楽しい活動です。また，児童に英語を聞かせられる活動です。例えば，スリーヒント・クイズは3つのヒントを出して，何のことなのかを考えさせる活動です。Who Am I? ゲーム（ヒントの主語を I とする）や，What's This? クイズ（ヒントの主語を This とする），Black Box クイズ（箱の中に答えとなるものを入れヒントを出していく）など，やり方によっていろいろな呼び方がされています。

ジェスチャーや絵を使ったり，単語を使ったり，文を使ったりして，ヒントの

難易度を調整することができますので，どの学習段階でも，スリーヒント・クイズを用いることができます。

　ヒントを出すときに多種多様な英語を聞かせるように心がけましょう。例えば，I am white. というヒントの場合，I am white. をそのまま繰り返すのではなく，My body color is white. のように言い換えると，児童の理解が促進されます。

(4) ゲーム

　様々なゲームが提案されています。「聞くことを中心とするゲーム」と「話すことを中心とするゲーム」に整理するとよいでしょう。聞くことを中心とするゲームには，以下のようなものがあります。

　(a) キーワード・ゲーム
　・ペアを作らせ，真ん中に消しゴムを置かせる。
　・単語を発音し，児童にその英語を繰り返させる。
　・キーワードを発音した場合には，繰り返さずに消しゴムをとらせる。

　(b) カルタ取りゲーム
　・グループを作らせる。
　・カードを並べさせる。
　・教師が英語を読み上げ，該当のカードをとらせる。

　一方，話すことを中心とするゲームには，次のようなものがあります。

　(a) フルーツ・バスケット
　・カードを配布する（例，動物）。
　・輪になって椅子に座らせる。
　・椅子を1つ外し，1人真ん中に立たせる。
　・真ん中に立った児童に，動物の名前を1つ言わせる。
　・その動物を持っている児童は立って席を移動するように指示する。

　(b) ミッシング・ゲーム
　・絵カード（単語カードでもよい）を数枚示す。
　・目をつぶらせ，1つカードを裏返しにする。
　・どのカードが裏返しになっているのかを当てさせる。

第3章

　初期の段階では,「聞くことを中心とするゲーム」を扱い,英語を十分聞かせましょう。「話すことを中心とするゲーム」は,児童の話すことのレディネスが整っていない場合には,不安を高めたり,英語嫌いを作ってしまうことがありますので注意しましょう。

(5)　絵本

　絵本を使った活動は,音声から文字への橋渡しを促進するという意味でとても重要です。しかしながら,絵本を購入する必要もあるため,学校の実態に応じて利用を検討しましょう。

①絵本の意義

　第1に,絵本を読み聞かせることで,まとまりのある英語を聞かせる機会となります。描かれている絵が物語の内容の理解を促進します。絵本を読み聞かせながら,児童とやりとりをすることで,コミュニケーションの機会を作ります。

　第2に,絵本によっては,異文化や自文化の共通点や相違点を気づかせることができます。絵の色や形など,作者の持つ文化背景によって異なります。例えば,子ども部屋が描かれているページがある場合には,自分の部屋とどこが違うのかを考えさせてもよいでしょう。

　第3に,絵本によっては,同じ表現が繰り返し使われているものがあり,表現に慣れ親しみやすいものがあります。

②絵本の活用に関する留意点

　児童の英語の理解力をよく把握して適切な困難度の絵本を選ぶことが重要です。絵本の内容が難しすぎる場合には,英語をそのまま読み聞かせるのではなく,絵を見せ,どんなストーリー展開なのかについてやりとりをするだけでもよいでしょう。

(6)　コミュニケーション活動

　コミュニケーションとは情報のやりとりのことを意味します。Richards & Schmidt（2002）は,コミュニケーションを次のように説明しています。

> the exchange of ideas, information, etc., between two or more persons. In an act of communication there is usually at least one speaker or sender, a message which is transmitted, and a person or persons for whom this message is intended (the receiver). (p. 89)

英語によるメッセージの授受を児童たちに行わせる活動がコミュニケーション活動です。インタビュー活動などの会話をする活動が含まれます。

①コミュニケーション活動の意義
　コミュニケーション活動の意義は，この活動自体がコミュニケーションの機会であることにあります。歌やチャンツにおいては，ただ歌っているだけ，チャンツを行っているだけでは，メッセージの授受が行われませんので，コミュニケーションを体験させていることにはなりません。歌やチャンツにおいて，コミュニケーションを体験させようと思えば，英語で児童とやりとりをする必要があります。ゲームもメッセージの授受が行われているとは言いがたいものがたくさんあります。例えば，キーワード・ゲームで，非単語（例，カサデイのように英語にない語）を取り扱っても，その意味がわからなくても難なくゲームを実施することができます。TPR，スリーヒント・クイズや絵本は，聞くことを中心にしたコミュニケーションを体験する機会を児童に与えます。このように考えると，時にメッセージの受け手（the receiver），時にメッセージの送り手（the sender）になる機会を与えるコミュニケーション活動は貴重です。

②コミュニケーション活動に関する留意点
　コミュニケーション活動を実施するとき，モデル文を提示することが多くあります。その際，モデル文を言えたか言えなかったかという観点で児童のやりとりを見るのではなく，コミュニケーションを行えたかどうかという観点で観察しましょう。例えば，次のようなモデルにならって，やりとりをしてみよう，と指示をする方法です。疑似的なお店ごっこです。Aが店員で，Bが客です。色の付いたカードが並べられていて，好きな色のカードをもらうという活動です。

　　A: Hello.
　　B: Hello.
　　A: What color do you like?
　　B: I like (　　　　　　).
　　A: OK. Here you are.
　　B: Thank you. See you.
　　A: See you.

　このようなモデル文を提示するとき，児童が意図する本当のメッセージは，I likeの後の（　　　）の部分にあると考えることが重要です。What color do you like? と質問していますので，Yellow. だけでも意味は通じます。実際，コミュニケーション上の価値が少ない I like という部分を省略して，色だけを発話している児童が多く見られるかもしれません。Yellow だけも，きちんと店員役の児童に自分の好きな色を伝え，正確にカードをもらうことができたら，コミュニケーションが成立したと考えることができます。

3.3.3　文字の扱いについて

外国語活動で行うコミュニケーションは，「音声コミュニケーション」を中心とし，「文字コミュニケーション」については児童の実態をかんがみながら扱うことができるとしています。『小学校学習指導要領』（文部科学省，2008a）の中では，文字の扱いについて次のように述べられています。

> 内容の取扱い 2(1)
> イ　外国語でのコミュニケーションを体験させる際には，音声面を中心とし，アルファベットなどの文字や単語の取扱いについては，児童の学習負担に配慮しつつ，音声によるコミュニケーションを補助するものとして用いること。

また，『小学校学習指導要領解説 外国語活動編』（文部科学省，2008b）では，次のように説明しています。

> 外国語を初めて学習する段階であることを踏まえると，アルファベットなどの文字指導は，外国語の音声に慣れ親しんだ段階で開始するように配慮する必要がある。さらに，発音と綴りとの関係については，中学校学習指導要領により中学校段階で扱うものとされており，小学校段階では取り扱うこととはしていない。

このように，「音声から文字へ」という学習の流れが強調されています。さらに，外国語活動では発音と綴りとの関係を取り扱わないと明記されています。

しかしながら，今後，小学校における外国語活動の早期開始や教科化が検討されていることを考えると，文字の指導を避けるのではなく，児童にとって適切な文字指導はどのようなものなのかを研究することが重要です。すでに，『英語ノート』や *Hi, friends!* などの教材には，アルファベットや単語などの文字が導入されています。また，平成 27 年度（2015）に作成された *Hi, friends! Plus* という教材では，文字や語の綴りに関する活動が取り入れられています。

3.3.4　指導形態——外国人指導助手（ALT）等とのチーム・ティーチング

指導形態について，『小学校学習指導要領解説』（文部科学省，2008a）は，次のように述べています。

小学校の授業展開

> 指導計画の作成や授業の実施については，学級担任の教師又は外国語活動を担当する教師が行うこととし，授業の実施に当たっては，ネイティブ・スピーカーの活用に努めるとともに，地域の実態に応じて，外国語に堪能な地域の人々の協力を得るなど，指導体制を充実すること。

　外国人指導助手（ALT）や外国語に堪能な地域の人々とのチーム・ティーチング（TT）を促進することによって，英語によるコミュニケーションの機会を増やすことが求められています。
　ALTと協力して会話場面を見せたり，クラスを2分割してそれぞれの先生が担当して指導をしたりして協力することができます。チーム・ティーチングをさらに効果的なものとするために，学級担任とALTの役割を意識しましょう。

(1) 学級担任の役割
　まず，学級担任の役割を紹介します。

①指導者としての役割
　適切な指名をしたり，適切なグループ作りを行ったりする役割です。学級の状況や児童の様子を日頃見ている学級担任だからこそ，発言したいけどなかなか勇気を出せずにいる児童を指名して発言する機会を与えたり，他の授業での方法と同様のやり方でグループやペアを作るように指示したり，発言する児童が偏らないようにしたり，普段はあまり発言しない児童が挙手したときを逃さずに指名したりできます。
　学級担任が指名すると，学級担任がほめる機会も増加します。例えば，次のようなやりとりを見てください。

例1
ALT:　What is this sport?（スポーツの絵カードを見せて尋ねます。クラスを見渡します）A-san.（手を挙げているAさんを指名します）
A:　　Swimming.
ALT:　You are right. It is swimming. Good.

例2
ALT:　What is this sport?（スポーツの絵カードを見せて尋ねます。クラスを見渡します）
HRT:　A-san.（手を挙げているAさんを指名します）
A:　　Swimming.
ALT:　You are right. It is swimming. Good.
HRT:　A-san, good job.

例1では学級担任（HRT）の出る幕はありませんが，例2では学級担任（HRT）が指名しているため，学級担任が A-san, good job. とほめても不自然ではありません。

②児童の理解者としての役割

普段から児童のことをよく知っている学級担任は，児童の姿を認めることや，児童の表情やつぶやきを捉えることが上手です。ALT が英語で授業を進行している間，児童一人ひとりに目を配り，ほめたり，困っている児童を支援したりしましょう。授業の終了時には，児童の姿を評価し，次時の目標を設定するようにします。

③英語の学習者としての役割

学級担任も英語によるコミュニケーション能力を身につけようとしている学習者の1人です。学級担任が積極的に英語を使い，ALT 等とコミュニケーションする姿を児童に見せることで，望ましい学習者のモデルを示すことができます。

児童が疑問に思ったことをつぶやいたときには，児童に代わって ALT に質問しましょう。次の例では，児童の「ペンじゃいけないのかなぁ」というつぶやきを受けて，学級担任（HRT）が ALT に "Can we use a pen?" と質問しています。このように質問することで，児童の理解が促進されますし，わからないことがあったら質問すればよいという積極的な態度を示すことができます。

Mr. Brown (ALT):	You need a pencil for this game.
Ken (児童):	ペンじゃいけないのかなぁ。
HRT:	Mr. Brown, he has a question. Can we use a pen?
Mr. Brown:	Yes, you can.

(2) ALT の役割

次に，ALT の役割について見ていきます。

①言語や文化のインフォーマント（情報提供者）としての役割

言語の使い方や出身国の文化的な情報について ALT に紹介してもらいます。授業中に児童に話してもらうことができます。また，授業前に教材研究の一環として情報をもらうこともできます。

例えば，May I help you? という表現を扱うとします。いつ，どこで使える（使えない）表現なのか（When/Where would you (not) use this phrase?），誰に対して

使える（使えない）のか（Who could you (not) say this phrase to?），類似表現はあるか（Do you know other expressions for a similar situation?）といった質問をして情報を集めます。「いらっしゃいませ」と日本語に訳して覚えてしまうと，屋台のようなお店で客を集めるときの声がけとして使ってしまいますし，お店しか使われない表現だと思ってしまうかもしれません。ALTの話を通して，客を集めるときにはMay I help you? と言わないこと，お店だけでなく困っている人に対しても使える表現であることがわかるでしょう。

授業で扱うトピックを取り上げて，ALTの出身国の様子を聞きます。例えば，時間割がトピックであれば，ALTが小学生だったときの学校の様子を紹介してもらうとよいでしょう。具体的でリアルな文化の学びが可能となります。

②インプットの提供者としての役割

ALTは熟達した英語の使い手です。児童に英語で話しかけてもらい，多量で多種多様なインプットを与えてもらうとよいと思います。その際，ALTの英語を聞いて，児童が理解しているかどうかを確認し，必要に応じて，ALTに説明を加えてもらうように依頼します。

③コミュニケーションの相手としての役割

ALTは，児童にとって英語によるコミュニケーション力を試す，良い相手となります。ALTがこの役割を担うときには，児童の伝えたい内容を理解することができたかどうかをALTが児童に示すことが重要です。例えば，児童がI like baree. と表現したら，You like what? と怪訝な顔をしたり，Ballet or volleyball? と繰り返したりすることによって，「バレー」では英語母語話者に通じないということを示します。また，児童がI like basketball. と発言し，その児童の英語の内容がきちんと理解できたときには，Oh, you like basketball. I see. と理解できたことを示してあげます。「伝わった」「わかってくれた」という喜びを児童に感じさせたいものです。

3.4 英語で行う授業

外国語活動では，実際に英語を使ってコミュニケーションを行う体験をさせることが強調されています。このときに，英語を話すことだけでなく，英語を聞くこともコミュニケーションの一側面であることに留意しましょう。学級担任やALT，友だちの英語を聞いて，その意図を理解したり，情報を手に入れたりすることもコミュニケーションです。また，3.3.4で紹介したように，学級担任が積

第3章

極的に英語を用いることで，望ましい英語学習者としてのモデルを示すことができます。

3.4.1 学級担任による英語表現

学級担任が使用する英語表現には，代表的なものに，活動を導入する表現，児童を動かす表現，児童をほめる表現の3種類があります（酒井，2014）。

活動を導入するための表現としてぜひ覚えてほしいのは，Let's 〜. です。「〜しましょう」と言って活動を導入するときに使える表現です。教師が児童と一緒になって歌ったり，ゲームをしたり，声を出したりするときに使えます。

> ・歌を導入するとき…Let's sing.
> ・ゲームをするとき…Let's play (Fruit Basket).
> ・練習するとき…Let's practice.
> ・（活動などを）始めるとき…Let's start.
> ・（歌などを）聞かせたいとき…Let's listen.

児童を動かす表現は，どのような活動を行うかによって異なります。ここでは，基本的な表現を示します。

> ・立たせるとき…Stand up.
> ・座らせるとき…Sit down.
> ・グループを作らせるとき…Make groups.
> ・ペアを作らせるとき…Make pairs.
> ・聞かせたいとき…Listen.
> ・何かを見せたいとき…Look at 〜./Watch 〜.
> ・向かい合わせにしたいとき…Face each other.

Please stand up. や Stand up, please. のように，please をつけて指示をしましょう。何かを見せたいときの表現には2種類あります。絵や画像など，静止しているものを見せたいときには Look at 〜. を用います。動きや動画などを見せたいときには Watch 〜. を使います。

児童をほめる表現には次のようなものがあります。

> 形容詞表現
>   Good. Very good.
>   Great.
>   Excellent.
>   Perfect.
>   Wonderful.
>   Super.
> 「形容詞 + 名詞」の組み合わせ
>   Good try.
>   Good job.
> 文
>   I like ～ . (～には，your smile や your voice などが入ります。)

　形容詞表現のうち，Excellent は児童が理解できないかもしれません。最初のうちは Good. や Great. などのわかりやすい表現を用いましょう。また，慣れてきたら A-san, very good. というように児童の名前をつけてあげましょう。児童を個別に認めてあげることができます。また，Good eye contact. のような「形容詞 + 名詞」の組み合わせを使うと，どの点がよかったかを児童に伝えることができます。

3.4.2 英語で行う授業の際に留意すべきこと

　英語を使って授業を進める際に留意するべきことがあります。第1に，多種多様で大量の英語を用いることです。ターゲットとする表現（例，Do you like ～? Yes, I do./No, I don't.）だけでは，やりとりが不自然になります。例えば，日本語で「～は好きですか」「はい，好きです / いいえ，好きではありません」というやりとりが延々と1時間続くことを想像してみてください。何のために質問し合っているのか，わからなくなってしまいます。Me, too., Really?, I see., Good. といった応答する表現や，聞き取れないときには Pardon?, One more time please. と聞き返す表現や，Yes, I do. I like baseball very much. と強調する表現など，様々な表現が自然のやりとりの中では使われるはずです。

　第2に，英語の意味内容を，児童が理解できるように工夫をすることです。児童は曖昧さに耐えられると言います。つまり，大雑把な理解でよい，ということです。しかしながら，理解できない部分がたくさんあると，児童の意欲は減退してしまいます。よく聞いていると理解できるという実感を持たせることが重要です。児童は，様々な手がかりを利用しながら，英語のメッセージを理解していきます。教師は，児童が活用できる手がかりを意図的に含めながら英語を使いましょう。児童の理解のための手がかりとして，7つのテクニック（<u>M</u>odel/<u>M</u>ime, <u>E</u>xample, Redundancy, Repetition, Interaction, Expansion, Reward）を紹介します（表 3.3 参照）。それぞれの頭文字をとって，メリアー・アプローチ（MERRIER Approach）と呼んでいます（酒井，2014；渡邉・髙梨・齋藤・酒井，2013）。

表 3.3　メリアー・アプローチ

M	Model/Mime	非言語情報を用いる。	Use extra-linguistic information (e.g., visual aids, gestures).
E	Example	具体例を挙げる。	Give examples.
R	Redundancy	言い換える。	Paraphrase difficult sentences.
R	Repetition	重要な部分を繰り返す。	Repeat important information.
I	Interaction	児童に質問する。	Interact with your students to enhance their involvement.
E	Expansion	児童の発話を正しく言い換える。	Repeat and expand what your student said (i.e., feedback).
R	Reward	ほめる。	Praise and encourage your students.

　Model/Mime は，ジェスチャー，動作，実物，絵など非言語情報を示す方法です。例えば，Do you like cows? と児童に質問するとします。cows が難しい単語であると判断するときには，牛の絵カードを見せながら Do you like cows? と質問すると児童は理解しやすくなります。

　Example は，例を挙げていく方法です。例えば，Do you like vegetables? と児童に質問するときに，Do you like vegetables, for example, carrots, cabbage, cucumbers, tomatoes, onions? というように具体例を示すことによって，vegetables の意味を理解させます。

　Redundancy は，別の表現で言い換える方法です。Redundancy とは，余剰性という意味です。例えば，I like purple. と言ってから，My favorite color is purple. という言い換えをしたとしましょう。2つの文は，大体同じ意味を表していますので，2つ目の言い換え表現は余分であると考えられます。しかし，言語学習者にとってはこの余剰性が理解を促進させることが多々あります。

　Repetition は，重要な部分を繰り返す方法です。例えば，What color do you like? と質問してから，What color? と繰り返します。

　Model/Mime，Example，Redundancy，Repetition は，教師が児童に語りかけるときに留意したいテクニックです。一方，Interaction は，児童に言語的・非言語的な応答を求める方法です。一方的に語りかけるのではなく，時々，質問をしたり，動作を求めたりして児童に関わらせるようにします。

　Expansion と Reward は，児童の反応に対する応答の方法です。Expansion は，

児童の発話を正しく言い換える方法で，フィードバックの1つです。第二言語習得研究では，Expansion はリキャスト（recasts）と呼ばれています。次の例のように，児童が日本語で答えたら英語で言い直してあげたり（Oh, you like swimming.），児童の発話が短かったら長くして言い換えたり（You are happy.），間違っているところは正しく言い直す方法です（You can ski?）。

> 日本語を英語にする場合
> 教師：What sport do you like?
> 児童：水泳.
> 教師：Oh, you like swimming.［Expansion］
>
> 短い発話を長くする場合
> 教師：How are you?
> 児童：Happy.
> 教師：You are happy.［Expansion］
>
> 間違いを正す場合
> 児童：I can play ski.
> 教師：You can ski?［Expansion］I see.

Reward は，児童の反応が正しかったらほめるという方法です。例えば，Please sit down and open your Hi, friends! to page 10. と指示をします。そして，正しく行動できている児童をほめてあげます（A-san is ready. Good.）。他の児童は，正しく行動している児童を見て何をすればよいのか理解することができます。

3.5 指導案

ここでは，Hi, friends! 1 の Lesson 8 を取り上げて，指導案の例を示します。文部科学省は，Hi, friends! の年間指導計画や指導案の例を公開しています（http://www.mext.go.jp/a_menu/kokusai/gaikokugo/1314837.htm）。ここでは，1時間の授業の中や単元計画の「聞くことから話すこと」の指導案を改変したものを紹介します。

外国語活動学習指導案【例】

学習指導案

学校名：○○○○小学校
指導者：○○　○○

第3章

1．日時：〇〇年〇月〇日
2．児童：5年〇〇組（男子〇〇人，女子〇〇人）
3．教科書：Hi, friends! Lesson 8 I Study Japanese 夢の時間割を作ろう
4．単元目標
　(1) 時間割について積極的に尋ねたり答えたりしようとする。
　(2) 時間割についての表現や尋ね方に慣れ親しむ。
　(3) 世界の小学校と自分たちの学校の学校生活の共通点や相違点に気づく。
5．単元の指導計画（5時間）

1時間目（本時）	自分たちの時間割を紹介しよう
2時間目	外国の小学校と自分たちの学校を比べよう
3時間目	好きな教科と理由を紹介しよう
4時間目	夢の時間割を作ろう
5時間目	夢の時間割を紹介しよう

6．本時の指導
(1) ねらい
　・教科や曜日の表現に慣れ親しむ。（単元目標の(2)）
(2) 指導手順

指導手順（時間）	教師の指導・支援	児童の活動	指導上の留意点
1．挨拶（1分）	英語で挨拶をする。	英語で挨拶をする。	外国語活動の雰囲気作りを意識して行う。
2．ウォーム・アップ活動（インタビュー）（5分）	A: What color do you like? B: I like yellow. というやりとりのモデルを見せ，3人にインタビューするように指示する。	What color do you like? と聞き合うインタビュー活動を3人に対して行う。	単元の中で，好きな教科やその理由を紹介するため，I like ～．（Lesson 4 と Lesson 5）の表現を思い起こさせるために，簡単なインタビュー活動を実施する。
3．歌（4分）	・教室内のカレンダーを見せ，曜日を指さし，Sunday. Monday. Tuesday. と言う。 ・Now we can sing "Sunday, Monday, Tuesday." First, please listen to the song. と言って，Sunday, Monday, Tuesday.（*Hi, friends! 1*, p. 34）の歌を聞かせる。 ・Now let's sing together. と言って歌うように指示する。	・曜日の言い方を聞く。 ・歌を聞く。 ・歌を歌う。	・曜日が書かれたカレンダーを用意しておく。 ・最初は，聞かせることに集中させる。

4. ポインティング・ゲーム （5分）	・Hi, friends! の pp. 32-33 を開かせ，Let's play Pointing Game. I will say one subject. Please point to the subject. と指示する。 ・Please point to Japanese と指示する。 ・児童が正しく指さしできているかどうか確認をする。	教師の指示に従って，教科を指さす。	教科の英語名を聞くことに慣れ親しませるために，繰り返し発音して聞かせる。
5. キーワード・ゲーム （5分）	・教科名を使って，キーワード・ゲームを行う（Hi, friends! 1 の p. 33 の Let's play 2）。Let's play Keyword Game. Please make pairs. Please put one eraser between you. The first key word is music. と指示する。Japanese. と発音し，児童に繰り返させる。キーワードである Music. が聞こえたときには，消しゴムをとるように指示する。	キーワード・ゲームを行いながら，教科の英語名を発音する。	キーワード・ゲームはすでに児童は知っているため，説明に時間をかけないようにする。 Hi, friends! 1 では，次のスリーヒント・クイズの後に位置づけられているが，単語を発音するだけの活動なので，最初に行う。
6. スリーヒント・クイズ （10分）	・Hi, friends! 1 の p. 32 のスリーヒント・クイズを行う。 ・教師が作成したスリーヒント・クイズを行う。 Now I will give you my quizzes. Hint 1: Numbers. Hint 2: Shapes. Hint 3: We study it on Monday, Wednesday, and Friday. (Math.)	スリーヒント・クイズを行う。教科名を英語で答える。	教師が作成したスリーヒント・クイズの中には，クラスの時間割に基づいて，何曜日にどの教科を学ぶのかという情報をヒントとして入れるようにする。
7. 自分たちの時間割の紹介 （10分）	・クラスの時間割を配り，What do you study on Monday? と質問し，自分たちの時間割を紹介させる。	教師の質問に答える形で，時間割を紹介する。	What do you study on Monday? という質問に対して，Math. だけでもよいとする。I study math on Monday. という表現は，本単元を通して慣れ親しめばよい。
8. 振り返り （4分）	・振り返りカードを配り，「今日学んだこと，感じたこと，考えたこと」などを書かせる。	本時の授業の様子を振り返る。	
9. 挨拶 （1分）	授業終わりの挨拶を英語でする。	英語の挨拶をする。	

CHAPTER 4

第4章
中学校の授業展開

4.1 中学校の英語教育のねらい

4.1.1 学習指導要領の基本方針

中央教育審議会の答申を踏まえて，次の4つの基本方針に基づいて学習指導要領の改訂が行われました。以下の文言は，『中学校学習指導要領解説 外国語編』(平成20年9月)（以下，学習指導要領解説）からの抜粋です。

○ 自らの考えなどを相手に伝えるための「発信力」やコミュニケーションの中で基本的な語彙や文構造を活用する力，内容的にまとまりのある一貫した文章を書く力などの育成を重視する観点から，「聞くこと」や「読むこと」を通じて得た知識等について，自らの体験や考えなどと結び付けながら活用し，「話すこと」や「書くこと」を通じて発信することが可能となるよう，4技能を総合的に育成する指導を充実する。

○ 指導に用いられる教材の題材や内容については，外国語学習に対する関心や意欲を高め，外国語で発信しうる内容の充実を図る等の観点を踏まえ，4技能を総合的に育成するための活動に資するものとなるよう改善を図る。

○ 「聞くこと」，「話すこと」，「読むこと」及び「書くこと」の4技能の総合的な指導を通して，これらの4技能を統合的に活用できるコミュニケーション能力を育成するとともに，その基礎となる文法をコミュニケーションを支えるものとしてとらえ，文法指導を言語活動と一体的に行うよう改善を図る。また，コミュニケーションを内容的に充実したものとすることができるよう，指導すべき語数を充実する。

○ 中学校における「聞くこと」，「話すこと」という音声面での指導については，小学校段階での外国語活動を通じて，音声面を中心としたコミュニ

ケーションに対する積極的な態度等の一定の素地が育成されることを踏まえ，指導内容の改善を図る。併せて，「読むこと」，「書くこと」の指導の充実を図ることにより，「聞くこと」，「話すこと」，「読むこと」及び「書くこと」の四つの領域をバランスよく指導し，高等学校やその後の生涯にわたる外国語学習の基礎を培う。

　学習指導要領に基づいて検定教科書が作成されている以上，基本方針が検定教科書の紙面に反映されてくるのは当然です。最初の基本方針では，語彙や文法など基礎的・基本的な知識・技能を習得し，その習得した知識・技能を活用し，発信することが述べられていますが，どの教科書にも基礎・基本を習得する場面，そして習得したものを活用する活動が用意されています。
　2番目の基本方針では，題材について述べられていますが，教科書には学校生活など身近な話題から，日本の伝統文化，平和，人権など実に多様な題材が用意されています。教科書で，バラエティに富む題材が提供され，「聞く」，「話す」，「読む」，「書く」の4技能の活動が偏ることなく総合的にバランスよく配置されていることによって，英語学習に対する生徒の興味関心が薄れることはありません。
　3番目の基本方針ですが，教科書には，複数の技能を使って，1つの目的を達成する統合的な活動が用意されています。教科書の紙面には「統合」というマークまでついているものもあります。例えば，発信型日本文化の授業では，日本の伝統文化の1つである畳やコタツなどについて扱った題材を聞いたり読んだりした後，生徒自身にとって興味のある他の日本の伝統文化について書いて，ALTに説明するといった統合型の授業へと展開する題材もあります。この発信型日本文化の活動では，日本の伝統的な物を説明する際に，関係代名詞を効果的に用いることによって，文法をコミュニケーションを支えるものとして捉え，文法指導を言語活動と一体的に扱うことができます。
　さらに，充実したコミュニケーション活動を行うために，語彙が「1,200語程度」へと増加したことにより，教科書によっては，コミュニケーション活動の練習として必要となる語彙のコラムを設けるなどの工夫が見られます。
　最後の基本方針では，小・中・高の接続について述べています。教科書には，小学校から中学校へのスムーズな接続として，小学校で触れてきた単語・表現や活動を振り返り，「アルファベット」や「単語の音と綴り」といった準備期間を設けて，音から文字へのスムーズな移行ができるように工夫されています。また，中学から高校への接続として，「読むこと」に着目すると，学年が上がるにつれて，次第に英文の量も増え，まとまった量の英文の概要や要点を捉えながら

読む力をつけることができるように教科書が編成されています。

4.1.2 領域別目標

学習指導要領の改善の基本方針に従って，外国語科の目標は以下のように設定されています。

> 外国語を通じて，言語や文化に対する理解を深め，積極的にコミュニケーションを図ろうとする態度の育成を図り，聞くこと，話すこと，読むこと，書くことなどのコミュニケーション能力の基礎を養う。

上記目標のうち，最後の「聞くこと，話すこと，読むこと，書くことなどのコミュニケーション能力の基礎を養う」という文言は，学習指導要領解説に述べられているように，「これを最後に置くことによって，最重要事項であることを強調している」ことがわかります。上記の外国語科の目標を踏まえて，領域別に4つに分けて次のように具体的に目標を示しています。

---
(1) 初歩的な英語を聞いて話し手の意向などを理解できるようにする。
(2) 初歩的な英語を用いて自分の考えなどを話すことができるようにする。
(3) 英語を読むことに慣れ親しみ，初歩的な英語を読んで書き手の意向などを理解できるようにする。
(4) 英語で書くことに慣れ親しみ，初歩的な英語を用いて自分の考えなどを書くことができるようにする。

ここで，目標に用いられている「初歩的な英語」というのは，学習指導要領の「2(3)言語材料」に示されている語や文法事項などの範囲の英語を指しています。

学習指導要領解説によれば，上記の4つの領域別目標を踏まえて，「各学校が生徒の学習の実態に応じて学年ごとの目標を設定することが適切である」としています。したがって，各中学校では，教科部会を開き，各学年の英語の授業を担当している教師が集まり，現在使用している検定教科書の各単元に盛り込まれている題材や言語材料を踏まえて，生徒の学習の実態に応じて，3年間を見通した4領域別の学年目標を設定することになります。

4.2 指導内容と指導形態

学習指導要領の目標の「聞くこと，話すこと，読むこと，書くことなどのコミュニケーション能力の基礎を養う」ために，言語活動の指導事項として，聞くこと，

話すこと，読むこと，書くことの4領域ごとにそれぞれ5つ示されており，3学年を通して繰り返し指導し定着を図っていくことが述べられています。

ア　聞くこと
  (ア)　強勢，イントネーション，区切りなど基本的な英語の音声の特徴をとらえ，正しく聞き取ること。
  (イ)　自然な口調で話されたり読まれたりする英語を聞いて，情報を正確に聞き取ること。
  (ウ)　質問や依頼などを聞いて適切に応じること。
  (エ)　話し手に聞き返すなどして内容を確認しながら理解すること。
  (オ)　まとまりのある英語を聞いて，概要や要点を適切に聞き取ること。
イ　話すこと
  (ア)　強勢，イントネーション，区切りなど基本的な英語の音声の特徴をとらえ，正しく発音すること。
  (イ)　自分の考えや気持ち，事実などを聞き手に正しく伝えること。
  (ウ)　聞いたり読んだりしたことなどについて，問答したり意見を述べ合ったりなどすること。
  (エ)　つなぎ言葉を用いるなどのいろいろな工夫をして話を続けること。
  (オ)　与えられたテーマについて簡単なスピーチをすること。
ウ　読むこと
  (ア)　文字や符号を識別し，正しく読むこと。
  (イ)　書かれた内容を考えながら黙読したり，その内容が表現されるように音読すること。
  (ウ)　物語のあらすじや説明文の大切な部分などを正確に読み取ること。
  (エ)　伝言や手紙などの文章から書き手の意向を理解し，適切に応じること。
  (オ)　話の内容や書き手の意見などに対して感想を述べたり賛否やその理由を示したりなどすることができるよう，書かれた内容や考え方などをとらえること。
エ　書くこと
  (ア)　文字や符号を識別し，語と語の区切りなどに注意して正しく書くこと。
  (イ)　語と語のつながりなどに注意して正しく文を書くこと。
  (ウ)　聞いたり読んだりしたことについてメモをとったり，感想，賛否やその理由を書いたりなどすること。
  (エ)　身近な場面における出来事や体験したことなどについて，自分の考えや気持ちなどを書くこと。

（オ）　自分の考えや気持ちなどが読み手に正しく伝わるように，文と文のつながりなどに注意して文章を書くこと。

4.2.1　聞くこと・話すことの実践例

「聞くこと」「話すこと」の指導事項に着目し，友だちと週末の生活について会話することにより，英語で話したり，聞いたりすることに慣れ，抵抗感を減らす実践例を示します。

　言語活動のうち「聞くこと」について以下の項目について評価します。
（ウ）　質問や依頼などを聞いて適切に応じること。
（エ）　話し手に聞き返すなどして内容を確認しながら理解すること。
　言語活動のうち「話すこと」について以下の項目について評価します。
（イ）　自分の考えや気持ち，事実などを聞き手に正しく伝えること。
（エ）　つなぎ言葉を用いるなどのいろいろな工夫をして話を続けること。
　活動の内容は以下のとおりです。

- ワークシート（次頁参照）を配布後，生徒は最初の会話文，続いて「ヒント」の語句を教師の後について読みます。
- 内容の確認では，Bの発話で，聞かれたら一文以上付け足して答えていることに留意させます。
- 生徒は週末行うことについて，「1. 自分のことについて書いてみよう！」「トピックは？」の欄に単語で書きます。続いてその出来事について関連する事柄を「思いつく出来事は？」の欄に書きます。文ではなく単語で書きます。できるだけ英語で書くように指示します。トピックは最低でも2つ以上書けるように指示します。
- 「2. 質問上手になろう！」では，疑問文の作り方を復習します。相手に質問できると内容を確認できるだけでなく会話も弾み会話を持続することができます。
- 指導形態は，週末の予定について，2人1組になって，rotational pair work の手法で会話をします。このペアワークでは，1回戦はとなりの生徒と会話をします。2回戦では，一方の列は固定したまま，相手の列の生徒に1つ前に移動してもらい，相手を変えて会話します。3回戦では，さらに相手の列の生徒に1つ前に移動してもらい，相手を変えて会話をします。各回2分程度です。自分の話すことの内容は同じでも相手が変わることで話題が変わりますので飽きることはありませんし，回を重ねるごとに話す内容も増えますし，話し方もうまくなります（本書4.5.3のPair work 1～3参照）。
- 最後に，「英語で言いたかったけれども言えなかった表現があれば日本語で書いて提出」させます。この日本語の表現語句を授業後にALTと英語に直し，

Excel 上で日本語表現と英語表現とを一対一対応で構築したのが日英パラレルコーパス EasyConc.xlsm と，EasyConc.fmp12 です。使い方の詳細については，http://www.tamagawa.ac.jp/research/je-parallel/ を参照してください（本書 7.1 参照）。

〈実際のワークシート例〉

会話のキャッチボール

聞かれたら一文以上付け足して答えます。

A: What are you going to do this weekend? 〔トピック〕
B: I'm going to <u>walk my dog</u>. He is <u>so cute</u>. His name is Spot.
A: What else are you going to do this weekend? 〔思いつく出来事〕
B: Let's see. I'm going to <u>see a movie</u> with my friends. I like movies very much. I go to the movies once a month. How about you?
A:

ヒント

walk my dog / see a movie / go shopping in Shinjuku / Shibuya / go skating / play tennis with my friends /

1. 自分のことについて書いてみよう！

トピックは？ _____
　　思いつく出来事は？　1 _____
　　　　　　　　　　　　2 _____
トピックは？ _____
　　思いつく出来事は？　1 _____
　　　　　　　　　　　　2 _____
トピックは？ _____
　　思いつく出来事は？　1 _____
　　　　　　　　　　　　2 _____

2. 質問上手になろう！

A: What are you going to do this weekend?
B: I'm going to watch *Hana Moyu* on TV on Sunday night.
A: **Are you** a fan of *Hana Moyu*?
　　Are you going to watch *Hana Moyu* with your family?
　　Is it interesting? / **Is it** an interesting drama?
　　Do you watch *Hana Moyu* every Sunday evening?
　　What time does the program start?
　　What channel is it on?
　　Did you watch *Hana Moyu* last Sunday? **Was it** (a lot of) fun?
　　Who did you watch *Hana Moyu* **with**?

3. 会話してみよう！（**Rotational pair work**）

第 4 章

> 4. 英語で言いたかったけれど言えなかった表現を書いてください。
> --

活動の成果として，以下の項目が挙げられます。

- What are you going to do this weekend? の会話は応用範囲が広く，話題を変えれば，ゴールデンウィーク，夏休み，冬休み，春休みにも応用できます。What did you do last weekend? として先週末のことについてもコミュニケーション活動を行うことができます。授業の最初の数分間を使ってチャットとして繰り返し活動に取り組ませることで生徒の話す力を育成することが期待できます。
- この活動を生徒同士のペアワークだけで終わらせないで，ALT と会話するスピーキングテストの評価と結びつけていくこともできます。ALT とのスピーキングテストでも行われると，テストの波及効果で生徒は日頃のペアワークにもきちんと取り組む態度が身につきます。また，指導してきたことをスピーキングテストを通して評価するわけで，指導と評価の一体化を図ることができます。

4.2.2 読むことの実践例

「読むこと」の指導事項に着目し，教科書の音読テストを通して，個々の生徒の発音診断と発音矯正を行う実践例を示します。

言語活動の「読むこと」について以下の項目について評価します。

（ア）　文字や符号を識別し，正しく読むこと。
（イ）　書かれた内容を考えながら黙読したり，その内容が表現されるように音読すること。

活動の内容は以下のとおりです。

- 各学期に 1 回は実施します。
- すでに学習した範囲を音読テストの範囲とし，テスト 1 週間前に生徒に連絡します。生徒には，教科書準拠 CD のように読めるように何度も家庭学習として音読練習するように指示します。
- 指導形態は，音読テストでは，教師は教室の後ろ，あるいは教室の外（廊下）にいて，生徒は出席番号順に廊下に出てきます。廊下で，生徒は出席番号順に封筒に入っているくじを引き，そのくじに書いてあるレッスンのパートを読みます。教師は事前にくじにレッスン名とパート名を書いておきます。この方式は，生徒は音読テストの範囲内のどこを音読するのかわからないので，山をか

けることなく全範囲にわたって音読練習をしてくることを期待できます。
- 生徒の音読を評価するとき,「日本語の発音を代用しない」「語と語の連結による音変化」「強勢」「イントネーション」「区切り」の観点から A, B＋, B, B－, C の評価を overall impression でつけ,学期末の評価とします。一人ひとりの生徒の達成できていない項目には評価簿にコメントを残しておき,後の指導に役立てます。
- 音読が終わった各生徒に達成できていない点について手短にコメントします（発音矯正）。
- 音読テストの順番を待っている生徒のために,課題学習とし,ワークブックやノート整理,あるいは,ドリルブック,多読などの活動を行い,授業後に提出させます。

活動の成果として,以下の項目が挙げられます。
- 音読テストは中1から中3の3年間にわたり各学期1～2回実施するとよいと思います。音読テストの波及効果を期待することができます。例えば,音読テストを実施することにより,生徒が基本的な英語の音声の特徴に留意するようになりますし,コーラスリーディングのときにも発音に注意しながら音読するようになります。コーラスリーディングで指導してきたことを音読テストを通して評価するわけで,指導と評価の一体化を図ることができます。
- 生徒の発音がよくなることによって,スピーチなどの発表活動やペアワークで,聞く側に話している英語がよくわかるようになります。

4.2.3　書くことの実践例

「書くこと」の指導事項に着目し,春の遠足の体験についての文章を読んで,その文章を参考に,自分の遠足の体験について書きます。

言語活動のうち「書くこと」について以下の項目について評価します。

（エ）　身近な場面における出来事や体験したことなどについて,自分の考えや気持ちなどを書くこと。

活動の内容は以下のとおりです。
- 中学1年で過去形について学習します。過去形の学習が終えたところで英文日記を書かせる取り組みに入ります。
- 中学2年の1学期には,春の遠足行事のある学校が多いので,その機会を利用し,絵日記にチャレンジするとよいと思います。遠足で使用頻度の高い語句は意図的にモデルの英文の中に組み込んでおくことが必要ですし,絵日記をどう書いてよいかわからない生徒のためには真似るモデルをあらかじめ教師の方で提示する必要があります。下記の〈絵日記の例〉は,実際に中学2年生の4月

第4章

に使用した実践例です。(日臺，2009)

- 授業では，〈絵日記の例〉を配布し，内容の理解と遠足でよく使う英語表現を確認します。
- 日記は最初のうちは時系列に思い出に残ったことを書くと書きやすいです。いつどこに行ったのか，行き先で誰とどんなことをしたのか，また，感想も書くように指導します。
- 続いて，〈提出用紙〉のフォーマットで英文を書く指導をします。最初は〈絵日記の例〉を参考に表現を借用しながら書くように指導します。

〈絵日記の例〉

Picture Diary

写真添付
(省略)

Sunny, April 18

Our school trip to Kodomonokuni, Children's Land

　Today I had an outing to Kodomonokuni. Kodomonokuni is a big park. We arrived at the Main Gate at nine thirty, but Ken was late.
　In the morning our group visited a farm. We saw many cows, sheep and rabbits there. The rabbits were so cute. I gave them some food. It was really hot, and I bought an ice-cream. It was delicious.
　Then we walked to the Outdoor Cooking Site. Our group made curry and rice there. We couldn't make a fire for cooking rice well at first, but Mr Oka, our homeroom teacher helped us. Our lunch was really tasty.
　My friend Kumi took this picture of us. I am smiling in the center in the back row. I had a very good time at Kodomonokuni.

〈提出用紙の例〉

Picture Diary

English Diary No. 3
課題出題日 April 18
課題提出日 April 21

ここに人物や訪れた場所の写真が添付
されているととてもよいですね！

(以下，罫線省略)

活動の成果として以下の項目が挙げられます。

- 1年で過去形の学習を終えた頃から，授業の中であるいは課題として，春の遠足の日記，夏休みの日記，冬休みの日記，週末の日記というように，書く活動を繰り返し行うことで英語を書くことに対する生徒の抵抗感がなくなっていきます。

・日記を書く量も，中1の終わりの3行，4行程度の日記から，次第に100語程度を超え，中3になる頃には，書き慣れてきて，書く速さも量もかなり増えていきます。それと同時に，英和辞典（綴り字の確認），和英辞典（日本語の英語表現）も必然的に使用するようになり，学習の仕方も身についていきます。書く技能を習得するには1回やっておしまいではなく，継続的に活動に取り組むことが大切です。

4.3 授業作り

家を作るにしても，まずは設計図がないとどうにもなりません。授業作りも同様で，まず設計図が必要になります。その設計図が学習指導案に相当します。学習指導案は教育センター等でそのフォーマットを示しているところもありますが（新潟市立総合教育センター；東京都教職員研修センター，2015閲覧），独自の形式を使用している地域や学校（4.5.1，4.5.3）もあります。

学習指導案には，略案と呼ばれる形式と細案と呼ばれる形式とがあります。ここでは，略案は，本時のねらい，展開，評価を中心に記述した指導案です。細案は，本時のねらい，展開，評価に加えて，単元の指導目標，単元の評価規準，指導観，単元の指導計画と評価計画を記述した指導案ということになります。

ここでは，細案を念頭に置きながら，広く中学校の公開授業で使用されている学習指導案の形式を参考に，筆者の考え（*で示します）も織り交ぜ指導案の作成について理解を深めます。

　　　　　　　○○区立○中学校　第○学年　○組　英語科　学習指導案
　　　　　　　　　　　　　　平成○年○月○日（曜）第○校時
　　　　　　　　　　　　　　　　（○：○○〜○：○○）
　　　　　　　　　　　　　　　　　　指導者　教諭　○○　○○

1　単元名「　　　　　　　　　　　　　」
2　単元の指導目標
(1)
(2)

　*学習指導要領の「第2　各言語の目標及び内容等」の「1　目標」，「2　内容」や各教科書の教師用指導書を参考に記述します。

3 単元の評価規準

観点	ア コミュニケーションへの関心・意欲・態度	イ 表現の能力	ウ 理解の能力	エ 言語や文化についての知識・理解
単元の評価規準	・ ・	・ ・	・ ・	・ ・

＊『評価規準の作成，評価方法等の工夫改善のための参考資料【中学校 外国語】』（国立教育政策研究所），各教科書の教師用指導書を参考に，評価規準を記述します。

4 指導観

(1) 単元の題材観……単元の題材について教育的意義を記述します。

(2) 児童・生徒観……生徒のこれまでの学習実態を想定して記述します。

(3) 教材観……授業で教材をどのように扱うか記述します。

5 単元の指導計画と評価計画（○時間扱い）

	学習活動等	学習活動に即した評価規準〔評価方法〕
第1時	・ ・	・ ・
第2時	・	・
第○時	・ ・	・ ・

6 指導に当たっての工夫

　授業形態，指導方法，教材についてどのように工夫しているか記述します。

7 本時の指導（○時間扱いの第△時間目）

(1) 本時のねらい

(2) 展開

項目	学習活動・内容	○指導上の留意点 ◎評価
導入	＊標準的な1時間の授業を想定し，各活動を設定してみます。時間は目安です。 ① Greeting（3分） 　　Warm up 　　Chat，Song など ② Review（5分） 　　前時の文法事項，単語，教科書の内容の振り返り。	
展開	③ Introduction of the new structure(s)（10分） 　　できるだけ自然な文脈の中で，文法事項を導入 ④ Practice（5分） 　　Mechanical drill から meaningful drill へ 　　ワークシートなどを活用しペアワークなどの活動	

	⑤ Introduction of the contents of the story（10分） 　　ピクチャーカード等を用いた本文の内容の導入 ⑥ New words（5分） 　　フラッシュカードを用いた新出単語の発音練習 ⑦ Reading aloud（10分） 　　Model reading →教科書本文のポイントの確認 　　Chorus reading → Buzz reading → Individual reading → Read and look up など	
まとめ	⑧ Consolidation（2分） 　　本時の学習のまとめ 　　学習の定着のための宿題の指示	

(3) 評価
　＊本時の授業について，(1)本時のねらいや，(2)展開の評価に基づいて記述します。

　以上，学習指導案の書式を示しましたが，実際の学習指導案については，4.5.1 指導案（略案），4.5.2 指導案（細案）を参照してください。また，独自の形式を使用する学校もありますので，4.5.3（英語による指導案）も参照してください。

4.4　英語で行う授業

4.4.1　授業内での教師と生徒とのインタラクションについて

　通常，授業は教師と生徒，あるいは生徒同士のインタラクションで展開していきます。基本的なインタラクションの特徴を押さえて，それを授業に取り入れていくことでスムーズに授業を展開することができます。教室で行われる教師と生徒との典型的なインタラクションの特徴として，Sinclair & Coulthard（1975）によると，IRF の関係（initiation-response-feedback）が見られるということです。

A typical exchange in the classroom consists of an *initiation* by the teacher, followed by a *response* from the pupil, followed by *feedback*, to the pupil's response from the teacher, ... (Sinclair & Coulthard, 1975: 21)

　この IRF の関係は，最初，教師から生徒に口火が切られ（initiation），それに対して生徒から反応（response）が返されます。そして，教師から生徒に何らかのフィードバック（feedback）が返されるということです。この先行研究を踏まえると，授業の中で，教師がどのような発話を生徒にしたらよいか，またどのようなフィードバックをすることが教師と生徒とのインタラクションをうまく進めていく鍵になるのか工夫が必要になります。通常の授業においては，picture cardsを用いて教師が教科書の内容について口頭導入する場面がよくありますが，教師がどのような発話で口火を切るとよいのか，その指導技術を工夫する必要があります。4.4.2ではその一例を示します。

また，通常の授業では，生徒のShow & TellやSpeechなどのプレゼンテーション型の授業とは違って，教師の話す時間（teacher talking time）が生徒の話す時間（student talking time）よりも長くなりがちですが，それを解消するためには，ペアワークやグループワークを取り入れ，生徒の話す時間を確保する必要があります（Harmer, 2007）。これについては4.5.1指導案（略案）のDay 2の英問英答しながら内容を理解するペアワークを参照してください。

4.4.2　教科書本文の内容を英語でどのように導入するか

英語でどのように授業を進めていったらよいか，教科書本文の内容の導入で使用する英語と，授業運営で使用する英語とに分けて具体例を示したいと思います。

まず始めに，教科書本文の内容の導入例を示します。

（*New Crown English Series 2*　　L. 5 GET Part 1　本文）

> Ken:　　The day-at-work program is coming next month.
> Emma: Right. I want to go to a farm. How about you?
> Ken:　　I want to work in a department store.
> Emma: We'll have a great time.

本文の内容の導入で用いた教科書準拠のpicture cards（New Crown編集委員会, 2012）とTeacher Talk。

（1枚目のpicture cardを見せて）What do you see in the picture? Do you see a girl and a boy in the picture? She is Emma. He is Ken. They are talking about 'the day-at-work program'. The day-at-work program is 職業体験プログラム in Japanese. They are talking about 'the day-at-work program'.

（2枚目のpicture cardを見せて）Look at this girl. Her name is Emma.（吹き出しを指して）She wants to go to a farm.

（3枚目のpicture cardを見せて）This is Ken. He wants to work in a store. He wants to work in a department store.（最初のpicture cardを指して）They will have a great time.

　Now I have some questions about these pictures.（1枚目のpicture cardを指して）Look at these students. 1 <u>Who are they? They are ..., Hiroshi. (They are Emma and Ken.) That's right. They are Emma and Ken.</u> 2 <u>What are they talking about? Are they talking about the school festival or the day-at-work program', Yuki? (Yes.) Are they talking about the school festival? (No.) Right. Are they talking about the day-at-work program? (Yes.) Right. So they are talking about the day-at-work program.</u>（以下，省略。(　)内の英語は生徒の発話です。）

　上記のteacher talkの最初の下線部では，IRFの関係を意識的に授業に取り込んでいます。教師の発話であるWho are they? They are ..., Hiroshi. がinitiationですし，Hiroshiの発話（They are Emma and Ken.）がresponse，そしてThat's right. They are Emma and Ken. が教師から生徒へのfeedbackとなります。They are ..., Hiroshi. の教師の発話では，教師がThey areで止めて，ヒロシ君を指名し，ヒロシ君の発話を誘発（elicitation）する手法を用いています。

　2番目の下線部では，教師は，最初に，特殊疑問文(special question)で質問し，すかさず，選択疑問文（alternative question）に変えています。そして，一般疑問文(general question)で確認しています。内容理解を確認するときの工夫として，特殊疑問文，（生徒に答えを期待することなく）選択疑問文，そして一般疑問文で内容確認をするとスムーズに生徒から英語を引き出すことができるように思います。最初の特殊疑問文は生徒の意識を質問に向ける上で効果があるようです。

4.4.3　授業運営で使用する英語
　平常授業における1時間の授業の流れを概観すると以下のようになりますが，どの指導段階でどのような英語を使って授業運営をしていったらよいか，具体例を示します。

第4章

指導過程	教師がおもに授業運営で使用する英語
1. 挨拶 ・月日，曜日天気など ・出欠席，遅刻理由，早退など	What day of the week is it today? What is the date today? What is the weather like today? How is the weather today? I'll call the roll. Is anyone absent today? Who is absent today? Is Ms. Suzuki absent? You are late again. （黙って教室に入ってきた健に対して）Ken, please say to me, "I'm sorry to be late." I'm sorry I'm late. （欠席理由を生徒に言ってほしいときに教えたい表現）There was a traffic accident and the bus was late. There was an accident on the train and it didn't run for about an hour. I overslept. I was late for class by twenty minutes. （早退を生徒に言ってほしいときに教えたい表現）I'd like to leave school early today.
2. Warm-up 3. 前時の復習	Let's play a game of Bingo. Please take out your textbooks. Please open your books to page 50. Please look at the bottom of page 50. Please look at the top of page 50. Please look at the middle of page 50. Please look at the tenth line from the top of this page. Please look at the tenth line from the bottom of this page. Please go back to page 45. （教科書忘れを生徒に言ってほしいときに教えたい表現）I forgot my textbook.
4. 本時の新出事項の導入 (1) 絵を使って新出文法事項の導入 (2) 新出文法事項をペア（グループワーク）で練習 (3) 教科書本文の内容の導入 5. 音読	 Please make a pair with the student next to (behind/across from) you. Please make groups of four students. Please close your textbook. Please look at the picture. I'll tell you the story of Section 1, then I'll ask you some questions. （教科書本文の内容の導入については，4.4.2を参照されたい。） What does this word mean?

(1) 新出語句の発音練習	Mr. Tanaka, please say what this word means.
	What does "go out" mean?
	Let's pronounce this word.
	Please pronounce it after me.
(2) 本文の音読練習から暗唱へ (Model reading Chorus reading Buzz reading Individual reading Read and look up の順に指導)	Now open your textbook.
	Please translate this English sentence into Japanese.
	Mr. Suzuki, please answer my question.
	Please translate this Japanese sentence into English.
	If you don't understand a word, look it up in the dictionary.
	If you have any questions, please raise your hand.
	Please read page 45.
	Please read from the first line of page 45.
	Everyone in this line, read the part of Tom.
	Mr. Suzuki, read Tom's lines, please.
	Please read page 50 silently.
	Have you finished reading?
	Please read the textbook at your own speed.
	If you have finished reading, please raise your hand.
	Please read louder.
	Please read more loudly.
	I can't hear you over here.
6. まとめ (5分)	Your voice doesn't reach me here.
7. 宿題の指示	Everyone, I'll give you homework.
	Don't forget to review page 50.
	Please look up in your dictionary the new vocabulary from pages 55 through 60.
	Don't copy your friend's homework.
	Please do your homework by yourself.
	Hand in your homework at the end of the class.
	The deadline is tomorrow.
8. 挨拶	That's all for today. Good-bye, class.

その他の場面での表現

・生徒にハンドアウトを配布するとき

How many sheets do you want?

Did you get a copy?

(教師が後ろの生徒に用紙がないのに気がつき) What do you want?

Mr. Hidai, one more sheet, please.

Mr. Hidai, can I have one more sheet, please?

・生徒が授業中騒々しくなったとき

Please be quiet during class.

Please stop talking during class.

・生徒に注意を促すとき

Now listen to me carefully.

Are you listening to me?

I'm talking to you.

Look here.

Look at this.

Take a look at this.

・生徒を席に着かせるとき

Please sit down.

Please take your seat.

Please don't stand up and walk around during class.

4.5 指導案

4.5.1 指導案（略案）

英語科学習指導案—DAY 1

1. 日時　平成 25 年 10 月〇〇日

　　　　〇校時　〇〇：〇〇〜〇〇：〇〇

2. 学級　〇〇区立〇〇〇〇中学校　2 年 D 組（在籍 38 人）

3. 授業者　日䑓滋之（〇〇区立〇〇〇〇中学校）

4. 教科書・単元名　*New Crown English Series 2*（三省堂）

　　　　　　　　Lesson 5 My Dream USE Read（pp. 58–59）

5. 時間配当

　1 時間目・2 時間目：GET Part 1（pp. 54–55）

　3 時間目・4 時間目：GET Part 2（pp. 56–57）

　5 時間目：USE Read（pp. 58–59）DAY 1（本時）

　6 時間目：USE Read（pp. 58–59）DAY 2

　7 時間目・8 時間目：USE Mini-project（pp. 60–61）

　9 時間目：まとめ（pp. 62–63）

6. 本時の目標

(1) 不定詞（名詞用法，副詞用法，形容詞用法）を用いた文の構造，意味，使い方を理解する。

(2) わからない語があっても，巻末の「単語の意味」を参照して読もうとしている。

(3) 教科書本文を黙読し，大切な部分（久美の将来の夢は何かまたその理由は何か）を読み取る。

(4) 教科書pp. 58-59の本文を正しい強勢，イントネーション，区切りで音読する。

(5) 気持ちを込めてスピーチ原稿を音読することができる。

7. 教材・教具

教科書：*New Crown English Series 2*（三省堂）

副教材：自作ワークシート，ワークブック

教具　：Flash cards, Picture cards, CD player, Word Flash[1]，プロジェクター

8. 本時の授業展開（5/9時）Day 1

指導過程	学習活動・内容	○指導上の留意点　◎評価
プレ活動 （5分）	・英語で挨拶をする。 ・体調，曜日，日付，天気を質問する。 **・Pre-Reading**	
	・扉の写真について質問し，花火についての生徒の知識を活性化する。花火に関わる新出語句も導入する。	○ Picture cards ○ Flash cards
語句の導入 （10分）	**Words** ・Word Flashを活用し，新出語句の発音練習と意味の確認をする。 ・状況説明	○ Computer, projector, screen, Word Flash. ◎新出語句の英語を見て英語を言わせる。日本語を見て英語を言わせる。
本文の読解 （概要把握） （20分）	**In-Reading 1, 2 & 3** ・各自，黙読させ，In-Reading の task 1, 2 & 3 に答えさせる。 ・task 1, 2 & 3についてペアで答え合わせをさせる。 ・次に全体で答えを確認する。指名された生徒は答える。 ・最後にCDを聞かせる。	○ Day 1 用の In-Reading の自作ワークシートを使用。 ○自作ワークシートを点線で折り，指示された task 以外は見ない。 ◎黙読し大切な部分を読み取る。活動の観察 ◎わからない語があっても，巻末の「単語の意味」を参照して読もうとしている。活動の観察 ○ In-Reading の task 2 で名詞用法の不定詞であることを確認。 ◎巻末の「単語の意味」を参照して読もうとしている。活動の観察
	In-Reading 4 ・各自，黙読させ，In-Reading の task 4 に答えさせる。 ・task 4についてペアで答え合わせをさせる。 ・次に全体で答えを確認する。 ・最後にCDを聞かせる。	◎巻末の「単語の意味」を参照して読もうとしている。活動の観察

第4章

	In-Reading 5 ・各自，黙読させ，In-Reading の task 5 に答えさせる。 ・task 5 についてペアで答え合わせをさせる。 ・次に全体で答えを確認する。指名された生徒は答える。 ・最後に CD を聞かせる。	◎巻末の「単語の意味」を参照して読もうとしている。活動の観察
	In-Reading 6 & 7 ・各自，黙読させ，In-Reading の task 6, 7 に答えさせる。 ・task 6, 7 についてペアで答え合わせをする。 ・次に全体で答えを確認する。指名された生徒は答える。 ・最後に CD を聞く。	◎黙読し大切な部分を読み取る。活動の観察 ◎巻末の「単語の意味」を参照して読もうとしている。活動の観察
	Tips ・スピーチ原稿の構成に触れる。 **Listening** ・教科書を閉じて，全体を通してもう一度 CD を聞かせる。	○スピーチの構成を理解させる。
本文音読 （15分）	音読 ・Chorus reading → Buzz reading → Individual reading → Read and look up を行う。 宿題の指示をする。	○教師の指示で音読。 ○スピーチしているように気持ちを込めて音読するように指示する。 ◎正確に音読ができている。活動の観察

Lesson 5 My Dream USE Read（pp. 58-59 の本文）

My Dream

1 Hello, everyone.
　What do you want to be? We all have dreams. I want to be a fireworks artist. I have two main reasons.

2 First, making fireworks is worth doing. This summer, I went to a festival to watch fireworks. Everyone enjoyed them. A few days later, I talked with a fireworks artist. I learned making fireworks is hard and dangerous. But if I make them, I can have fun and give pleasure to others.

3 Second, I like Japanese traditions. Last year I went to a museum. I saw some *ukiyoe* pictures of fireworks. I learned fireworks have a long history in Japan. I am interested in traditional shapes and colors of fireworks. I want to learn these and make new ones.

4 In conclusion, the sight and sound of fireworks disappear in a moment, but they remain forever in people's minds. Such memories give pleasure to everyone. So, I want to be a fireworks artist. I have a lot of things to learn. But I will do my best. That is my dream.
Thank you.

[175 words]

＊Day 1 のワークシートは両面印刷で，活動時は Please fold here で折って使用します。

Day 1
In-Reading

　Class＿＿＿Number＿＿＿Name＿＿＿＿＿＿＿＿＿＿＿＿

USE Read — My Dream

1．久美のスピーチ原稿には 'fireworks' が何回出てきますか？
　　（　　　）回

2．久美は将来，何になりたいですか？　その職業を表す語句に下線を引いてみよう。

3．久美が将来なりたい職業を表す語句は全部で何回出てきますか？
　　（　　　）回

-------------------------------- Please fold here --------------------------------

4．次のイラストを説明する文をスピーチ原稿から見つけ，文の最初にイラストの番号を書いてみよう。

　(1)　教科書 p. 58 の花火師のテラスト（省略）

　(2)　教科書 p. 59 の浮世絵のイラスト（省略）

　(3)　教科書 p. 59 の花火玉の断面のイラスト（省略）

5．もう一度読んで，次の問いに答えよう。

(1) What does Kumi want to be?（①）

　_____

(2) This summer, where did she go?（②）

　_____

(3) What did she learn from a fireworks artist?（②）

　_____

(4) What did she learn at the museum?（③）

　_____

(5) What remains in people's mind?（④）

　_____

---------------------------------- Please fold here ----------------------------------

6．久美がその職業につきたいと思う1番目の理由を表すパラグラフの最初の文に下線を引こう。

　日本語でその意味を書いてみよう。

　_____

7．久美がその職業につきたいと思う2番目の理由を表すパラグラフの最初の文に下線を引こう。

　日本語でその意味を書いてみよう。

　_____

英語科学習指導案―DAY 2

1. **日時**　平成 26 年 10 月○○日
　　　　○校時　○○：○○～○○：○○
2. **学級**　○○区立○○○○中学校　2 年 D 組（在籍 38 人）
3. **授業者**　日䕃滋之（○○区立○○○○中学校）
4. **教科書・単元名**　*New Crown English Series 2*（三省堂）
　　　　　　　　　Lesson 5 My Dream USE Read（pp. 58–59）
5. **時間配当**
   1 時間目・2 時間目：GET Part 1（pp. 54–55）
   3 時間目・4 時間目：GET Part 2（pp. 56–57）
   5 時間目：USE Read（pp. 58–59）DAY 1
   6 時間目：USE Read（pp. 58–59）DAY 2（本時）
   7 時間目・8 時間目：USE Mini-project（pp. 60–61）
   9 時間目：まとめ（pp. 62–63）
6. **本時の目標**
   (1) 不定詞（名詞用法，副詞用法，形容詞用法）を用いた文の構造，意味，使い方を理解する。
   (2) 教科書本文の詳細について，ペアで英問英答しながら理解する。
   (3) 教科書pp. 58–59 の本文を正しい強勢，イントネーション，区切りで音読する。
   (4) 久美のスピーチから花火が日本の伝統的なものづくり文化であることを学ぶ。
   (5) 久美のスピーチを 30 語程度の英文で要約する。
7. **教材・教具**
   教科書：*New Crown English Series 2*（三省堂）
   副教材：自作ワークシート，ワークブック
   教具　：CD player, Word Flash, プロジェクター
8. **本時の授業展開**（6/9 時）**Day 2**

指導過程	学習活動・内容	○指導上の留意点　◎評価
復習 （10 分）	・英語で挨拶をする。 ・体調，曜日，日付，天気を質問する。 **Warm Up** ・Word Flash を活用し，新出語句の発音練習と意味の確認を行う。 **Listening** ・教科書を開き，全体を通して CD を聞かせる。	○ Word Flash ○ 新出語句の英語を見て英語を言わせる。日本語を見て英語を言わせる。 ○ CD player ○ CD を聞く。

	Chorus reading ・本文の内容の復習のための音読。教師の後について音読する。	
本文の理解 （詳細理解） （15分）	**In-Reading** ・隣同士，2人1組になりペアを組ませる。 ・ペアごとに，交互に英問英答する。Card Aの生徒はCard Bの生徒に質問し，Card Bの生徒はCard Aの生徒に質問するように指示する。 ・Useful Expressionsを活用させる。 ・最後に，全体で答えを確認する。 ・教科書を開いたまま，CDを聞く。 ・CHECK（pp. 58-59）に取り組ませる。 ・全体で答えを確認。指名された生徒は答える。	○Day 2, In-Reading のワークシートを使用する。 ◎ペアワークに積極的に取り組んでいる。活動の観察 ◎黙読し，大切な部分を読み取ることができる。活動の観察 ○相手が正解であればThat's right. と言わせる。 ○正答用紙を配布し，答えを確認する。
本文の整理 （15分）	**Post-Reading** ・要約プリントを配布（久美のスピーチを30語程度の英語で要約する）。 **CHECK**（p. 59） ・不定詞を使った文に下線を引く。 ・クラス全体で答えを確認する。	○要約プリントを配布。 ○要約は個人差もあり，もし終わらない場合には宿題にする。
本文音読 （10分）	**音読** ・Chorus reading → Buzz reading → Individual reading → Read and look up を行う。 **宿題** ・教科書準拠のCDを用いて音読練習をする。	○教師の指示で音読。 ◎正しい強勢，イントネーション，区切りなどを用いて音読することができる。活動の観察 ◎気持ちを込めて音読することができる。活動の観察 ○教科書準拠CDを活用。

Day 2

In-Reading

　　　Class____Number____Name_____

USE Read — My Dream

Questions and Answers

- Card A-

Useful Expressions:

> I have some questions about Section I.
>
> It's your turn. / It's my turn.
>
> I beg your pardon? Excuse me? Sorry?
>
> I'm sorry I don't know.
>
> Will you speak up?
>
> That's right. You're right. / That's wrong. You're wrong.

1．I have a question about Paragraph 1. Does Kumi want to be a fireworks artist?

3．I have a question about Paragraph 2. Did Kumi watch fireworks this summer?

5．I have some questions about Paragraph 3. Does Kumi like Japanese traditions?

7．Do fireworks have a long history in Japan?

9．I have a question about Paragraph 4. Can we see the sight and sound of fireworks in the dark sky for a long time?

中学校の授業展開

131

Day 2
In-Reading

Class____Number____Name_____

USE Read ― My Dream
Questions and Answers
- Card B-

Useful Expressions:

> I have some questions about Section I.
> It's your turn. / It's my turn.
> I beg your pardon? Excuse me? Sorry?
> I'm sorry I don't know.
> Will you speak up?
> That's right. You're right. / That's wrong. You're wrong.

2. What does Kumi want to be?

4. What did Kumi learn from the fireworks artist this summer?

6. What did Kumi see in the museum last year?

8. What is Kumi interested in?

10. Will Kumi do her best to be a fireworks artist?

Post-Reading
USE Read My Dream
久美のスピーチを要約する英文を 30 語程度で書いてみよう。

4.5.2 指導案（細案）

英語科学習指導案—DAY 1

1. **日時** 平成 25 年 10 月〇〇日
   〇校時　〇〇：〇〇～〇〇：〇〇
2. **学級** 〇〇区立〇〇〇〇中学校　2 年 D 組（在籍 38 人）
3. **授業者** 日臺滋之（〇〇区立〇〇〇〇中学校）
4. **教科書・単元名** *New Crown English Series 2*（三省堂）
   Lesson 5 My Dream USE Read（pp. 58–59）
5. **単元の指導目標**
   (1) 不定詞（名詞用法，副詞用法，形容詞用法）を用いた文の構造，意味，使い方について理解する。
   (2) スピーチ原稿を黙読し，大切な部分を読み取ることができる。
   (3) 教科書本文の内容を理解し，正しい強勢，イントネーション，区切りに留意して音読することができる。
   (4) 教科書本文の内容について，絵（picture cards）を使って，ストーリー・リテリングすることができる。
   (5) 久美のスピーチから花火が日本の伝統的なものづくり文化であることを学ぶ。
   (6) 自分が将来つきたい職業について英語でスピーチすることができる。
6. **単元の評価規準**

ア　コミュニケーションへの関心・意欲・態度	イ　外国語表現の能力	ウ　外国語理解の能力	エ　言語や文化についての知識・理解
（言語活動への取り組み） ①ペアワークやストーリー・リテリングなどの言語活動に積極的に取り組んでいる。 　　【話すこと】 ②間違うことを恐れず積極的にスピーチしている。 　　【話すこと】	（正確な発話） ①語句や表現，文法事項などの知識を活用して正しく話すことができる。 　　【話すこと】 （正確な音読） ②正しい強勢，イントネーション，区切りなどを用いて音読することができる。	（適切な読み取り） ①スピーチ原稿を黙読し，大切な部分を読み取ることができる。 　　【読むこと】 （適切な聞き取り） ②スピーチを聞いて，全体の概要や内容の要点を適切に聞き取ることができる。 　　【聞くこと】	（言語についての知識） ①不定詞（名詞用法，副詞用法，形容詞用法）を用いた文の構造，意味，使い方について理解している。 　　【聞・話・読・書】 ②教科書本文を読むのに必要な語彙を理解している。 　　【読むこと】

③わからない語があっても，必要に応じて巻末の「単語の意味」を参照して読もうとしている。 【読むこと】	（適切な音読） ③気持ちを込めてスピーチ原稿を音読することができる。 【読むこと】 （正確な筆記） ④スピーチ原稿を書くことができる。 【書くこと】 （適切な発話） ⑤将来の夢についてのスピーチをすることができる。 【話すこと】		（文化についての理解） ③花火が日本の伝統的なものづくり文化であることを知る。

7. 指導観

(1) **題材観**

　　久美の将来の夢のスピーチ原稿を読み，スピーチ構成を学ぶとともに，久美の将来の夢とその理由を学ぶ。また，花火が日本の伝統的なものづくり文化であることを知る。Mini-Project を通して，将来，自分がつきたい職業についてスピーチを行う。一連の活動は中学生の発達段階にあった適切な題材と言える。

(2) **生徒観**

　　音読の声も大きく授業に前向きに取り組む生徒が多い。英語に興味を持っている生徒がいる反面，苦手とする生徒もいるが，協力し合い学習する雰囲気がある。男女の仲もよくペアワークやグループワークでもスムーズに言語活動に取り組むことができる。

(3) **教材観**

　　言語活動として，中1からペアワーク，グループワーク，クラスワークを実施してきているので，英語を使って活動する習慣が身についてきた。

　　中1では，GET の本文は，音読指導から暗唱ができるようになるまで丁寧に指導してきた。これからの英語学習の基礎となる時期だけに，語順，文構造を身につけることを大切にしてきた。中2からは，GET の本文の内容については，picture cards，本文の key words を見ながら，自分の言葉も補いストーリー・リテリングできるように指導を進めてきた。

　　USE Read については，中1から2ページ分を一気に読む指導をしてきており，次第に英文の量に対する慣れもできてきた。Day 1 は概要理解，Day 2 では詳細理解を目標にしている。

8. 指導と評価の計画 (9時間)

*L. 5 GET Part 1 (L. 5-1), L. 5 GET Part 2 (L. 5-2)

時間	学習活動等	評価規準の関連	評価方法等
第1時	○不定詞（名詞用法）を用いた文の構造, 意味, 使い方について理解する。 ○L. 5-1 本文の導入・説明・音読 ○L. 5-1 本文のストーリー・リテリングの練習		
第2時	○L. 5-1 本文の復習（音読・内容） ○不定詞（名詞用法）を用いた文を使って, 自分が将来つきたい職業について聞き手に正しく伝える。 ○L. 5-1 本文のストーリー・リテリングの発表	ア①イ①	活動の観察
第3時	○L. 5-1 本文のストーリー・リテリングの発表 ○不定詞（副詞用法・形容詞用法）を用いた文の構造, 意味, 使い方について理解する。 ○L. 5-2 本文の導入・説明・音読 ○L. 5-2 本文のストーリー・リテリングの練習	ア①	活動の観察
第4時	○L. 5-1, 2 本文の復習（音読・内容） ○不定詞（副詞用法・形容詞用法）を用いた文の復習・練習。 ○不定詞（副詞用法）を含む文を使って, 自分がどこで何を手に入れるか聞き手に正しく伝える。 ○L. 5-1, 2 本文のストーリー・リテリングの発表	ア①イ①	活動の観察
第5時（本時）	USE Read DAY 1 ○Word Flash を活用し, 映し出される新出語句の発音練習と意味の確認。 ○教科書の本文を黙読し, In-Reading 1〜7 のタスクに答えながら大切な部分を読み取る。ペア, 続いてクラスで答え合わせ。 ○Tips で補充的背景知識（First ..., Second ...）を知る。 ○本文の音読（Chorus reading, Buzz reading など）	ウ①ア③ イ②	活動の観察 活動の観察
第6時	USE Read DAY 2 ○Word Flash を活用し, 新出語句の発音練習と意味の確認（復習）。 ○音読練習 ○黙読し, 詳細理解のための In-Reading のタスクとして, ペアで英問英答。続いてクラスで答え合わせ。 ○CHECK (pp. 58-59) で詳細理解。ペア, 続いてクラスで答え合わせ。 ○Post-Reading として, 英語で要約。 ○音読練習（Chorus reading, Buzz reading など）	ア①ウ① イ②③	活動の観察 活動の観察

第7時	USE Mini-Project ○ Listen 由美と寛のスピーチを聞いて，それぞれのスピーチの概要や要点を正確に聞き取る。 ○ Speak 相手の将来の夢について正しく尋ねたり，相手の質問に正しく答えたりする。 ○ Read 美穂のスピーチ原稿について，概要や大切な部分を正確に読み取る。 ○ Speak メモをもとに自分のスピーチ原稿を完成させ，聞き手に正しく伝わるようスピーチの練習をする。	イ④	スピーチのスクリプト
第8時	USE Mini-Project ○ Speak メモをもとに自分のスピーチを聞き手に正しく伝わるようスピーチする。 ○みんなのスピーチを聞いて，自分が推薦するスピーチの内容と推薦する理由を聞き手に正しく伝える。	ア②イ⑤ ウ②	活動の観察 相互評価用紙
第9時	まとめ ○不定詞（名詞用法，副詞用法，形容詞用法）を用いた文の構造，意味，使い方について復習・練習。	エ①	活動の観察
後日	○ストーリー・リテリング ○音読テスト ○定期考査 ・リスニングの問題 ・リーディングの問題 ・語彙の問題 ・文法・語法に関する問題 ・want to be を使った将来の夢の作文（4〜5文）	ア① イ② ウ② ウ① エ② エ① イ④	活動の観察 活動の観察 音声テスト 筆記テスト 筆記テスト 筆記テスト

9. 指導に当たっての工夫

(1) 授業形態の工夫として，Day 2 の In-Reading のタスクとして，ペアで英問英答しながら大切な部分を読み取るようにした。

(2) 指導方法の工夫として，Day 1 では，ラウンド制リーディング（門田ほか，2010）の手法を取り入れ，タスクに沿って，生徒が主体的に，まとまった量の英文を一気に，繰り返し読むことができるようにした。

(3) 教材の工夫として，Day 1 では，黙読しながらワークシートのタスクに取り組むために，第1ラウンドのタスクとして In-Reading 1, 2 & 3，第2ラウンドとして In-Reading 4，第3ラウンドとして In-Reading 5，第4ラウンドとして In-Reading 6 & 7 のタスクを作成した。

10. 本時の目標

(1) 不定詞（名詞用法，副詞用法，形容詞用法）を用いた文の構造，意味，使い方を理解する。

(2) わからない語があっても，巻末の「単語の意味」を参照して読もうとしてい

る。
(3) 教科書本文を黙読し，大切な部分（久美の将来の夢は何かまたその理由は何か）を読み取る。
(4) 教科書pp. 58-59の本文を正しい強勢，イントネーション，区切りで音読する。
(5) 気持ちを込めてスピーチ原稿を音読することができる。

11. 教材・教具

教科書：*New Crown English Series 2*（三省堂）

副教材：自作ワークシート，ワークブック

教具　：flash cards, picture cards, CD player, Word Flash, プロジェクター

12. 本時の授業展開 (5/9 時) Day 1

指導過程	学習活動・内容	○指導上の留意点　◎評価
プレ活動 (5分)	・英語で挨拶をする。 ・体調，曜日，日付，天気を質問する。 **・Pre-Reading** ・扉の写真について質問し，花火についての生徒の知識を活性化する。花火に関わる新出語句も導入する。	○Picture cards ○Flash cards
語句の導入 (10分)	**Words** ・Word Flashを活用し，新出語句の発音練習と意味の確認をする。 ・状況説明	○Computer, projector, screen, Word Flash. ○新出語句の英語を見て英語を言わせる。日本語を見て英語を言わせる。
本文の読解 (概要把握) (20分)	**In-Reading 1, 2 & 3** ・各自，黙読させ，In-Readingのtask 1, 2 & 3に答えさせる。 ・task 1, 2 & 3についてペアで答え合わせをさせる。 ・次に全体で答えを確認する。指名された生徒は答える。 ・最後にCDを聞かせる。 **In-Reading 4** ・各自，黙読させ，In-Readingのtask 4に答えさせる。 ・task 4についてペアで答え合わせをさせる。 ・次に全体で答えを確認する。 ・最後にCDを聞かせる。 **In-Reading 5** ・各自，黙読させ，In-Readingのtask 5に答えさせる。 ・task 5についてペアで答え合わせをさせる。 ・次に全体で答えを確認する。指名された生徒は答える。	○Day 1用のIn-Readingの自作ワークシートを使用。 ○自作ワークシートを点線で折り，指示されたtask以外は見ない。 ◎ウ①活動の観察 ◎ア③活動の観察 ○In-Readingのtask 2で名詞用法の不定詞であることを確認。 ◎ア③活動の観察 ◎ア③活動の観察

	・最後に CD を聞かせる。 **In-Reading 6 & 7** ・各自, 黙読させ, In-Reading の task 6, 7に答えさせる。 ・task 6, 7についてペアで答え合わせをする。 ・次に全体で答えを確認する。指名された生徒は答える。 ・最後に CD を聞く。 **Tips** ・スピーチ原稿の構成に触れる。 **Listening** ・教科書を閉じて, 全体を通してもう一度 CD を聞かせる。	◎ウ①活動の観察 ◎ア③活動の観察 ○スピーチの構成を理解させる。
本文音読 (15分)	**音読** ・Chorus reading → Buzz reading → Individual reading → Read and look up を行う。 **宿題の指示をする。**	○教師の指示に従って音読させる。 ○スピーチしているように気持ちを込めて音読するように指示する。 ◎イ②活動の観察

(*授業で使用するワークシートは, 4.5.1 指導案（略案）に添付してありますので, 参照してください。)

13. 本時の評価

・不定詞を用いた文の構造, 意味, 使い方を理解できているか。

・わからない語があっても, 必要に応じて巻末の「単語の意味」を参照して読もうとしているか。

・教科書の本文を黙読し, 大切な部分（久美の将来の夢とその理由）を読み取れているか。

・正しい強勢, イントネーション, 区切りなどを用いて音読することができるか。

・気持ちを込めてスピーチ原稿を音読することができるか。

4.5.3　英語による指導案

　下記の指導案は, 平成 24 年度版 *New Crown English Series* の Book3 Further reading 3 A Vulture and a Child の作品を読んで, 内容を理解した後, Kevin Carter の行動に対して賛成か反対か, そしてまたその理由について自分の考えを相手に伝えるディスカッションの活動として扱ったものです。

TEACHING PLAN

Teacher: HIDAI Shigeyuki

1. Date: Tuesday, February ○○, 2015
2. Class: 3B (20 boys, 21 girls) ○○○ Junior High School
3. Text: Further Reading 3 A Vulture and a Child *New Crown English Series 3*
   Handouts produced by the teacher
4. Periods allotted:

The 1st period: (p. 108)

   Introduction of the new words and the story of p. 108.

The 2nd period: (p. 109)

   Introduction of the new words and the story of p. 109.

The 3rd period:

   Review of the new words and the stories of pp. 108–109.

   Exchanging students' opinions on a sheet of paper. A boy makes a pair with a girl sitting next to him. Then each pair will write their opinions back and forth to each other. 〈Worksheet〉

The 4th period: (this period)

   Learning the basic words and expressions of agreements and disagreements.

   Having opinions 'for Kevin Carter' or 'against Kevin Carter'.

   Explaining their own opinions as easily as possible, so that everyone can understand them.

5. Aims of this Period:

   1 To help students learn the words and expressions they need to convey their agreements or disagreements and their reasons.

   2 To help students communicate with each other by exchanging their opinions and their reasons 'for Kevin Carter' or 'against Kevin Carter'.

   3 It seems to me that activities to think about the reasons behind their opinions and to get the message across to their classmates are effective in junior high schools.

6. Teaching Aids: VTR, TR, Handouts, Flash Cards, Pictures
7. Teaching Procedure

PROCEDURE (Time)	ACTIVITIES		Points to note in instruction
	TEACHER	STUDENT (S)	
1. Greeting (01')	Greets students. Asks if there are any absentees today. Asks one student to ask another student the day of the week and the date. Pronounces the day and the date.	Respond to the teacher. Respond to the teacher. One student is chosen to ask another the day and the date. Repeat after the teacher.	To make a good learning atmosphere and to try to communicate in English with cheerful response.
2. Warm-up 〈The last sentence dictation drill〉 (04')	Reads once a certain section of the textbook students used last year according to the schedule. Passes out a piece of paper for a dictation drill. Stops reading in the middle of the second reading of the same text.	Read after the teacher in clear voices paying attention to the teacher's pronunciation. Listen carefully to the teacher. Write the last sentence the teacher read.	To get students to pay attention to accent, intonation, voice projection. 〈Handout 1〉 To get students to close their textbooks.
3. Review of the contents of the story (15') 〈Recitation〉 〈Words & expressions of agreements and disagreements〉	Gets students to listen to the CD to refresh their memories of the whole story. Presents picture cards and key words of pp. 108–109 as cues. Passes out a sheet. Gets students to review the words and expressions of agreements and disagreements.	Listen to the CD of the whole story. Recite the stories of pp. 108–109. Repeat after the teacher.	〈CD player〉 To get students to pronounce properly (accent, etc.). 〈Handout 2〉
4. Exchanging opinions 〈Preparation〉 (06')	Passes out an opinion sheet. Asks students to think about both positions 'for' and 'against' Kevin Carter and to write their own reasons.	Think about both positions 'for' and 'against' Kevin Carter. Write their own reasons.	〈Handout 3〉 To distribute a handout. To walk around the classroom and help slow learners.

⟨Pair work 1⟩ (02')	Gets students to work in pairs with a student sitting next to him or her. The position 'for' or 'against' Kevin Carter is decided by rock, scissors, paper. A winner supports Kevin Carter. A loser is against Kevin Carter. Monitors or helps slow students.	Exchange opinions with his or her partner. Can look at the opinion sheet when it is needed. Try to have eye contact while talking.	To help students communicate with each other rather than correct students' errors if there are any.
⟨Pair work 2⟩ (03')	Gets students to work in pairs with a new student. Students in the 2nd, 4th and 6th lines are asked to stand up and step forward to make new pairs. Monitors or helps slow students.	Exchange opinions with new partners. Try to speak with eye contact without looking at the opinion sheet.	To get students to make eye contact with their friends. To get students to speak clearly and easy to understand.
⟨Pair work 3⟩ (04')	Gets students to work in pairs with a new student in the same way as making new pairs in the Pair Work 2. Monitors or helps slow students.	Exchange opinions with new partners. Try to speak with a new student with eye contact.	To get students to talk more.
⟨Reporting to the class⟩ (10')	Asks selected students to talk in front of the other students.	Volunteers are expected to demonstrate. If there are not any, students selected by the teacher exchange opinions in front of the other students.	To select more able students who could work in pairs with eye contact.
5. Consolidation (05')	Gets students to rethink and rewrite.	Add to the opinion sheet more reasons they learned from their talk with their partners.	To correct errors if there are any.
6. Closing	Concludes the lesson with the usual farewell.	Say farewell to the teacher.	Cheerful response.

A Vulture and a Child

Sudan is a large country in northeast Africa. It is a country with great promise. It also has great problems.

For many years the people of Sudan have suffered from war and hunger. Kevin Carter went there to work as a photographer. He wanted the world to see the problems of Sudan.

One day Carter saw a child on the ground. He knew why the child was there. She was so hungry that she could not move. Suddenly a vulture appeared and approached the girl. He took a photo. The photo appeared in newspapers all over the world. He won a Pulitzer Prize for it.

(p. 108)

At first, this looks like a good thing. The picture shocked people around the world. They were suddenly aware of the problems that the people of Sudan faced. The world could help them. The people of Sudan could help themselves. Many hungry people got the food they needed. In this view, the photograph and the photographer did their jobs. Many lives were saved.

There is another view. The photograph was certainly shocking, so were the photographer's actions. The child was weak. She was dying. She was in need. But the photographer took a photograph instead of helping her right away. This is wrong. He, and we, should always help people in need.

Mr Carter had to decide between doing his work and helping the child. He decided to do his work. What do you think of his decision? What would you do?

(p. 109)

[247 words]

〈Worksheet〉 The worksheet below was used in the previous class.

Class____Number____Name_____
Further Reading 3　Discussion に向けて　**Skit partner** と紙上ディスカッション
Are you for him or against him?
3年　　組　_____　vs.　_____

　一方が賛成の立場，もう一方が反対の立場に立ってディスカッションしてみよう。じゃんけんで勝った方が賛成の立場です。相手の意見を読み，それについて反論を書いていきます。意見で一杯に埋まるまで続けます。

〈目標 20 分間勝負〉

For Kevin Carter	Against Kevin Carter

〈**Handout 1**〉A piece of paper for the last sentence dictation drill

Date _____
Class _____ Number _____ Name _____

〈**Handout 2**〉

How to express your opinion

Type 1

A: What is your opinion?
B: I support Kevin Carter./I am against Kevin Carter.
A: Why do you think so?
B: Because ...

Type 2

I am for Kevin Carter because .../I am against Kevin Carter because

I support Kevin Carter. (I am against Kevin Carter.) I have four reasons.
First, ...
Second, ...
Third, ...
Lastly, ...

第4章

・**Partner** と同じ意見の場合

　I agree with you./I think so too.

・**Partner** と異なる意見の場合

I don't think so because ...

I don't agree with you because ...

I see your point, but ...

You said (that) ..., but ...

You are wrong because ...

> Useful Expressions
> Please speak louder.　I can't hear you.
> Will you speak more slowly/clearly?
> Excuse me, but what is ...?
> What do you mean by ...?

〈**Handout 3**〉

Class____Number____Name_____

Further Reading 3　Discussion に向けて

　　　　　　　　Are you for him or against him?

1. 賛成の立場で，また反対の立場であなたの理由を<u>箇条書きに</u>簡潔に書いてみましょう。それぞれ<u>3つ以上</u>書けるようにしよう！　自分の持ち合わせの語を使って書きます。(5分)

I support Kevin Carter, because

```
------------------------------------------------------------
------------------------------------------------------------
------------------------------------------------------------
------------------------------------------------------------
```

I am against Kevin Carter, because

```
------------------------------------------------------------
------------------------------------------------------------
------------------------------------------------------------
------------------------------------------------------------
```

2. Pair work

・Skit partner の前で自分の意見をまず言ってみよう。**聞いてわかるか？**

・Correction

［注］

1)　Word Flash. http://www.eigo.org/kenkyu/ よりダウンロードできます。大変便利な freeware です。

CHAPTER 5 第5章
高等学校の授業展開

5.1 高等学校の英語教育のねらい

5.1.1 学習指導要領の基本方針

(1) 学習指導要領（平成21年3月告示）の背景

『高等学校学習指導要領』（平成21年［2009］3月告示，外国語科［英語］は平成25年度［2013］より学年進行で実施，以下，学習指導要領）は，OECD（経済協力開発機構）のPISA調査など各種の調査において，次のような課題が見られたことが背景となって，作成されました。

- 思考力・判断力・表現力等を問う読解力や記述式問題，知識・技能を活用する問題に課題
- 読解力で成績分布の分散が拡大しており，その背景には家庭での学習時間などの学習意欲，学習習慣・生活習慣に課題

『高等学校学習指導要領解説 外国語編・英語編』（以下，学習指導要領解説）によると，現在の生徒が抱えるこのような課題を踏まえて，「基礎的・基本的な知識・技能の習得」「思考力・判断力・表現力等の育成」「確かな学力を確立するために必要な授業時数の確保」「学習意欲の向上や学習習慣の確立」などを基本的な考えとして，外国語（英語）科の目標や科目の設定がなされました。

1つ目の「基礎的・基本的な知識・技能の習得」に関しては，『平成26年度 英語教育改善のための英語力調査事業報告書』によると，高校生の英語力の目標値[1]である，CEFRのA2～B1程度（英検準2級～2級程度）に到達している高校生3年生は，以下のとおり，非常に少ないことがわかります。

CEFRレベル（英検レベル）	読むこと	聞くこと	書くこと	話すこと
B2（準1級）	0.2%	0.3%	0.0%	0.0%
B1（2級）	2.0%	2.0%	0.7%	1.7%
A2（準2級）	25.1%	21.8%	12.8%	11.1%
A1（3級～5級）	72.7%	75.9%	86.5%	87.2%

特に「書くこと」「話すこと」には大きな課題があることが認められますが，どの技能においても，中学校の英語教育で到達すべきレベルとされているA1に7割以上の生徒がとどまっていることから，「基礎的・基本的な知識・技能の習得」が今後の高校での英語教育での主たる課題となるでしょう。そのためには，先に述べた「確かな学力を確立するために必要な授業時数の確保」や「学習意欲の向上や学習習慣の確立」が必要となってきます。学習意欲を高めることも課題となりますが，中学生と比べて高校生は日本語の認知的な能力も向上していることから，英語の授業で日常的な平易な事柄のみを扱うことは学習意欲を損なうことにもなりかねません。そこで，扱う内容もその認知レベルに適したものを提供していく必要があります。授業で扱う内容が深くなれば，「思考力・判断力・表現力等の育成」にもつながることが期待できます。「基礎的・基本的な知識・技能の習得」に課題がある中でも，高校生に適した英語教育を実践していく必要があります。

(2) 高校の外国語（英語）科の目標

高校生にとって最適な英語教育を行うにあたって，平成21年3月告示の学習指導要領での高等学校の外国語（英語）科の目標を見てみましょう（小学校における外国語活動の目標については，本書3.1.1を参照）。

中学校の英語科の目標	高等学校の英語科の目標
外国語を通じて，言語や文化に対する理解を深め，積極的にコミュニケーションを図ろうとする態度の育成を図り，聞くこと，話すこと，読むこと，書くことなどのコミュニケーション能力の基礎を養う。	外国語を通じて，言語や文化に対する理解を深め，積極的にコミュニケーションを図ろうとする態度の育成を図り，情報や考えなどを的確に理解したり適切に伝えたりするコミュニケーション能力を養う。

中高の目標を比べてみると，中学校では，最後の表現が「コミュニケーション能力の基礎を養う」（傍点筆者）となっていますが，高校では「基礎」が削除されています。これが意味するところは，高校の目標に書かれているとおり，「的確に理解する」ことや「適切に伝える」こと，つまり，コミュニケーションの場面での正確でかつ適切な英語の使用が求められることであると考えられます。中

学校では「基礎」を養うことが目標のため，授業の中で，実際のコミュニケーションを体験することをそれほど重視しなくても，その目標が達成できるかもしれません。しかし，高校では，聞いたり読んだりした英語を的確に理解したり，また，英語で話したり書いたりして言いたいことを適切に伝えたりするためには，授業の中で実際に英語をコミュニケーションの道具として使っていくことが必須となります。現在の高校生の多くは「基礎的・基本的な知識・技能の習得」に大きな課題を抱えていることは先に触れましたが，コミュニケーションという点においては，特に高校では，「使えるようになってから英語を使う」という考え方ではなく，「英語は実際に使いながら使えるようになっていく」という考え方を，教える側も学ぶ側も持っていくことが大切です。「基礎的・基本的な知識・技能」であっても，あるいは，基礎的・基本的なことであるからこそ，実際に英語を使いながら習得していくという指導および学習スタイルを構築していくことが今後の高校の英語教育で求められると言えます。

(3) 学習指導要領（平成21年3月告示）の柱

次に，実際に英語を使うということを念頭に置きながら，学習指導要領における高校の英語教育のねらいをさらに詳しく見ていきます。『学習指導要領解説』(p.3)において，学習指導要領の改訂の趣旨が述べられていますが，そこから，高校英語教育の柱と思われる「①技能を総合的・統合的に扱う」「②文法指導を言語活動と一体的に行う」「③中学校で学習したことの定着を図る」の3点を取り上げて説明します。

① 技能を総合的・統合的に扱う

『学習指導要領解説』(p.3)の「改善の基本方針」の5項目の中で，4技能を総合的および統合的に扱うことが強調されています。そこでは「総合的」は3回，「統合（的）」は2回，それぞれ登場することから，学習指導要領の1つの柱は「4技能を総合的および統合的に扱うこと」であると言えます。4技能を「総合的」に扱うとは，言い換えると，4つの技能領域を授業の中でバランスよく扱うということと同義と捉えることができます。例えば，読むことに重点を置きすぎたり，話すことをほとんど扱わなかったりすると，4つの技能のバランスが崩れます。50分の1つの授業だけを見れば，技能の偏りがあることは問題にはなりませんが，中期的あるいは長期的な視点で高校の英語の授業を捉えた場合，4つの技能をまんべんなく扱うことが理想となります。

次に，4つの技能を「統合的」に扱うとは，各技能が連携された中で指導・学習をすることです。『学習指導要領解説』(p.3)では，「聞いたことや読んだこと

第5章

を踏まえた上で，コミュニケーションの中で自らの考えなどについて内容的にまとまりのある発信ができるようにする」という例が挙げられています。より具体的な例としては，「教科書で取り上げられている環境問題の話について，先生の英語による説明を聞き（L），次に，教科書の本文を読む（R）。さらに，その要約文を書き（W），それをもとに，その問題に対して自分ができることをスピーチで発表する（S）」という活動が挙げられます。「聞く（L）」「読む（R）」「書く（W）」「話す（S）」というそれぞれの活動は，直前の活動がベースとなっており，さらに次の活動の助走となるように組み立てられています。この技能統合型の活動は高度な言語活動であるとも言えますが，一方では，「友人からの遊びの誘いのメールを読み（R），母親に遊びに行ってよいかを尋ね（S），母親からの返事を聞き（L），そして，友人に返信のメールを書く（W）」といったように，実生活では常に行っている言語活動なのです。したがって，コミュニケーションのための英語学習を心がけるのであれば，技能を統合した言語活動を実践することはごく自然なことであると言えます（本書1.5.5参照）。

② 文法指導を言語活動と一体的に行う

『学習指導要領解説』では，「文構造は，それらに係る用語や用法の説明は必要最小限としつつ，あくまでも言語活動と効果的に関連付けて指導することが重要である」（p. 39）と示しています。また，同じく，「文法は基盤として必要であるが，文法をコミュニケーションと切り離して考えたり，この二つを対立的な事項としてとらえたりしないことが大切である」（p. 43）と記されています。文構造や文法事項の機械的な練習に英語の指導・学習が費やされてきたことが，日本の英語教育の問題点であると長年指摘されてきました。このような練習体系は，構造言語学や行動主義心理学から派生し，1960年代に台頭したAudio-lingual Method（Oral Approach）の影響を受けて，パターン・プラクティスが流行したことで，日本の英語教育で一層強化されました（本書1.7(3)参照）。しかし，この手法は，人間には生得的に言語を習得する装置（LAD：Language Acquisition Device）が備わっており，言語の習得過程は機械的なプロセスではないことを主張したChomskyによって論破されました。また，Widdowson（1978）は，usage（用法）とuse（使用）を区別し，言語教育ではusageに指導の重点を置くのではなく，コミュニケーションの中でどのように使用していくか，つまり，useの視点で言語教育を改善していく必要があるとしています。その後，Communicative Approachが生まれ，それを具現化した形であるCommunicative Language Teaching（CLT）が言語教育の手法として使われるようになりました。

日本の英語教育でも，平成元年（1989）告示，平成6年（1994）に高校で実施

された学習指導要領で,「オーラル・コミュニケーション」という新科目が設定されたのも CLT の影響を受けていると考えられます。これらの影響を受けて,コミュニケーション重視に変化してきた(厳密には,変化するよう求められてきた)日本の英語教育ですが,教師自身が学習者として CLT を経験していなかったためか,指導方法がうまく構築できなかったことや,CLT では,コミュニケーションが成立すれば,間違った英文を発信していても問題ないという誤った思い込みが見られたことなどから,コミュニケーション重視の英語教育が現時点では成功しているとは言えません。これは日本のみに当てはまる現象ではなく,この問題点を解決するために,コミュニケーションを行いながらも言語の形式(form)に意識を向けることができる focus on form という手法も生まれました。この手法では,例えば,学習者が I go to the park yesterday. と発話した場合,教師が,Oh, you went to the park. のように,コミュニケーションを成立させながら,正しい文で返答してあげる方法(recast)を用いることで,学習者の構造へ対する気づき(noticing)を誘発することが可能になります。このようなやりとりを可能とするためには,学習者には言語活動を体験させる必要があります。文法の穴埋め問題や置き換え問題などの機械的なドリルだけでは,意味のやりとりをしながら言語構造に気がつくことはできません。この点について『学習指導要領解説』では次のように述べられています。

> 実際の指導においては,文法の用語や用法等に関する説明は必要最小限としつつ,当該文法を実際に用いて言語活動を行うことについて慣れ親しむことができるよう,当該文法を用いた多様な文を聞いたり読んだりする活動を行ったり,話したり書いたりする活動の中で,新しい文法事項を積極的に用いることを奨励したりして,文法をコミュニケーションに活用することができるようにするための授業を行うことが重要である。(p. 43)

③ 中学校で学習したことの定着を図る

『学習指導要領解説』では,「高等学校において,中学校における学習が十分でない生徒に対応するため,身近な場面や題材に関する内容を扱い,中学校で学習した事柄の定着を図り,高等学校における学習に円滑に移行させるために必要な改善を図る」という点が,高校の英語教育の改善の基本方針として挙げられています。中学校では,1200 語程度の語彙を始め,文法事項では「関係代名詞」や「現在完了形」,文構造では「主語+動詞+間接目的語+how(など)to 不定詞」といった内容を学習しています。しかしながら,中学校で学習したものがすべて定着しているとは限りません。何をもって「定着」とするかについては,次に紹介する

第 5 章

　中学生を対象としたある調査の結果から考えてみます。
　次の問題は,「特定の課題に関する調査(英語:『書くこと』)」(平成 22 年［2010］11 月実施:中学校 3 年生対象)で出題されたものです。左右の問題はそれぞれ 1500 人程度の異なる中学生が受験しましたが,全国の国公私立中学校から無作為に抽出したサンプルであるので,両問題の受験者の英語力は同一と考えられます。左の問題では,下線部に対して,「否定文にしなさい」という文構造に関する明示的な指示があります。一方,右側の問題は,使うべき動詞は与えられていますが,前後の文脈から下線部に入るべき英語を生徒が考えなくてはなりません。言い換えれば,右側の問題では,書くべき内容とその内容をどんな言語材料(文構造・文法事項や単語)で書き表すかを生徒が決める必要があります。正解は両問題とも同じ I have not (haven't) seen it. または I have never seen it. となります。

〈歌舞伎公演のポスターを見て〉 *Koji*: Do you know about kabuki? *Mike*: Yes, but I have seen it. 　　　(否定文にしなさい。) *Koji*: Really! Then you should see it. 　　　Let's go together.	〈歌舞伎公演のポスターを見て〉 *Koji*: Do you know about kabuki? *Mike*: Yes, but ＿＿＿＿＿＿ it. 　　　　　　　　　(see) *Koji*: Really! Then you should see it. 　　　Let's go together.

　この問題の正解率は,左側の問題が 65.3% であるのに対して,右側の問題は 24.5% にすぎませんでした。ここから言えることは,まず左側の問題では約 3 分の 2 の生徒が正解していたことから,多くの生徒は現在完了の(否定文の)形は理解しているということです。もし現在完了形を理解していなければ,have を一般動詞として捉え,I don't have seen it. という誤った文を産出していたであろうと思われます。現在完了形は通常中学 3 年生の 1 学期に学習をします。中学校における重要な文法事項の 1 つですので,それ以降,何らかの方法で学習を深めてきたと考えられます。では,現在完了形を知っていながら,右側の問題の正解率が非常に低いのはなぜでしょうか。それは,先に述べたとおり,この問題では,生徒自らで「ここでは現在完了形を使うんだ」と判断しなくてはならないため,その選択をするスキルが欠けていたということです。左側の問題で求められる形式の操作と,必要な文法事項を頭の中の引き出し(つまり,既習文法事項のデータベース)から引き出すこととの間にはとても大きなギャップがあるのです。中学校での既習事項であっても,このように実際に自分で選択していくプロセスが身についていないと定着しているとは言えません。なぜなら,このプロセスは,実際のコミュニケーションでたどるプロセスと同じだからです。実際のコミュニケーションでは,相手が「返事は現在完了形を使ってね」と言うことは皆無であり,自分でどんな単語やどんな文構造・文法事項を使って,話したり書いたりするか

を選択していく必要があります。そのためには,「②文法指導を言語活動と一体的に行う」の箇所でも述べたとおり,use（使用）の視点を持って,様々な言語活動を生徒に経験させることで,実際のコミュニケーションに必要なスキルが身につくと言えます。

(4) 学習指導要領（平成21年3月告示）における科目設定

これまで見てきた学習指導要領の背景や柱が基盤となり,高校の英語科では,次の7科目が設定されています。

　　コミュニケーション英語基礎(2)　　　英語表現Ⅰ(2)
　　コミュニケーション英語Ⅰ(3)　　　　英語表現Ⅱ(4)
　　コミュニケーション英語Ⅱ(4)　　　　英語会話(2)
　　コミュニケーション英語Ⅲ(4)

（　）内は標準単位数

旧課程で設定されていた,「聞くこと」と「話すこと」という音声面のスキルを重点的に扱う「オーラル・コミュニケーションⅠ・Ⅱ」と,単独のスキルを重点的に扱う「リーディング」と「ライティング」は廃止され,新しい科目が設定されています。また,「英語Ⅰ・Ⅱ」という科目も廃止され,「コミュニケーション英語」という名前の科目が登場しました。「コミュニケーション英語Ⅰ」は必修科目として設定されています。指導すべき語彙数は,「コミュニケーション英語Ⅰ・Ⅱ・Ⅲ」でそれぞれ,400語,700語,700語程度とし,「コミュニケーション英語Ⅲ」まですべて履修した場合,中高で3,000語（中学校で1,200語,高校で1,800語）を学習することになります。また,『学習指導要領解説』(p.38) によると,「コミュニケーション英語Ⅰ」は必修科目であるため,「文法事項」に掲げるすべての事項[2]を「コミュニケーション英語Ⅰ」の中で取り扱うこととしています。

5.1.2 科目別目標

ここでは,上で紹介した高校における外国語（英語）科の7科目の目標を『学習指導要領』より抜粋して述べていきます。

コミュニケーション英語基礎

> 英語を通じて,積極的にコミュニケーションを図ろうとする態度を育成するとともに,聞くこと,話すこと,読むこと,書くことなどの基礎的な能力を養う。

コミュニケーション英語Ⅰ

> 英語を通じて，積極的にコミュニケーションを図ろうとする態度を育成するとともに，情報や考えなどを的確に理解したり適切に伝えたりする基礎的な能力を養う。

コミュニケーション英語Ⅱ

> 英語を通じて，積極的にコミュニケーションを図ろうとする態度を育成するとともに，情報や考えなどを的確に理解したり適切に伝えたりする能力を伸ばす。

コミュニケーション英語Ⅲ

> 英語を通じて，積極的にコミュニケーションを図ろうとする態度を育成するとともに，情報や考えなどを的確に理解したり適切に伝えたりする能力を更に伸ばし，社会生活において活用できるようにする。

英語表現Ⅰ

> 英語を通じて，積極的にコミュニケーションを図ろうとする態度を育成するとともに，事実や意見などを多様な観点から考察し，論理の展開や表現の方法を工夫しながら伝える能力を養う。

英語表現Ⅱ

> 英語を通じて，積極的にコミュニケーションを図ろうとする態度を育成するとともに，事実や意見などを多様な観点から考察し，論理の展開や表現の方法を工夫しながら伝える能力を伸ばす。

英語会話

> 英語を通じて，積極的にコミュニケーションを図ろうとする態度を育成するとともに，身近な話題について会話する能力を養う。

　各科目の特徴として，「コミュニケーション英語基礎」は，必修科目である「コミュニケーション英語Ⅰ」へスムーズにつなげることを意図して，中学校における基礎的な学習内容を定着させる目的で設定されています。「コミュニケーション英語Ⅰ」は4技能を総合的および統合的に扱う科目であり，また，文法事項については，言語活動と関連付けながら一体的に行うことが求められる科目です。「コミュニケーション英語Ⅱ」は「コミュニケーション英語Ⅰ」を履修した後に履修できる科目であり，話し合いをしたり，まとまりのある文章を書いたりすることが求められる科目です。「コミュニケーション英語Ⅲ」は「コミュニケーション英語Ⅱ」を履修した後に履修できる科目であり，さらに英語によるコミュニケーション力を伸ばし，社会生活で活用できるように指導を行う科目として設定されています。「英語表現Ⅰ」はおもに発信技能である「話すこと」と「書くこと」に関する言語活動を中心に扱う科目であり，また，「英語表現Ⅱ」は「英語表現Ⅰ」

を履修した後に履修できる科目であり,「英語表現Ⅰ」をさらに発展させて発信技能の向上を目指す科目となっています。「(1) 学習指導要領（平成21年3月告示）の背景」の箇所で紹介したとおり,現在の高校生の85％以上が,「話すこと」と「書くこと」については,中学生の到達目標レベルにとどまっていることから,「英語表現Ⅰ・Ⅱ」が担う役割は非常に大きいものであり,これらの科目が適切に実践されれば,高校生の発信技能の向上が大いに期待されると言えるでしょう。最後に「英語会話」という科目は,身近な話題を扱いながら,おもに「聞くこと」と「話すこと」の技能を伸ばす科目となっています。

5.2　指導内容と指導形態

5.2.1　指導内容

『学習指導要領』では,上で紹介した高校における外国語（英語）科の7科目について,扱うべき「内容」が言語活動の観点から述べられています。ここでは,必修科目である(1)「コミュニケーション英語Ⅰ」と,多くの高校生が履修している(2)「英語表現Ⅰ」については,挙げられているすべての言語活動について紹介し,(3)「コミュニケーション英語Ⅱ」については,特徴的な内容を1つ説明します。「英語表現Ⅱ」は「英語表現Ⅰ」にほぼ準じているため,ここでは取り上げません。また,「コミュニケーション英語基礎」と「英語会話」については,発行されている検定教科書（平成27年度［2015］使用）[3]の数が,それぞれ1点と4点と少ないことから,同様にここでは取り上げません。

(1)「コミュニケーション英語Ⅰ」

「コミュニケーション英語Ⅰ」では,以下のア～エの4つの言語活動が挙げられています。

> ア　事物に関する紹介や対話などを聞いて,情報や考えなどを理解したり,概要や要点をとらえたりする。

この言語活動の具体例としては,教科書で扱う話題に関して,本文を読む前に,本文の背景知識や本文内容の一部を教師が英語で話す（Oral Introduction）のを聞くこと（⇒実例は5.5.1参照：指導案【①】）や,教科書本文を見ずにそれが読まれている音声を聞いて,その概要を問う英語の質問に答えたりすることなどが挙げられます。Oral Introductionの応用的な使い方として,ALTとのチーム・ティーチングの機会があれば,日本人英語教師とALTの先生の2人で,扱うトピックについての対話を行い,生徒はそれを聞いて,対話の要点を捉えるという

第5章

活動も可能になります。

> イ　説明や物語などを読んで，情報や考えなどを理解したり，概要や要点をとらえたりする。また，聞き手に伝わるように音読する。

　これはおもに教科書の本文を読んで，その理解を確認する言語活動が該当します。概要や要点の理解を確認するための手法として，Question & Answering が代表的なものとなりますが，多くの「コミュニケーション英語Ⅰ」の教科書に見られる，キーワードやキーフレーズを使って本文内容を図式化して表現するパラグラフ・チャートやグラフィック・オーガナイザー（⇒実例は，5.5.1 参照：指導案【②】）と言われる手法を用いることも可能になります。さらに，これも多くの教科書に見られる手法ですが，本文の要約文にいくつか空欄があり，本文内容を踏まえてその空欄に適切な語（句）を書き入れる作業も理解確認の手法となりえます。

　英文の理解の確認のためのもう1つの手段として「和訳」が考えられます。生徒に和訳をさせ，それが適切であるかを確認する場面は日本語で行うことになり，「授業は英語で行うことを基本とする」（詳細は5.4で後述）ことに反することになります。しかし，『学習指導要領解説』によれば，「授業は英語で行うことを基本とする」の趣旨は「英語による言語活動を行うことを授業の中心とすること」（p. 43）であることから，授業から日本語を完全に排除することではありません。同じく，「言語活動を行うことが授業の中心となっていれば，文法の説明などは日本語を交えて行うことも考えられる」（p. 44）と記載があるとおり，必要最小限の日本語使用は授業を円滑に進め，生徒の理解を確認する上では効果的であると考えられます。したがって，複雑な文構造を持つ文の理解確認の際に，他の効果的な手法が思いつかない場合は，和訳を用いることも1つの手段として持ち合わせておくとよいでしょう。ただし，すべての英文について和訳をすることを生徒に要求すると，和訳の確認作業が授業の大部分を占めてしまいます。また，授業で和訳を通して理解を確認した英文と同じものを定期試験で出題し，さらにその和訳を書かせる問題を出してしまうと，生徒の学習は「和訳を覚えること」に陥ってしまう可能性があります。したがって，和訳を授業で扱う際にはこれらのことを十分に留意しておく必要があります。

　最後に記載の「音読」については，「聞き手に伝わるように」という点がポイントになります。「音読」は実際の高校の授業では多く用いられている練習方法だと思われますが，指導する上で注意すべき点は，生徒が適切に文の構造を把握して，文の意味を理解した上で音読しているかどうかということです。不自然なところで区切って読んだり，制限時間内でたくさん読むことを求められたために，

高等学校の授業展開

抑揚がなく単に速く読んでしまうと，仮に聞き手がいた場合，音読した英語の内容が伝わらなくなってしまいます。練習段階として位置づけられる音読であっても，コミュニケーションを意識して行うこと（⇒実例は，5.5.1 参照：指導案【③】）が大切になります。

> ウ　聞いたり読んだりしたこと，学んだことや経験したことに基づき，情報や考えなどについて，話し合ったり意見の交換をしたりする。

　具体的な言語活動の例としては，読んで理解を確認した教科書本文について，ペアまたはグループの形態で，意見を聞き合ったり，関連する情報を出し合ったりすることが考えられます。本文が物語文の場合は，What do you think about the decision made by the main character at the end of the story? とか If you were the main character, would you behave in the same way? などの質問を使って，物語の主人公の行動や決断について意見を聞き合う活動が可能です。本文が説明文の場合は，How much did you know about the topic before you read the passage in the textbook? とか Did you become interested in the topic? /Which part of the passage interested you? などの質問（⇒実例は，5.5.1 参照：指導案【④】）を通して，本文内容と自分の知識や興味を関連させることが可能になり，「学んだことや経験したこと」を活用することができます。いずれの活動も，教科書本文の理解が前提となっていることから，これらの活動を行う際に，生徒は本文を読み直すことが想定され，結果として，「読むこと」と「話すこと」の技能が統合された学習指導要領が求める理想的な言語活動が実践できることになります。

> エ　聞いたり読んだりしたこと，学んだことや経験したことに基づき，情報や考えなどについて，簡潔に書く。

　この言語活動は，ウの活動が「話すこと」に関するものであるのに対して，「書くこと」に関わる活動です。ウでは話すことで生徒の意見や考えを発信する活動を紹介しましたが，ここではそれは書く活動に該当します。ここでの活動に特化したこととしては，「簡潔に」書くということになります。これは，『学習指導要領解説』では，「書こうとする内容を明確にし，その要点を整理した上で短い文章を書くことである」としています。具体的な活動としては，読んで理解した本文を要約したり，平易な表現を使って本文内容を再現したりすること（⇒実例は，5.5.1 参照：指導案【⑤】）が挙げられます。本文の内容を再生する活動は Story Reproduction や Story Retelling と呼ばれ，ウの話す活動としても取り入れることができますが，書く活動として行う場合の留意点としては，「読み手」を設定することが挙げられます。ウの話す活動では，コミュニケーションの相手が目の

第5章

前にいますが，ここでの書く活動では，意図的に意識をしない限り，読み手は生じてきません。したがって，生徒に対して，架空の読み手であったとしても，コミュニケーション上の読み手を設定する必要があります。では，本文の要約やStory Reproduction の読み手として誰を設定するのがよいのでしょうか。コミュニケーションの相手を考えるということは，実際に英語を使う場面を想定するということですので，ここでは，実生活で読んだ内容を要約したり再現したりするのはどのような場面で，どのような人がそうした行為をするのかを考えてみるとよいでしょう。例えば，雑誌の記者であれば，集めた資料をベースにして，それをまとめて原稿にして書き上げるという作業を行います。教科書本文が世界遺産についての話題であれば，本文を収集した資料として扱い，それを読んで，雑誌の記事にその要約をまとめるという活動が想定できます。生徒へは「あなたは旅行雑誌の編集者です。世界遺産についての資料（＝本文）を読んで，記事に載せましょう。記事の原稿を書くスペースは80語程度です」というような設定を伝えます。結果として，読み手は雑誌の読者ということになり，不特定多数に向けて書くという意識を持たせることができます。このように，実際の言語使用の場面を想定した上で，授業で行う言語活動を作り上げることで，学習指導要領で強調されているコミュニケーション能力の育成が可能となります。

(2) 「英語表現Ⅰ」

「英語表現Ⅰ」では，以下のア～ウの3つの言語活動が挙げられています。

| ア　与えられた話題について，即興で話す。また，聞き手や目的に応じて簡潔に話す。 |

この活動の特徴は「即興」で話すことにあります。先に見た高校生の英語力調査において，特に話す能力が低いことが判明しましたが，この1つの大きな要因として，スピーチなど準備を十分行った上での話す活動は行っている一方，相手の質問などに対してその場で即興で話す活動はあまり経験していないことが想像されます。この調査では，事前に話すための原稿をしっかり書いて持参できたわけではもちろんありません。テスト問題の中で，数十秒程度の準備の時間を与えられたことはあったにせよ，かなり短い時間での準備になるため，即興で話す力が備わっていなければ，対応できなかった問題であると思われます。文部科学省が提示している中高の英語教育の到達目標は，Common European Framework of Reference for Languages（CEFR）を参照していますが，CEFR の言語能力の枠組みでは，話すことは，「発表（Spoken Production）」と「やりとり（Spoken Interaction）」に分けられています。前者は，スピーチなどに代表される，話者が一方的に話す形態のものが該当し，後者は，即興の対話など，相手とのやりとり

の中で話す形態のものが該当します。もちろん，即興のスピーチや準備をした対話という組み合わせも考えられますが，多くの場合は，スピーチは準備をして行い，また，対話はその場で即興で行うことが多いでしょう。ここで強調したいことは，準備をして話す能力と準備なしで話す能力は似て非なるものと捉えることで，それぞれに関わる言語活動をバランスよく実践していく必要があることが認識できます。もしこれまでの話す活動の多くが準備したものを一方的に話す活動であれば，即興で話す能力は身についていないのは当然とも言えますので，このアで示されているとおり，即興性の高い話す言語活動（⇒実例は，5.5.2参照【①】）を「英語表現Ⅰ」の中で実践していくことが必要となります。即興で生徒に話させると様々な誤りが生じ，間違った英語が定着してしまうという懸念もあるかもしれません。間違った英語が強化されて身についてしまわないようにするためには，即興の話す活動を行っている最中もしくは行った後に，教師からのフィードバックを与え（⇒実例は，5.5.2参照【②】），正しい英語を生徒の頭の中に入れられるように工夫をする必要があります。

　アの活動には最後に「聞き手や目的に応じて」という表現が見られます。この点に関する言語活動を実施する際には，その活動の「聞き手」は誰なのか，その活動の「目的」は何なのかを生徒に把握させる必要があります。ペア活動であれば，「聞き手」はペアを組んだ目の前の友だちということになります。ただし，この活動をロールプレイとして行った場合は，実際は友だちであっても，決められた役割を担った人を聞き手として活動を行う必要があります。さらに，話す「目的」も考えなくてはなりません。相手を説得するために話すのか，相手に自分のことを知ってもらうために話すのか，など，実際のコミュニケーションを想定した上で，活動の目的を考える必要があります。ここでの「目的」は，学習指導要領で言われている「言語の働き」または「言語機能」と同義と捉えられます。『学習指導要領解説』pp. 36-37 に，「言語の働き」の例が掲載されていますので，参照するとよいでしょう。

イ　読み手や目的に応じて，簡潔に書く。

　英語の文章を書く際に「reader friendly な文章を書きなさい」と指示をされた場合，まずは読み手が誰であるかを意識する必要があります。同じ内容を伝える場合でも読み手が友人なのか，先生なのか，不特定多数の人々なのかなどによって，書き方が変わってきます。例えば，風邪で学校を休むことを友人に伝える場合は，I've got a cold, so I can't come to school today. という1文で済むかもしれません。一方，読み手が先生の場合は，まず Dear Mr. Kudo のように宛名を書くことからスタートし，I'm afraid that I will not be able to go to school today. と

いったように I'm afraid that ... を用いるなど，友人へのメールでは使わない表現も用いながらメールを完成する必要があります。『学習指導要領解説』p. 21 で「読み手に応じて書くとは，話すときに聞き手に応じて話し方を変えるように，読み手に応じて書き方を変える必要があることを意味する」と記されているとおり，上記の例のように，読み手を2とおり以上設定し，活動に取り組ませるとよいでしょう（⇒実例は，「聞き手」を変化させる方法を提示している 5.5.2 参照【③】）。工藤（2006）では，自己紹介を「クラスの友人」「ホストファミリー」「留学先の入学課」など読み手を複数設定し，それぞれに対して英文を作成することを勧めています。実生活で何かを書くという場合は，自分のためにメモをとるときのように読み手が自分になるケースも含めて，必ず「読み手」が存在します。したがって，このように「読み手」を設定することは，オーセンティックな書くことの言語活動を作成する上で必要な条件となります。もちろん，教室内の言語活動であるので，実際の読み手は英語の先生（またはクラスメート）になりますが，教師側も，書いた英文に対するフィードバックや添削をする際は，設定された読み手を考慮する必要があります。文法的な誤りがない英文であっても，適切ではない書き方や書くべき内容の不足等があれば，「読み手が○○なので，この書き方は不自然である」といったことを生徒に伝える必要があります。

> ウ　聞いたり読んだりしたこと，学んだことや経験したことに基づき，情報や考えなどをまとめ，発表する。

　これは「聞くこと」「読むこと」「話すこと」「書くこと」が統合された言語活動を意味しています。実生活では，例えば，アメリカ人の友人との旅行の場面で，「乗る予定の飛行機が遅延するというアナウンスを空港内で聞く→電光掲示板で出発の時間の変更を読む→出発時間まで何をするか友人と話す」といったように，3つ以上の技能が統合された活動を行うことは頻繁にあると思われます。ただし，このような日常的な活動は中学生でも実行可能であるので，この学習指導要領では，高校生の段階での技能統合型の言語活動として，もう少し高度なものを想定しています。さらに少し高度になりますが，TOEFL iBT の中の Integrated Task を例にとって見てみましょう。TOEFL iBT はアカデミックな環境での英語使用に関する能力を測定するテストであるため，この問題では，まず，英語圏での大学での講義で扱うような文章を読み，その後，同じトピックに関する説明を英語で聞き，最後に，聞いた内容を，読んだ内容との関連を踏まえて，要約して書くということが求められています。TOEFL iBT で用いられる英語は「コミュニケーション英語Ⅰ」で扱う英語よりは高度ですが，このようなある程度内容に深みや専門性のある英文を読んで，そして聞いた後に，それらを踏まえて書くという活

動を行うことが，この科目では求められていることになります。例えば，いくつかの高校の検定教科書に見られる「世界遺産」をトピックとして扱う場合，「①世界遺産の登録条件を英語で読む」「②ある場所が世界遺産への登録を目指しているという話を聞く」「③その場所が世界遺産の条件に合っているかについて書く」といった流れの言語活動が想定できます。平成25年（2013）12月13日に公表された「グローバル化に対応した英語教育改革実施計画」では，高校の英語教育について，「言語活動を高度化（発表，討論，交渉等）」することが織り込まれています。おそらくは，読んだり聞いたりしたことをベースとした発表や討論を行うことが1つの典型的な高度化された言語活動であると言えます。同計画書では「大学入試においても4技能を測定可能な英検，TOEFL等の資格・検定試験等の活用の普及・拡大」と記載があるように，高校での出口で求められる英語力としてTOEFLが挙げられていることから，技能統合型の言語活動が今後より一層求められていくことが予想されます。「英語表現Ⅰ」では，まずはインプットとしての英文を読んだり，聞いたりした上で，次に，その内容に関して何らかの話すまたは書く言語活動を実施すること（実例は，5.5.2参照）【④】が求められています。

(3) 「コミュニケーション英語Ⅱ」

> イ　説明，評論，物語，随筆などについて，速読したり精読したりするなど目的に応じた読み方をする。また，聞き手に伝わるように音読や暗唱を行う。

「コミュニケーション英語Ⅱ」は「コミュニケーション英語Ⅰ」に準じている内容が多いのですが，このイの内容については，「コミュニケーション英語Ⅱ」で初めて取り上げられている点がいくつかあるため，ここで説明をします。なお，「コミュニケーション英語Ⅲ」の内容については，「コミュニケーション英語Ⅱ」に示された言語活動をさらに発展させて行うということが『学習指導要領解説』に明記されているため，新たな内容は記載されていません。

この内容について注目すべきは，読む内容のジャンルが記載されていることです。ジャンルとは，説明文や意見文といった文章の種類を指しますが，ジャンルが違えば文章の読み方も変わります。『学習指導要領解説』p. 16では，ジャンルの違いによる読み方の多様性を以下のように記載しています。

> 「評論」は，「説明」と比べ，事実に基づき，書き手の意見が述べられることが増えることになる。また，「随筆」としては，いわゆるエッセイが想定されており，しばしば個人的な経験に関する記述を含む。このため，概要や要

第 5 章

点をとらえるに当たっては，評論や随筆に含まれる事実や書き手の意見を正確にとらえるだけではなく，それらの事実や意見を踏まえて自らがどう考えるか，書き手の意見は事実を踏まえると妥当であるかまで含めて，総合的にとらえることが必要となる。

このことを踏まえると，読むことの言語活動においては，最初に生徒にいわゆる「本文」がどのジャンルに属する文章なのかを確認させ，実生活でそのジャンルのものを読む際にはどのような読み方をするかをグループで話し合わせるなどしてから，実際に読むことを実行させてもよいでしょう。

さらに，多様な読み方を意識させるために，ここでは，速読や精読という2つの読み方を提示しています。速読は比較的多くの高校の授業ですでに取り入れられている手法であると思われますが，速読を行わせる際に，1分間に何語読めるかの指標である wpm（word per minute）を測定することを実践している授業が見られます。英文を速く読めることはそれ自体が英語の能力を反映していると思われますが，特に目的もなく速く読ませることは極力避けるべきでしょう。それは，上記のように，ジャンルと読み方には相性があるからです。実生活の中でその英文に出会った際に実際に行うであろう読み方を授業内で体験させることが大切であるため，速読に適した英文である場合のみ，wpmを計測させて読ませることの意義があると言えます。速読に関連して，スラッシュ・リーディングの練習も取り入れることが可能ですが，これも同様にこの読み方の本来の目的を見失うことなく実行することが望まれます。スラッシュで引かれた単語の塊（チャンク）ごとに，なるべく返り読みすることなく読んでいく，言い換えれば，直読直解をしながら読んでいくことは大切です。その際留意すべき点は，読むスピードが向上するということは，眼球の動きが高速になるというより，より長いチャンクを，目をそこに落とした際に1回で読み取れるということです。英語に目を落とすことを eye fixation と呼びますが，eye fixation を1回した際に，目に入るチャンクの長さ（eye span）を広げることが速く読めるようになるコツと言えます。さらに，最終的にはスラッシュが入っていない英文で同じようなことができることが目標ですので，スラッシュが入った英文を渡して読ませることから始めて，次に，生徒自身がスラッシュを英文に入れて読み，最後に，スラッシュがない英文で速読を実践してみる，といったように徐々に活動の段階を上げていくことが必要です。

5.2.2　指導形態

5.2.1 では様々な言語活動を紹介しましたが，ここでは，それらの言語活動を

行う際の教師の役割や教室環境といった指導形態に関わることを簡単に見ていきます。高校での英語の授業における指導形態は，おもに中学校と同じく，教師からの説明を聞く形式だけではなく，生徒同士の学び合いを想定して，ペアワークやグループワークを適宜取り入れていくとよいでしょう。こうした形態はアクティブ・ラーニング[4]を活性化する1つの手段となり，今後の学校教育で特に求められている方法の1つです。このように授業の形態が変化すれば，教師の役割も変化します。次の図および(1)～(4)は各場面[5]で想定される教師の役割を簡単に列挙したものです。各指導段階に応じて教師は，その役割を少しずつ変化させる必要があります。

(1) teacher…教える場面
　→ おもに新しい事項の導入（presentation）の場面
(2) coach…練習をさせる場面
　→ おもに機械的な練習（drill/practice）の場面
(3) facilitator/observer…生徒をサポートする場面
　→ おもに意味のある言語活動（practice/production）を行う場面
(4) reader/listener…コミュニケーションの相手をする場面
　→ おもにオーセンティックな言語活動（production/communication activity）を行う場面

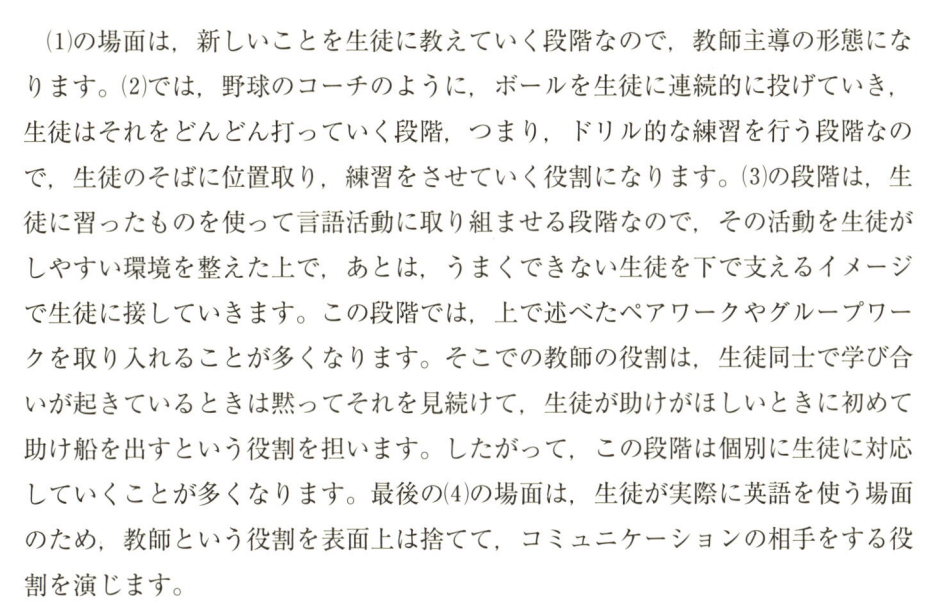

(1)の場面は，新しいことを生徒に教えていく段階なので，教師主導の形態になります。(2)では，野球のコーチのように，ボールを生徒に連続的に投げていき，生徒はそれをどんどん打っていく段階，つまり，ドリル的な練習を行う段階なので，生徒のそばに位置取り，練習をさせていく役割になります。(3)の段階は，生徒に習ったものを使って言語活動に取り組ませる段階なので，その活動を生徒がしやすい環境を整えた上で，あとは，うまくできない生徒を下で支えるイメージで生徒に接していきます。この段階では，上で述べたペアワークやグループワークを取り入れることが多くなります。そこでの教師の役割は，生徒同士で学び合いが起きているときは黙ってそれを見続けて，生徒が助けがほしいときに初めて助け船を出すという役割を担います。したがって，この段階は個別に生徒に対応していくことが多くなります。最後の(4)の場面は，生徒が実際に英語を使う場面のため，教師という役割を表面上は捨てて，コミュニケーションの相手をする役割を演じます。

　授業形態と言った場合，上述した教師と生徒の関係性以外に，教室の物理的な

環境も該当します。高校の英語の授業は，通常は，ホームルームの教室で受けますが，習熟度別や少人数制を採用している学校の場合は，ホームルーム教室から移動して別の教室で授業を受けることもあります。移動先が通常の教室の形態であれば環境自体に特に変化はありませんが，習熟度別や少人数制の場合は，それに応じた教育成果を求められることから，先に紹介した(1)〜(4)の教師の役割を適切に調整しながら，授業を運営していく必要があります。

また，通常の教室ではなく，例えば，CALL（Computer Assisted Language Learning）教室といったコンピュータが設置されている教室で授業を行うこともあります。昨今，文部科学省から提示されている大学入試改革案では，4技能型の入試の導入が検討されていますが，TOEFL iBT やベネッセコーポレーションが開発した GTEC CBT などの民間の試験は，コンピュータ上で受験をするテストとなっています。したがって，このようなテストの受験を想定した場合は，コンピュータで英語を学習する体験をさせることも重要になってきます。特に，読むことに関しては，画面上で，スラッシュや文法の記号，および和訳などを書き入れることはできません。英文自体を見て意味を頭の中で構築していくスキルが必要となるため，コンピュータを使った英語学習もこれから進めていく必要が生じることが予測されます。

このように，指導形態には，教師の役割から見る生徒の学習活動や，物理的な教室環境などが該当することから，指導をする際には，適切な役割および環境を教師が選ぶことが必要となります。

5.3 授業作り

5.3.1 何を教えるか

英語の授業では「英語」を教えることが主たる目的となりますが，その結果，生徒が身につける能力はどのようなものになるでしょうか。この能力を英語による「コミュニケーション能力」として捉えた場合は，Canale and Swain（1980）の言う「文法能力（grammatical competence）」「談話能力（discourse competence）」「社会言語学的能力（sociolinguistic competence）」「方略的能力（strategic competence）」をそれぞれ適切に伸ばしていくことが必要になります。「文法能力」とは，文法を始めとして，単語や音声に関わる能力であり，これらを正しく用いて，英文を理解したり作ったりする能力です。「談話能力」とは，まとまりのある文章を理解できる能力，および文と文とをつなげてまとまりのある文章を作り上げる能力を意味します。そして，「社会言語学的能力」とは，社会的に適切な言葉を使用できる能力，言い換えれば，対話の相手と自分との関係を踏まえて適

切な言葉を選択して使える能力のことを指します。最後の「方略的能力」は，コミュニケーション上の問題，例えば，適切な単語が思いつかないという問題が生じたときに，別の表現で言い換えたりするなどの手段を用いることができる能力と言えます。

　これら4種類の能力をそれぞれ適切に伸ばしていくことが，英語を実際に使ってコミュニケーションが達成できる能力の育成につながると言えます。日本の英語教育では伝統的に「文法能力」の指導や学習に多くの時間が割かれてきたという現実があり，批判を浴びることがありますが，それは，実際に英語を使ってコミュニケーションをとるためには「文法能力」だけでは不足しており，それ以外の3つの能力も同時に身につけられるような指導や学習がなされてこなかったことが背景として挙げられます。学習指導要領の中で「文法については，コミュニケーションを支えるものであることを踏まえ，言語活動と効果的に関連付けて指導すること」という記載があるのも，文法能力の育成が必要であると同時に，実際の言語使用では，コミュニケーションの相手に応じて使う言葉を選んだり（社会言語学的能力），習った文法や語彙を駆使して会話を続けようとしたり（談話能力），また，相手に伝わらないときは別の言い方を試してみたり（方略的能力）するなど，文法を実際の言語使用の中で捉えていくことの必要性が示唆されています。言葉では明示的に説明できないけれども，正しく使える知識を手続的知識（procedural knowledge）と呼びますが，この知識よりも，明示的に文法のルールを説明できる知識と定義される宣言的知識（declarative knowledge）の方ばかりを指導あるいは学習すると，偏った能力しか身につかないことが予測されます。したがって，文法能力については，4技能の中で，「談話能力」「社会言語学的能力」「方略的能力」といった能力と結びつけて育成していくべきものであると捉えることができます。このことを考慮することで，学習指導要領で述べられている「コミュニケーションを行うために必要となる語句や文構造，文法事項などの取扱いについては，用語や用法の区別などの指導が中心とならないよう配慮し，実際に活用できるよう指導すること」や「文法については，コミュニケーションを支えるものであることを踏まえ，言語活動と効果的に関連付けて指導すること」といったことへの対応が可能になります。

　次に，これら4つの能力を支える具体的なスキルについて何を教えるべきかという観点で考えてみましょう。一般的に，言語に関するスキルは，次のように分類できます。

	発信型（productive）	受信型（receptive）
音声に関わる	スピーキング	リスニング
文字に関わる	ライティング	リーディング

　学習指導要領の中では，これらの技能を総合的および統合的に扱うことが強調されています。「総合的」とは，簡単に説明すれば，4つの技能をバランスよく扱うことであり，「統合的」とは「読んだ内容について要約を書く」といった言語活動のように，技能間につながりを持って扱うことを意味します。また，「話すこと」については，CEFR（5.1.1(1)を参照）の枠組みにならって，最近では「話すこと」を「やりとり」と「発表」に二分（5.2.1(1)アを参照）して，それぞれの能力を育成することの必要性を論じることが多くなってきています[6]。これは，スピーチに代表される発表活動がスピーキングの活動の多くを占めており，さらに，スピーチは，往々にして，準備を行って暗記したものを発表することが多いことから，実際のやりとりの場面で多く遭遇する「即興で話す」ことの指導があまりなされていないことが背景にあります。「話すこと」を「やりとり」と「発表」に二分して考えることで，両者に関わるスキルをバランスよく伸ばしていくことへの意識が高まります。

　その他，授業の中で「何を教えるか」と言った場合，英語の学習方法自体も挙げられます。『学習指導要領解説』の中では「辞書指導」に関する記述が見られる箇所に「生徒が自律的な学習態度や様々な学習方法を（中略）身に付けられるよう工夫をすることが大切である」という記述が見られます。このことは，生徒が自ら何を勉強するかを選び，そしてその方法を選択していくことで，生徒の自律性が高められるということが背景にあると思われます。英語の授業では「英語の学習方法」についても，教師の側から生徒に有益な情報を与えることが必要となります。

5.3.2　どのような手順で教えるか

　英語を習得するためには，「大量のインプットと少量のアウトプット」（白井，2013）が必要だと言われます。インプットの重要性は，インプットだけで言語習得が可能であるという説を唱えたKrashen（1985）が「インプット仮説」の中で提唱していますが，単にインプットを与えればよいというわけではなく，理解可能なインプット（comprehensible input）が言語習得の条件として挙げられています。この説は今では論破されていますが，言語習得にとって，インプットは十分条件ではないけれども，必要条件であることには異論はないのではないでしょうか。そして，インプットの質についても，Krashenが提唱しているとおり「理解

可能なインプット」を与えることの必要性も認められるのではないでしょうか。そして，言語習得の条件を満たすには，インプットに加えて，アウトプットが必要であり，学習者はコミュニケーションの相手にとって理解可能なアウトプット（comprehensible output）を試みていくことで，習得が促進される（Swain, 1985）ことになります。

このように，インプットおよびアウトプットの重要性は認識できますが，ここで考えなくてはならないのは，日本のような英語が外国語である EFL（English as a Foreign Language）環境で，理解可能なインプットとアウトプットを経験していくことだけで言語習得は促されるのかということです。「理解可能な」というのは学習者の能力によって様々に変化しますが，白井（2013）が述べている「大量のインプット」とはどの程度の量を意味しているのでしょうか。おそらく，平均的な日本の中学生および高校生は，言語習得が自然に進んでいくために必要な量のインプットを普段の学習の中で確保していくのは非常に困難であると言えます。繰り返しになりますが，日本は ESL（English as a Second Language）環境ではなく，EFL 環境であることが，大量のインプットが保証されるのが難しい１つの理由です。そこで，日本の中学生および高校生を指導する際には，授業ごとに学習事項を絞り，それにフォーカスした指導を継続的に行うことで，大量のインプットが望めない状況を埋めていけることが考えられます。この考えに基づくと，中学校および高校の検定教科書では，フォーカスすべき文法事項が授業ごとにあらかじめ決まっており，そして，語彙についても，各学習ごとに一定の数の新しい単語を学ぶような構成になっていることの理由が想像できます。もちろん，一方では，できうる限り英語のインプット量を確保してく必要がありますが，各授業においては，定められた指導事項（≒新出事項）に教師も生徒も意識を向けていくことが望まれます。こうしたアプローチを１つの授業の形式に具体化したものが，次の「導入⇒展開⇒応用」という指導手順になります。通常，主たる指導事項は新出の文法事項となっていることから，この手順は文法事項を主たる指導事項として提示しています。

↓ 導入…新しい文法事項を提示する
↓ 展開…新しい文法事項を練習する　←　理解…新しい文法事項の理解を確認する（本文の理解も含む）
↓ 応用…新しい文法事項を活用する

例えば，文法事項が「過去完了形」であれば，「導入」としては「過去完了形」が使われている英文を提示する，次に「展開」として「過去完了形」の文を練習する，そして，最後に「応用」として「過去完了形」の文を，おもに話したり書

いたりする中で使ってみる，という流れになります．この指導の順は，PPP (Presentation - Practice - Production) と呼ばれている指導の手順と置き換えることが可能です．「導入」の場面では，その新出文法を含む英文を単に提示して導入するだけではなく，その事項の意味を理解させる段階も含んでいます．ただし，「導入」と「理解」を分けて提示する場合は，「導入」と「展開」の間に「理解」(Comprehension) という段階を加えた指導手順になります．この場合は，PCPP (Presentation - Comprehension - Practice - Production)（村野井，2006）となり，「理解」の段階には，高校の「コミュニケーション英語」の教科書に見られる，いわゆる「本文」の理解確認の段階も含めることになります．PCPP は日本の英語教育でも長年広く使われている手法ですが，教科書の「本文」が長く，難易度が高い場合，「理解」の段階にかなりの時間が割かれ，Production の段階まで到達しないうちに授業が終わってしまうことがよくあります．これにはいくつかの原因がありますが，1つは，生徒の能力と比べてかなり難易度が高い教科書を採択してしまったことが挙げられます．先にインプットの重要性に触れた際に，「理解可能なインプット」について述べましたが，自力で読んでみて，ある程度理解ができる本文が掲載されている教科書を採択したいものです．「理解」の段階に時間がかかりすぎて Production の活動が実施できない場合を想定して，金谷地（2004）は「和訳先渡し」という手法を提案しました．これは該当する本文の和訳を事前に生徒に渡しておき，それを生徒が読むことで，本文に書かれてある内容を理解し，その結果，授業内で「理解」の活動に費やす時間を短縮し，Production の活動の時間を必ず確保しようという試みです．このような手法が提案されたことは，逆に，これまで日本の高校での英語教育では多くの時間が「理解」の段階に費やされ，実際に使う段階である Production を行う時間はほとんどとれていなかったということを暗示しています．ただし，この手法は，英文を読んで理解するという段階を経ていないことから，実際に自分で英語を読んで意味を理解する力をつけるには適していないことがわかります．やはり，理想的な授業の展開例の1つは，PCPP のすべての段階を適切に経由していくことだと言えます．なるべく和訳を使わずに英文の理解を確認するためには，英語による発問を用いることが1つの手段となります．読んだ本文に対して，英語で生徒に質問をし，生徒はそれに英語で答えるという活動です．いくつかの種類の発問を，易しいものから順に生徒に与えていくことで，最初の発問を通して理解した英文を，次の難しい英語の質問に答えるという目的で再度読み込むことが可能になります．同じ英文を異なる発問の答えを探すために複数回読むことで，理解度が徐々に高まっていくことが期待できます．

　ここまでは，新しい指導事項および本文が存在する教科書を扱う授業（おもに

「コミュニケーション英語」の授業）についての指導手順を紹介しましたが，「英語表現」では，必ずしも教科書の各ページに新しい指導事項が設定されているわけではありません。この場合は，新しい文法事項を「導入」する必要はありませんので，「理解」の段階から始めることができます。あるいは，「応用」でやるべき活動をまずは授業の始めにチャレンジしてみるということも可能です(⇒実例は，5.5.2 の 6(2) の指導手順「3. 対話（準備なし）」を参照)。既習事項であっても，直前の「練習」の段階を経なければ，「応用」の段階の言語活動は難易度が高いものになるでしょう。しかし，「応用」の活動から実施することで，既習事項が使えるようになっているかどうかの確認ができます。そして，1 回活動に取り組んだ後に，その活動に必要な練習をすることで，その練習の意義や目的が生徒側にも明確になります。そして，最後に，同じ活動にもう一度取り組むことで，最初に行ったときからの伸びに気がつくことができます。「コミュニケーション英語」と異なり，「英語表現」の授業の中では，PCPP のサイクルではなく，まずは何らかの活動を行って，必要な「練習」に逆戻りをしていくという手順も 1 つの選択肢として持っているとよいでしょう。

5.4 英語で行う授業

学習指導要領には「英語に関する各科目については，その特質にかんがみ，生徒が英語に触れる機会を充実するとともに，授業を実際のコミュニケーションの場面とするため，授業は英語で行うことを基本とする。その際，生徒の理解の程度に応じた英語を用いるよう十分配慮するものとする」という記述が見られます。簡潔に言い換えれば「授業は英語でやりましょう」ということです。ただ，これを早合点して，教師が英語をどんどん使っていけばよいと考えてしまうのは「英語で行うことを基本とする」の意図を汲んではいません。『学習指導要領解説』には，次の説明があります。

> 「授業は英語で行うことを基本とする」こととは，教師が授業を英語で行うとともに，生徒も授業の中でできるだけ多く英語を使用することにより，英語による言語活動を行うことを授業の中心とすることである。

この説明が示唆しているのは，授業を教師主導型ではなく生徒主導型に変えて，生徒たちが英語を使っている教室環境を作るということです。つまり，「この文の主語は何ですか」という先生の指示を What's the subject of this sentence? と英語に置き換えていくことではなく，このように文法を明示的に尋ねる質問を

最小限に抑えて，生徒が英語で話す，聞く，書く，読むという活動を行うことを意味しています。したがって，『学習指導要領解説』には「言語活動を行うことが授業の中心となっていれば，文法の説明などは日本語を交えて行うことも考えられる」という記述も見られます。つまり，「英語で行うこと」自体を目的にするのではなく，「生徒に英語を使わせる」ことを実行していたら，その結果として，英語で授業を行っている割合が高くなったという成果が望まれます。

　次に，英語で授業を行うことの具体例を示します。次の対話は，英語の授業で，先生と生徒がインタラクションを行っているところです。⑤と⑬では Report という指示，つまり，「聞いた内容を報告しなさい」という指示が見られます。この対話では，この指示に対して生徒は的確に反応しているので，すでにこの活動はやり方を学んでいたことが想像できます。この活動はリポーティングという活動になりますが，生徒同士のインタラクションの活性化にもつながり，英文を作る上で，人称の変化なども意識する必要があります。初めてリポーティングの活動を行う際は，この例のように，生徒がすぐに適切な英文で答えることは難しいため，活動の意図や手順および人称を変化させることなど，具体的に説明をする必要があります。この活動のように，先生の英語だけではなくまわりの友だちが話した英語にも耳を傾け，それを理解し，次に，そのことを別の人に伝え，さらに，自分のことも発信する，といった一連の流れの中で，生徒が英語を使い続ける環境を作ることが必要になります。

① T: What did you do yesterday?
② S1: I went shopping with my mother.
③ T: Oh. What did you buy?
④ S1: I bought a hat.
⑤ T: Report, S2.
⑥ S2: S1 went shopping with her mother. She bought a hat.
⑦ T: Then, how about you, S2.
⑧ S2: I stayed at home and watched TV.
⑨ T: What did you watch?
⑩ S2: I watched a soccer game.
⑪ T: Then?
⑫ S2: I ate dinner with my family after that.
⑬ T: Report, S3.
⑭ S3: S2 stayed at home and watched a soccer game.
⑮ T: And?

⑯ S3: She ate dinner with her family.
⑰ T: Okay.

　また、⑪で Then? と聞いているのは、次の文を引き出す（elicit）ためのものです。ここでは、What did you do then? とも言えますが、この文を提示してしまうと、回答に使う英語の構文を提示していることになります。自らで英文を作り上げる能力を養成するためには、このような先生の指示の出し方において、「さじ加減」が必要になってきます。このような指導上のスキルも、真の意味での英語で行う授業を実践するには必要になってきます。生徒の英語を引き出すための先生の技術（elicitation technique）の養成をしていくことが大切です。

　なお、「英語で行うことを基本とする」は第6章も参照してください。

5.5　指導案

　ここでは、授業の設計図となる指導案の例を紹介します。指導案は、教育実習での研究授業および各種研究会などでの授業発表の際に執筆します。5.5.1 では「コミュニケーション英語Ⅰ」、5.5.2 では「英語表現Ⅰ」の指導案の例を紹介します。前者は英語で書かれた指導案、後者は日本語で書かれた指導案を提示します。

5.5.1　指導案(1)　コミュニケーション英語Ⅰ

外国語（英語）科学習指導案【例】

Teaching Plan

Instructor XXXXX
XYZ Senior High School

1. Date: Wednesday, November 30th, 2016
2. Class: 1-B (20 boys & 18 girls)
3. Textbook: *MY WAY English Communication I* (Sanseido)
　　　　　Lesson 8: A Mysterious Object from the Past
4. Aims of this lesson:
　Students will
　　　1) become interested in reading about an unknown object from the past.

2) understand when and how the unknown object was found, what it actually was in detail, and what is still unknown about it.

3) express what historical things they want to see and why they think so.

5. Allotment:

1st Period (This Period)	Introduction of Section 1 (pp. 103–105)
2nd Period	Review of Section 1 Introduction of Section 2 (pp. 106–107)
3rd Period	Review of Section 2 Introduction of Section 3 (pp. 108–109)
4th Period	Review of Section 3 Introduction of Section 4 (pp. 110–111)
5th Period	Review of Section 1 to 4 (pp. 112–113) [Passage]
6th Period	Review of Section 1 to 4 (pp. 112–113) [Grammar]
7th Period	Communication Activity: Self Expression (p. 113)

6. Aims of this period:

Students will

1) become interested in reading about an unknown object from the past.

2) understand when and how the unknown object was found.

3) report what happened to the two ships mentioned in the passage.

4) learn new words and phrases necessary to understand the passage.

5) learn a new grammatical item (i.e., a relative adverb, 'where') necessary to understand the passage.

7. Teaching Aids: Pictures, Handout [Graphic Organizer]

8. Teaching Procedure

［備考：表内①〜⑤は 5.2.1 で示した学習指導要領の指導内容と一致］

Procedure (Time)	Activities		Points to note in instruction
	Instructor	Student(s)	
1. Greeting (0.5 min.)	Greet students.	Reply to the instructor.	To make a good learning atmosphere.
2. Small Talk (1 min.)	Give a small talk about what happened recently.	Listen to the instructor.	To talk in a friendly manner so that students can listen for fun.
3. Small Chat (1.5 min.)	Give a topic for chatting.	Talk about the topic given by the instructor in pairs.	To get students talking with no preparation.

高等学校の授業展開

4. Pre-reading Activity (2 min.)	Have students look at the picture on page 103. Ask them the three questions on that page. ---------- 1. What is Greece famous for? 2. Which sea is near Greece? 3. What does the object in the picture look like? ---------- Have students read aloud some words and phrases. Have students close the textbook.	Open the textbook and look at the picture. Answer the questions. Repeat after the instructor. Close the textbook.	To activate students' background knowledge about Greece, so that they become interested in the topic.
5. Oral Introduction [Content-based] (6 min.)	Explain the history behind the unknown object with the use of related pictures. [The script of Oral Introduction is shown in '9. The script of Oral Introduction'] 【①】	Listen to the instructor. Repeat the words and phrases after the instructor.	To pretend to be a documentary reporter, so that students feel they are watching a TV documentary.
6. Reading (10 min.)	Give the reading question [Did the second ship sink?] at the end of Oral Introduction, and have students read the passage. Ask one or two students to tell their answers, and check them. Ask students to read the passage again and answer the questions in the textbook. ---------- 1. When did the first big storm hit Antikythera? 2. What did the ship gather in 1900? 3. What did the crew find under the sea? ---------- Ask students to tell their answers for each question, and check them.	Listen to the question, and start reading the passage. Give the answers. Read the passage again to find the answers. Give the answers.	To explain about half of the story in Oral Introduction, so that students need to read the other half to understand the whole passage. To have students read the same passage two or three times for different purposes.

171

	Give a handout to students [Handout: Graphic Organizer] and ask them to fill in the blanks of the organizer. 【②】	Read the passage again and fill in the blanks of the organizer.	To have students overview the passage by looking at the organizer.
	Ask one or two students to tell their answers for each blank, and check them.	Give the answers.	
	Ask one extra question [What do you think you will find in Section 2 of the textbook?] 【④】	Guess what they will find in the next section.	To give students a question that lets them think based on what they read.
	Ask students to exchange answers in pairs.	Work in pairs.	
	Ask one or two students to tell their answers. Tell the instructor's idea on what should be written in the next section.	Give the answers.	To allow different answers, though, in this case, there is one best one.
7. Explanation (8 min.)	Explain the passage to the students. Ask questions to check their understanding. - Check the meaning of each line briefly. - Check the structures of some of the complex sentences. - Check the meaning of some of the words and phrases. - Check the general/main idea of the passage. - Introduce a new grammar point [a relative adverb, 'where'], using Grammar on page 105.	Listen to the instructor's explanation. Answer the questions. Take notes where necessary.	To avoid explaining every sentence in detail. To focus on some of the important points necessary to understand the passage. To briefly explain what the relative adverb 'where' is. (Students will learn other relative adverbs and practice them after Section 4 is finished.)
8. Practice of the grammatical item (3 min.)	Have students work on TRY! on page 105. Check the answers. Have students read aloud the correct sentences in TRY!	Work on TRY! on page 105. Give the answers. Read aloud the sentences.	To have students learn 'where' in the form of a noun chunk, i.e., 'an island where people enjoy fishing'.

9. Reading Aloud (Chorus Reading → Buzz Reading → Individual Reading) (7 min.)	Have students repeat after the instructor. [The whole passage] Tell them to read aloud like a television reporter. 【③】 Have them read aloud the passage at their own pace in 2 minutes. Have one student read aloud one sentence to the whole class.	Repeat after the instructor. Read aloud the passage, at their own pace. One student reads aloud one sentence in order.	To have students feel that there are listeners in front of them.
10. Report the story (10 min.)	Tell students to prepare for reporting the story in the passage. Ask them to pretend to be a real television reporter. 【⑤】 Support students who have difficulty preparing for a presentation. Ask several students to give a presentation in front of the class.	Prepare for the reporting activity. - Write a script. - Practice reporting the story. - Several students give a presentation.	To instruct students to write a report that is not very long, so that they can memorize all of what they are going to say.
11. Closing (1 min.)	Tell students to write the report by the next class. Tell them to write a report that looks like a real one you can find in a magazine/newspaper article.	Be informed of the homework.	

9. The script of Oral Introduction.

Look at the picture [the picture of an unknown object]. I'm going to talk about the history behind this object. Look at this map [the map of the Mediterranean Sea]. What is this country [pointing to Greece]? (S: Greece.) Yes, it's Greece. Repeat after me, Greece. (Ss: Greece.) And what is this sea called? (S: The Mediterranean Sea.) Yes, it's the Mediterranean Sea. Repeat after me, the Mediterranean Sea. (Ss: The Mediterranean Sea.) There is a small island in this sea. The name of the island is Antikythera. Now, listen to the story that happened around this area more than 2,000 years ago. Many years ago, a ship was cruising near this island. The ship was carrying a lot of Greek fine art. Fine art means pictures drawn by famous painters, things made by famous artists and so on. One day, a big storm hit this area. This is a storm [showing a picture of storm]. Repeat, storm. (Ss: Storm.) Then, what happened to the ship? Well, it wasn't able to survive. It sank. 'Sink' means 'Go under water'. Repeat, sink. (Ss: Sink.) Repeat, sink-sank-sunken. (Ss: Sink-sank-sunken) It sank. It was gone. Then, about 2,000 years passed. In the year 1900, another ship was cruising near this island. What happened to that ship? Did it sink or did it survive? Now, open your textbook to page 104. Please read the passage, and find the answer.

10. Evaluation criteria of this lesson:

 The students will be evaluated, based upon:

   1) how much they try to understand what happened in the story.
      ⟨Interest, willingness, and a positive attitude towards communicating in English⟩
   2) how well they can report what happened in the story.
      ⟨Ability to express themselves in English⟩
   3) how much they understand the instructor's explanation about the story
      ⟨Ability to understand English⟩
   4) how much they understand the passage.
      ⟨Ability to understand English⟩
   5) how well they know the structure of the relative adverb 'where'.
      ⟨Knowledge and understanding of language and culture⟩

11. Blackboard Plan

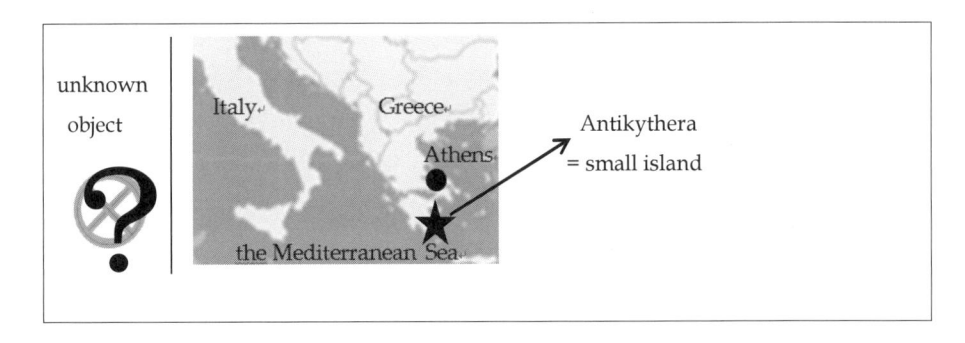

12. Handout [Graphic Organizer]

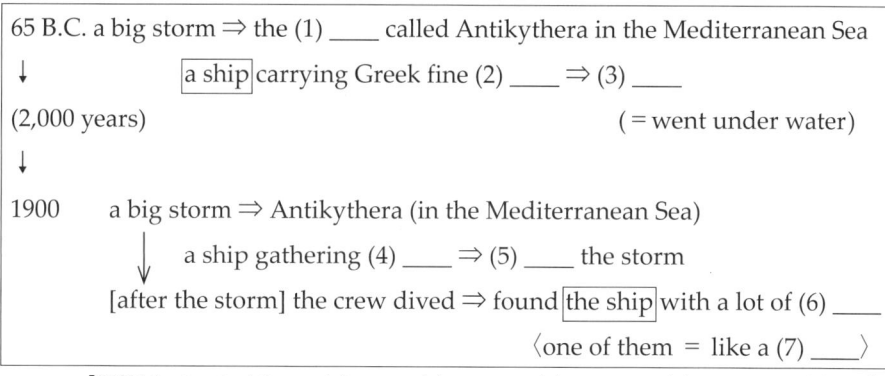

```
65 B.C. a big storm ⇒ the (1) ____ called Antikythera in the Mediterranean Sea
 ↓           a ship carrying Greek fine (2) ____ ⇒ (3) ____
(2,000 years)                                        (＝went under water)
 ↓
1900    a big storm ⇒ Antikythera (in the Mediterranean Sea)
          ↓   a ship gathering (4) ____ ⇒ (5) ____ the storm
        [after the storm] the crew dived ⇒ found the ship with a lot of (6) ____
                                          〈one of them ＝ like a (7) ____〉
```

【解答(1) island　(2) art　(3) sank　(4) sponge　(5) escaped　(6) treasures　(7) box】

13. The passage of Section 1

Around 65 B.C., a big storm hit a small island called Antikythera in the Mediterranean Sea. A ship was cruising near the island in that storm. It was carrying a lot of Greek fine art, but it sank.

In 1900, another big storm hit the same area. This time, a ship gathering sponges escaped the storm to the island of Antikyathera. After the storm passed, the crew began working again. They dived in an area where they had never been before.

What they found, however, was the sunken ship with a lot of treasures. Among them, there was something that looked like a box. It was small and no one paid much attention to it.

5.5.2　指導案⑵　英語表現Ⅰ

外国語（英語）科学習指導案【例】

学習指導案

学校名：○○○○高等学校

指導者：○○　○○

1. 日時：2016（平成 28）年 4 月 21 日（木）
2. 生徒：1 年 D 組（男子 17 人，女子 18 人）
3. 教科書：*CROWN English Expression I*（三省堂）
　　　　Lesson 2（幸福度 No. 1 の国―ブータンの高校生）

4. 単元目標
(1) 現在形，現在進行形，現在完了形の使い方を理解できる。
(2) 現在完了形を，過去形との違いを理解した上で，文脈の中で適切に選択して，話したり，書いたりすることができる。
(3) 即興でのやりとりを続けることができる。
(4) 中学生活の思い出についてのスピーチができる。

5. 単元の指導計画（2時間）

| 1時間目（本時） | 時制の練習，即興でのやりとり |
| 2時間目 | 時制の復習，スピーチ活動 |

6. 本時の指導
(1) ねらい
  ・準備なしで，中学生活の思い出について，ペアで，一定の時間，話をすることができる。
  ・現在形，現在進行形，現在完了形の使い方を理解できる。
  ・現在形，現在進行形，現在完了形を文脈の中で適切に選択して使うことができる。

(2) 指導手順

［備考：表内①〜④は5.2.1で示した学習指導要領の指導内容と一致］

指導手順（時間）	教師の指導・支援	生徒の活動	指導上の留意点
1. 挨拶 （1分）	挨拶をする。	挨拶をする。	「英語表現Ⅰ」は生徒が実際に英語を使う場面が多いので，そのための雰囲気作りを意識して行う。
2. スモールトーク （3分）	大学時代のエピソードについて簡単に話す。	先生の話を聞く。	単元のテーマが「中学生活」であるため，その伏線として，教師が類似したテーマでの簡単な話をする。
3. 対話（準備なし） （12分）	単元の最終活動である「中学生活の思い出を話しましょう」の活動を準備なしで行わせる。【①】 役割（聞き手と話し手）を決めることと，時間は合計5分で，2分半で役割を交代することを伝える。 多くのペアのやりとりを見て，おもにうまくできていない点を把握する。	 先生の指示を聞く。 対話をスタートする。	教科書はまだ開かせない。 話し手と聞き手に分かれる。やりとりの練習なので，聞き手は質問を途中で必ず2〜3つする。

176

高等学校の授業展開

	5分たったら合図をして、うまく会話が続かなかったペアのうち1人を指名して、先生と、以下のようなやりとりをし、他の生徒に見せる。【②】 T: Tell me about your junior high school life? S: ... T: What was your favorite event? S: Sports Day. T: "My favorite event ..." S: My favorite event is ... T: Is? S: My favorite event was Sports Day. T: Why did you like it? S: Because ... T: "I liked it because ..." S: I liked it because I could run fast. T: Oh!	ペアで与えられたトピックの話をする。 先生と生徒のやりとりを見る。	この単元の文法事項は中学校で扱った既習事項であるため、特に準備なしで言語活動を行わせてもよい。 このやりとりでは、「質問を具体化すること」「文で答えること」「時制の間違いに気がつかせること」などについて、対話を進めながら、指導を行っている。 生徒同士では間違い修正は行うことは難しいが、1点目の「質問は答えやすいように具体的にする」という点はここから学ぶことができる。
	次に、同じトピックでペアの組み方を変えて、同じ活動を行う。	新たなペアで対話を行う。	このやりとりをもう1～2人としてもよい。
4. リーディング活動→スピーキング活動→ライティング活動 （10分）	教科書 p.14 の 5 行からなる英文を読ませる。 英文のトピックに関する質問を行い、その質問をきっかけに話す、および書く活動を行う。【④】 ---------- 1. Have you ever heard of Bhutan? 2. You don't know much about the high school students in Bhutan. Do you think their life is similar to yours? 3. Before learning about the students in Bhutan, let's talk about Japanese students. Did your school life change when you entered high school? ---------- 上記の3の質問の解答とそう答えた理由をノートに書かせる。	英文を読む。 先生の質問に答える。	1の質問に Yes. と答えた生徒には What do you know about Bhutan? の追加質問を行う。2の質問についても、回答してくれた生徒に Why do you think so? と追加質問を行う。同じく、3に対する追加質問として How did your life change? を想定する。 ノートに解答と理由を書く。

177

第 5 章

5. 文法の解説および練習 (8分)	p.14 の G-file を簡単に解説する。	解説を聞く。	
	G-file を参考にして,「①中学生のときだけしていたこと（過去形）」「②普段していること（現在形）」「③今している途中のこと（現在進行形）」「④以前から継続的に行っていること（現在完了形）」の 4 つについて, 自分のことで例文を 1 つ作成させノートに書かせる。	時制を意識して, 自分のことで例文を作る。	新たな文を作らせるため, ティーチングポイントの時制以外のところで, 表現が思いつかない生徒がいることが予測されるため, 教室をまわり個別指導を行う。
	数人の生徒に書いた文を読み上げさせる。	書いた文を読み上げる。	読み上げるときは Read & Lookup の方式をとるとよい。
	④の現在完了形の文については, 次のようなやりとりを行い, この文法を使う状況（文脈）を提示する。		
	S: I have played soccer for seven years. T: Seven years! You HAVE played soccer for seven years, SO are you good at soccer? S: Yes. T: Say the whole sentence. "I have ..." S: I have played soccer for seven years, so I am good at soccer.		「何かを継続して行ってきて, その結果, 今どうなんだ」ということを言いたいときに現在完了形が使えることを示す。左記の生徒が No. と回答したら, I have played soccer for seven years, but I am not good at soccer yet. となる。
6. 表現の確認 (5分)	p.14 の Expressions を解説する。その際, 直前で「現在完了形」の使うべき文脈を提示したが, この⑤ Our teacher has left the classroom. Let's go home before he comes back. も同様に,「今, 帰ってしまおう」という「今」の視点を持っているため, その前提となる内容を現在完了形で述べる必要があることを説明する。	解説を聞く。	⑤の最初の文が Our teacher left the classroom. と過去形になった場合, Let's で始まる 2 文目を続けることができない点も説明してもよい。
	①〜④の文も含めて, 音読させる。	音読する。	

7. 対話（3と同じ活動）（7分）	3で行った活動を再度行う。同様に，話し手と聞き手に役割を分けるが，聞き手には「現在完了形」を使うなどして，中学で行っていたことが高校でもまだ行っているかを尋ねるように指示をする。	ペアで話す活動を行う。	3と同様，教室をまわり個別指導を行う。
8. スピーチ活動の準備（3分）	p.15のTRYをスピーチ形式の発表として次の授業で行うので，原稿を書いてくるよう指示をする。 ただし，スピーチの聞き手は，3や7で行ったようにとなりの友だちではなく，「日本のことを知らないアメリカ人の高校生たち」という設定で行うことを伝える。【③】	指示を聞く。 原稿を書くための条件を聞く。	聞き手の設定が変われば，何が変わるかを考えさせてもよい。「日本の学校の行事は独特だから補足説明をするとよい」などの助言をする。
9. 挨拶（1分）	授業終わりの挨拶をする。	挨拶をする。	

(3) 評価規準

ア コミュニケーションへの関心・意欲・態度	イ 外国語表現の能力	ウ 外国語理解の能力	エ 言語や文化についての知識・理解
・ペアでの対話を続けようとしている。 ・相手の話す内容に興味を示している。	・与えられたテーマについて，途切れず話し続けている。 ・適切な時制を用いて，話をしている。 ・与えられたテーマについて，正確な英文を書いている。	・ペアの相手が話したことを聞いて，正確に理解している。 ・ペアの相手の質問を正確に理解している。	・現在形，現在進行形，現在完了形の形式と意味を理解している。

7. 教科書該当ページ

(p.14)

Lesson 2 （学校・友人） 幸福度 No.1 の国　ブータンの高校生

Have you ever **heard** of Bhutan? Many people in this small Himalayan country **think** that they **are** happy. If you **want** to learn about young people in this country, you can visit the website "Let's Take a Look at Schools in the World." You**'ll find** many things about the students in Bhutan — for example, their school uniform, their favorite sports, and their impressions of Japan.

> G-file 時制

①現在形：現在の状態や習慣，一般的な真理，確定的な未来について述べる。

　School usually starts in September in the USA. 米国では通常，学校は9月に始まる。

②現在進行形：現在進行中の動作について述べる。

　They are having a home economics lesson now. 彼らは今，家庭科の授業を受けている。

③現在完了形：「動作の完了」「状態の継続」「これまでの経験」について述べる。

　He has finished his homework. 彼は宿題を終えてしまった。

✎空所に適語を入れなさい。次に音声を聞いて確認しなさい。

1. They (　　) eight lessons once a week.（彼らは週に1日，8時間の授業がある）
2. We (　　) (　　) the audio-visual classroom now.（今，視聴覚教室を清掃している）
3. She (　　) (　　) absent from school for a few days.（彼女は数日間ずっと欠席している）

> Expressions

① All the students **are looking** for a slogan of the school festival.

② They **were having** a computer lesson when we visited the school in Singapore.

③ They **are going to** take part in the robot contest this year.

④ **If** it **rains** tomorrow, we **will** cancel the picnic.

⑤ Our teacher **has left** the classroom. Let's go home **before** he **comes** back.

　　①全生徒が文化祭の標語を探し求めている。

　　②私たちがシンガポールのその学校を訪問したとき，彼らはコンピュータの授業を受けていた。

　　③彼らは今年，ロボコンに参加する予定だ。

　　④もし明日雨が降ったら，遠足は中止する予定だ。

　　⑤先生が教室を出て行った。また戻ってくる前に帰ってしまおう。

〈名言コラム〉I have not failed. I've just found 10,000 ways that won't work.

— *Thomas Edison*

「私は失敗したことがない。ただうまく行かない方法を1万とおり見つけただけだ」

（トーマス・エジソン）

<One point>「彼は今度いつ来るかわかりません」を英語にすると？

　　I don't know when he (comes/will come) next time.

(p.15)

Ex-file

①各組の英文がほぼ同じ意味になるように，空所に適語を入れなさい。

1. a) She joined the tennis team a month ago and she is still a member.
   b) She ( ) ( ) a member of the tennis team ( ) a month.

2. a) My brother went on a school trip to Okinawa. He is not here now.
   b) My brother ( ) ( ) on a school trip to Okinawa.

3. a) I lost my school ID card. I have not found it yet. ● ID card「身分証明書」
   b) I ( ) ( ) my school ID card.

4. a) Our teacher has experience of studying abroad. ● experience「経験」
   b) Our teacher ( ) ( ) abroad.

②日本文の意味を表すように，空所に適語を入れなさい。

1. 彼らは来週，修学旅行でオーストラリアへ出発する。● leave for ～「～に出発する」
   They ( ) ( ) for Australia on their school trip next week.

2. 森先生が新しい車を運転しているぞ。いつ買ったのかな。
   Mr. Mori ( ) ( ) a new car! When ( ) he ( ) it?

3. たくさんの宿題で，今朝から忙しい。● busy with ～「～で忙しい」
   I ( ) ( ) busy with a lot of homework ( ) this morning.

4. 体育の授業以外では，私はハンドボールをやったことがない。
   I ( ) ( ) played handball except in PE lessons.
   ● except for ～「～を除いて」/ PE = physical education「体育」

③日本文の意味を表すように，下線部を埋めなさい。

1. 保健室（nurse's room）で休めば，気分がよくなるよ。● take a rest「休む」
   _____ at the nurse's room, you will feel better.

2. そのキャンプ場（campground）に行ったことがありますか。
   _____ that campground?

3. 放課後は何をするつもりですか。
   _____ after school?

4. 彼女たちはもう3時間も図書室で読書している。
   They _____.

〈TRY〉下線部分を言い換えて，中学生活の思い出を話しましょう。

　My best memory at junior high school was a chorus contest. At first, we couldn't sing the song very well, but we practiced very hard and finally won first prize in the contest.

第 5 章

[注]

1) 平成 25 年（2013）12 月 16 日に公表された「グローバル化に対応した英語教育改革実施計画」の中で示された目標値。Common European Framework of Reference for Languages（CEFR）で示された A1 から B2 までの 6 段階の言語能力（Council of Europe, 2001）を基準とした目標値となっています。
2) 『学習指導要領解説』（pp. 41-42）の中で，「（ア）不定詞の用法」から「（ク）分詞構文」に至るまで，扱うべき文法事項の具体例が示されていますが，これらの事項はすべて「コミュニケーション英語 I」の科目の中で新出事項として扱うことと規定されています。
3) 「コミュニケーション英語 I・II・III」の発行検定教科書数は，それぞれ，25 点，25 点，21 点であり，「英語表現 I・II」はそれぞれ 20 点と 15 点となっています。
4) アクティブ・ラーニングは，「新たな未来を築くための大学教育の質的転換に向けて〜生涯学び続け，主体的に考える力を育成する大学へ〜（答申）」（中央教育審議会，2012）に付属する『用語集』の中で，「教員による一方向的な講義形式の教育とは異なり，学修者の能動的な学修への参加を取り入れた教授・学習法の総称。学修者が能動的に学修することによって，認知的，倫理的，社会的能力，教養，知識，経験を含めた汎用的能力の育成を図る。発見学習，問題解決学習，体験学習，調査学習等が含まれるが，教室内でのグループ・ディスカッション，ディベート，グループ・ワーク等も有効なアクティブ・ラーニングの方法である。」と定義されています。
5) (1)〜(4)で提示されている指導の場面およびそれを順にたどった指導手順については，5.3.3 で提示されている PCPP（Presentation - Comprehension - Practice - Production）（村野井，2006）のプロセスにほぼ合致しています。
6) 平成 26 年（2014）8 月 8 日に開催された「英語教育の在り方に関する有識者会議（第 7 回）」において配布された「小・中・高を通じた目標及び内容の主なイメージ」の資料の中では「話すこと（やりとり）」や「話すこと（発表）」といった記載が見られます。

CHAPTER 6

第6章
英語で行う授業のヒント

　A lesson with almost 100 per cent TL [target language] may still not be as productive as one with 70 or 80 per cent, where pupils generate and manipulate the language themselves.（Barnes, 2007, p. 11）（目標言語がほぼ100％の授業でも，目標言語が70％ないし80％で，児童生徒が自分自身で目標言語を生み出し，巧みに扱う授業ほどには生産的でないかもしれない。）

　... students' L1 is not the enemy in promoting high levels of L2 proficiency; rather, when students' L1 is invoked as a cognitive and linguistic resource through bilingual instructional strategies, it can function as a stepping stone to scaffold more accomplished performance in the L2. (Cummins, 2007, p. 238)（…生徒の第一言語は第二言語の熟達度を高いレベルに引き上げる際の敵ではない。むしろ生徒の第一言語は，2言語指導法において認知的・言語的資源として請われると，第二言語でのより優れたパフォーマンスを足場掛けする際の踏み台として機能しうるものである。）

　Much language teaching has unsuccessfully tried to duplicate the skills of native speaker in the non-native speaker. ... The point should be, instead, to equip people to use two languages without losing their own identity. The model should be the fluent L2 user — 'Japanese with English abilities' — not the native speaker.（Cook, 2008, p. 211）（これまでほとんどの言語教育は非母語話者に母語話者の技能を複製しようとして失敗してきた。……代わって大事なことは，自分のアイデンティティーを失わずに2言語を使う技能を人々に授けることである。モデルは母語話者ではなく，「英語が使える日本人」のような，第二言語の流暢な使い手であるべきだ。）

第6章

　本章では，学校英語教育に新しく求められている「英語で行う授業」の理解を深めます。我が国の学校英語教育での英語は目標言語（TL, target language）であり，第二言語（L2 /el tu:/）です。またほとんどの児童生徒にとって日本語は母語（mother tongue）であり，第一言語（L1 /el wʌn/）です。最初の引用文は，学習者が日本語を使いつつ英語を自ら使う授業がよいと述べています。第二の引用文は，そうした2言語を使う授業では日本語を資源として活用すると，生徒の英語のパフォーマンスをより高いレベルに引き上げられると指摘しています。そして最後の引用文は，我が国の学校英語教育の目標は英語母語話者の技能を真似ることではなく，日本語と英語が使える「第二言語使用者（L2 user）」の育成であるべきだと主張しています。

　上の3つの引用文は，英語で行う授業での「英語の割合」「日本語の役割」「目標とする英語力」などについて，それぞれ独自の立場を述べています。本章ではこうした視点から「英語で行う授業」の理解を深めます。「英語で行う授業」の理解は，教師と学習者がいつどのように何のために英語を使うべきかを理解することです。それは裏返せば，「日本語で行う授業」の理解，すなわち教師と学習者がいつどのような場合にどんな目的で日本語を使うべきかを理解することです。

　本章の第1節では学習指導要領などが「英語で行う授業」に求めていることを確認します。第2節では実際に行われた小・中・高の英語授業の点描を通して，英語で行う授業の実際を理解します。続く第3節では英語で行う授業の理論を考察します。最終の第4節では英語で授業を行う際のヒントを紹介します。

6.1　英語で行う授業に求められていること

　本節では最初に英語で行う授業についての異なる立場を検討します。続いて我が国の学習指導要領などに示されている英語で行う授業の指針を確認します。最後に英国の学校外国語教育での指針を検討して，異なる環境でも「英語で行う授業」が求められていることを理解します。

6.1.1　英語で行う授業についての3つの立場

　外国語の授業での目標言語と第一言語の使用については次の3つの立場があります（Macaro, 2001, p. 535）。

a. 仮想の立場（Virtual Position）
　　教室は目標言語が話されている国のようなものである。したがって，私たちは第一言語の完全な排除を目指すべきである。第一言語の使用に教育的な

意義はない。教師が十分に熟練していれば外国語の教室から第一言語を排除することは可能である。
  b. 最大の立場（Maximal Position）
   第一言語の使用に教育的な意義はない。しかし完全な学習指導の環境は存在しないため，教師は第一言語に頼らざるを得ない。
  c. 最適の立場（Optimal Position）
   第一言語の使用には教育的な意義がいくらかある。第一言語の使用で実際に学習の一部を促進することができる。したがって，第一言語の使用がいつ，どのように正当化されるか，その教育の原則を不断に探求すべきである。

　この3つの立場のうち「仮想の立場」は現実的には不可能ですから，これを支持する日本人英語教師はいません。一方，「最大の立場」と「最適の立場」のどちらに立つべきかで揺れる教師は少なくありません。日本人英語教師の場合，自分や生徒が英語の授業で日本語を使ったときに罪悪感と無能感（feelings of guilt and inadequacy）を感じるのが「最大の立場」に立つ教師です（Macaro, 2001）。一方，むしろ意図的・戦略的に，自分も生徒も英語の授業で日本語を使おうとするのが「最適の立場」に立つ教師です。

　我が国の学校での英語で行う授業の実態は，平成25年（2013）12月に文部科学省が高校英語教師に実施した調査で報告されています。この調査は全国の公立高校1年生の必修科目「コミュニケーション英語Ⅰ」を教える約1万人の英語教師に，授業中に英語を使う割合を尋ねました。その結果，「発話をおおむね英語で行っている」と回答した教師は全体の15%でした。他の回答は，「発話の半分以上を英語で行っている」が38%，そして「発話の半分未満を英語で行っている」という回答が最も多い47%でした（文部科学省，2014）。

　同様の調査は平成21年（2009）にも行われており，そのときは「発話をおおむね英語で行っている」と「発話の半分以上を英語で行っている」の回答が，合わせて16%でした（ibid.）。今回の調査では「発話をおおむね英語で行っている」と「発話の半分以上を英語で行っている」の回答が合わせて53%になりましたので，英語で授業を行う高校教師がこの4年間で増えています。

　日本と同様に外国語としての英語教育（EFL）を行い，また当局より「最大の立場」で授業を英語で行うことが求められていた韓国の高校英語教師については，授業中の発話の68%を韓国語で，残りの32%を英語で話したという報告があります（Liu, Ahn, Baek & Han, 2004）。世界の外国語教室での第一言語の使用の割合は0～90%と所により大きく異なりますが，「第一言語の使用は10～15%であれば許容できる」（Macaro, 2011）との発言がなされています（Ellis & Shintani, 2014,

第6章

p. 235)。この割合は全米外国語教育協会（ACTFL）の「どの教育レベルでも授業時間の90％以上で目標言語を使用せよ」（ACTFL, 2010）という提言のものとほぼ同じです。日本の学校英語教育はより多くの英語教師が「発話をおおむね英語で行っている」と回答する方向に変えるべきでしょうか。もしそうであれば，それはどのように実現されるべきでしょうか。

　先の文部科学省の調査はまた，「コミュニケーション英語Ⅰ」での生徒の言語活動の時間も調べています。最も多かった回答は「半分未満の時間，言語活動を行っている（20～50％）程度」で，全体の40％でした（文部科学省, 2014）。英語で行う授業は教師に加えて，生徒も英語を使う授業です。本調査は日本の高校生が授業中に英語を話したり書いたりする機会がまだ十分でない実態を明らかにしました。このことをどう捉え，どう解決すべきかも本章の課題です。

6.1.2　日本の学習指導要領

　これまで日本の学校英語教育は，教室での教え方を教師の創意工夫に委ねてきました。近年の中学校・高等学校の学習指導要領は改訂のたびに指導内容（what to teach）を改善してきましたが，指導方法（how to teach）を明確に規定することはありませんでした。しかし文部科学省が平成21年（2009）に告示した『高等学校学習指導要領』は，以下のように「授業は英語で行うことを基本とする」という指導方法を示しました（文部科学省, 2009, pp. 115-116, 下線筆者）。

> 　英語に関する各科目については，その特質にかんがみ，生徒が英語に触れる機会を充実するとともに，授業を実際のコミュニケーションの場面とするため，<u>授業は英語で行うことを基本とする</u>。その際，生徒の理解の程度に応じた英語を用いるよう十分配慮するものとする。

　ここでは授業を英語で行う目的として，「生徒が英語に触れる機会を充実する」と「授業を実際のコミュニケーションの場面とする」の2つを挙げています。「英語に触れる機会」は英語を聞いたり読んだりするインプットの機会です。「実際のコミュニケーションの場面」では生徒が英語で話す・書くことでアウトプットしたり，教師や級友と英語でインタラクション（やりとり）したりします。すると学習指導要領は，インプット・アウトプット・インタラクションを充実する目的で授業を英語で行うことを基本としたと言えます。外国語の習得にインプット・アウトプット・インタラクションの充実が大切であることは，第二言語習得研究（SLA）でも指摘されています（Ellis & Shintani, 2014；松沢, 2010など）。

　文部科学省はこの高校の学習指導要領の告示後に，グローバル化の進展と

2020年の東京オリンピック・パラリンピックの開催を見据えて,「グローバル化に対応した英語教育改革実施計画」(文部科学省,2013)を策定しました。そこでは中・高の英語教育の将来像が次のように示されています(文部科学省,2013,下線筆者)。

○中学校
・身近な話題についての理解や簡単な情報交換,表現ができる能力を養う
・授業を英語で行うことを基本とする
○高等学校
・幅広い話題について抽象的な内容を理解できる,英語話者とある程度流暢にやりとりができる能力を養う
・授業を英語で行うとともに,言語活動を高度化(発表,討論,交渉等)

ここには日本人英語学習者が高校を卒業するまでに,幅広い話題を理解し,やりとり・発表・討論・交渉などを英語で行えるようになる,という目標が示されています。そのための指導方法として,高校の授業は「英語で行う」,中学校の授業は「英語で行うことを基本とする」ことが示されています。

それでは現行の学習指導要領が求める「英語で行う授業」とは具体的に何をすることでしょうか。『高等学校学習指導要領解説』(文部科学省,2010,pp. 50-51,以後『解説』とする)は,次のことなどを行うと説明しています。

a. 教師が指導内容を英語で説明する。
b. 教師が言語活動の指示や手本の提示を英語で行う。
c. 教師が生徒の理解が円滑に進むように手助けを英語で行う。
d. 教師が生徒の活動が円滑に進むように手助けを英語で行う。
e. 教師が生徒の活動の励ましや講評を英語で行う。
f. 生徒が英語を英語のまま理解するのに慣れる。
g. 生徒が英語を英語のまま表現するのに慣れる。
h. 生徒が聞く活動などで英語に触れる機会を充実する。
i. 生徒が話す活動などで英語でコミュニケーションを行う機会を充実する。
j. 生徒が読む活動で訳読によらずに概要・要点をとらえる。
k. 生徒が書く活動で英語で要約する。
l. 生徒が書く活動で推敲を繰り返しながら主題に沿って英語で文章を書く。

この12の事項のうち,a〜eの5つは教師が英語を使って指導する事項で,残

りのf〜lの7つは生徒が英語を使って学習する事項です。『解説』は，教師には，指導内容の説明，活動の指示，手本の提示，活動の励まし・講評，そして理解と活動の手助けを英語で行うことを求めています。また生徒には，英語に触れ，英語でコミュニケーションする機会を充実すること，聞いたり読んだりする際に日本語を介さずに理解することに慣れること，英語で要約したり，推敲を繰り返して英語の文章を書くことを求めています。

では『解説』は高校の英語の教室での目標言語と第一言語の使用については，「最大の立場」と「最適の立場」のどちらに立っているのでしょうか。『解説』は次のように述べています（文部科学省，2010，p. 51，下線筆者）。

> このように，本規定は，生徒が英語に触れる機会を充実するとともに，授業を実際のコミュニケーションの場面とするため，授業を英語で行うことの重要性を強調するものである。しかし，<u>授業のすべてを必ず英語で行わなければならないということを意味するのではない</u>。英語による言語活動を行うことが授業の中心となっていれば，<u>必要に応じて，日本語を用いて授業を行うことも考えられる</u>ものである。

先に見たように，外国語教育で第一言語の使用に教育的な意義を認めないのが「最大の立場」で，いくらか意義を認めるのが「最適の立場」でした。したがって，「授業のすべてを必ず英語で行わなければならない」とするのが「最大の立場」で，「必要に応じて，日本語を用いて授業を行う」とするのが「最適の立場」だと言えます。上記の下線部が示すように，『解説』は日本の高校英語教育の授業では「最適の立場」で目標言語と第一言語を使用する方針を説明していると言えます。

6.1.3 英国の手引き書

英国の小・中・高でも外国語教育が行われています。ただし学習する外国語は（第一言語の）英語ではなく，フランス語，ドイツ語，スペイン語などです。英国の文部科学省に相当する機関は，文部科学省（2009）『高等学校学習指導要領』の20年以上も前に，「教室での学習を指導し，進める手段には，最初から，英語ではなく外国語を用いるべきである」（DES, 1988, p. 12）と述べて，目標言語を「最大の立場」で用いて学校外国語の授業を行う方針を通達しています。

英国には教育水準監査院があります。その視学官（inspector）はチームを組んで学校を訪問し，授業観察などをして学校評価を行います。2007〜2010年に中等学校90校を訪問した視学官チームは，参観した外国語の授業での目標言語の

使用実態を以下のように総括しています (Ofsted, 2011, p. 6)。

　訪問した多くの中等学校では教師の準備不足により，生徒が目標言語で聞いたり伝えたりする機会が限られていることがよく見られた。日々の学習での通常の決まり切った要求に目標言語でどう答えるかが生徒に教えられていないことがよくあり，生徒が目標言語を自然に使う機会はきわめてまれであった。

この指摘を受けた教育水準監査院は，目標言語の使用による外国語への肯定的な態度，それに文脈や視覚情報から発話の意味を推測する言語学習技能を伸ばす機会が，英国の外国語教室で十分に設けられていない実態に危機感を抱きました。そこでこの問題を解決するために，目標言語の使用について外国語教師が自己評価し，学校の外国語科が学科方針を決める際の参考となるリストを作成しました。以下にそのリストを示します (Ofsted, 2013, pp. 1–2)。(わかりやすいように原文中の「英語」を「第一言語」に置き換えています。)

不適切 (Inadequate)
☐ 教師は目標言語が使えるところで第一言語を過度に，そして不必要に使用している。教師は称賛，挨拶，それにときおりの指示に目標言語を少し使うが，目標言語と第一言語をすばやく，頻繁に交換して使っている。
☐ 教師は意味のあるコミュニケーションで目標言語を使う機会を学習者に十分に与えていない。

改善を要する (Requires Improvement)
☐ 教師は活動の準備と称賛のために目標言語を用いている。
☐ 教師は直ちに自分または学習者の第一言語での訳に頼るため，効果を減じている。学習者は目標言語で会話に参加する機会を与えられてはいるが，教師は学習者が自然に目標言語を使うことをほとんど期待していない。
☐ 教師は学年が上がるにつれて，学習者がより多くの目標言語を使うことを期待している。
☐ 学校の外国語教師の間で目標言語の使用の質と量に一貫性が見られない。

良い (Good)
☐ 教師は学習者が模倣するための一貫して流暢で正確な目標言語のモデルを示している。教師は適切なところでのみ第一言語を使っている。
☐ 学習者は教師主導の授業場面で，目標言語で質問したり明確化を求めたりす

るように励まされている。
- □学習者はときに教師には目標言語で自然に応答するが，学習者同士でコミュニケーションする際は目標言語を使おうとしない。
- □教師は学習者に，上級の学校に上がるにつれて目標言語をより流暢に使うことを求めている。
- □教師はすべての学習者に，会話において予測できない要素に対応する必要があることを体験する機会を設けている。教師はその機会が生じたときに，学習者が即座に目標言語を使うことを称賛し，励ましている。
- □外国語科の統一した方針のもと，外国語教師の間で目標言語の使用の質と量について高いレベルの一貫性が見られる。

最良の実践（Outstanding Practice）

- □授業での主要なコミュニケーションの手段は目標言語であり，教師は学習者が適切なレベルで目標言語を使うことに高い期待を抱いている。その結果，学習者は教師と話す際に，あるいは互いの間で打ち解けて話す際に，コミュニケーションの普通の手段として目標言語を使おうとしている。
- □教師は学習者の自然な目標言語使用を非公式にモニターし，評価している。学習者が上級の学校に上がるにつれてより高度な期待をすることを確実にするために，学習者の進歩の度合いを記録に残している。
- □教師の目標言語の使用は外国語科主任によりモニターされ，良い実践が定期的に外国語科内で共有され，結果として高いレベルでの一貫性が生じている。

　このリストは，目標言語で行う授業を「不適切」なレベルから，「改善を要する」→「良い」→「最良の実践」と，段階的により良いものに変える道筋を示しています。本リストの「良い」や「最良の実践」の描写文は，日本の高校で授業を英語で行うためには，英語科主任を中心とした英語科の組織で対応すること，学習者の英語使用の伸びをモニターすること，学年が上に行くにつれてより高度な英語使用を学習者に求めること，学習者同士で英語でやりとりすることも求めることが重要であること，などを明らかにしています。

　しかし「最良の実践」のレベルでも，目標言語は「授業での主要なコミュニケーションの手段（the dominant means of communication in the lesson）」の位置づけであることに注意します（ibid.）。この「主要な（dominant）」という文言の使用から，英国の教育水準監査院が学校外国語教育の授業の方針を，冒頭の1988年の通達に見られた第一言語の使用を認めない「最大の立場」から，第一言語の効果的な使用を認める「最適の立場」に変更したことが読み取れます。

先に見たように我が国の平成21年（2009）告示の『高等学校学習指導要領』も，上のような「英語で行う授業」の実践を求めています。学習指導要領の「授業は英語で行うことを基本とする」という指導方法は，数度の議論を経て示されました。例えば「英語指導方法等改善の推進に関する懇談会（報告）」（文部科学省，2001）は，「授業を英語で行える教員は増えているとの報告があるが，受験対策のために文法や訳読の授業を中心としており，ほとんど英語を使わずに指導している現状があるとの指摘もある」と述べ，「教員が授業を英語で行うことは，生徒・学生に好影響を及ぼすので，一層推進すべきである」と提案しました。また「『英語が使える日本人』の育成のための行動計画」（文部科学省，2003）も，英語が使えるようになるためには，「英語の授業の大半は英語を用いて行い，生徒や学生が英語でコミュニケーションを行う活動を多く取り入れる」べきだと述べて，平成21年（2009）の学習指導要領の先導役を務めています（下線筆者）。

6.2　英語で行う授業の実際

本節では日本の中学校の授業，それにフィンランドの小学校と高校の授業の点描を通して，英語で行う授業の実際を理解します。フィンランドの授業を取り上げるのは小学校3年から教科として始めるこの国の学校英語教育が，高校3年まで継続的に優れた成果を上げているためです（Ito, 2013）。以下に見るように，英語教師は目の前の生徒の実態に応じて，また授業での活動の目標を考慮して，様々な形で「英語で行う授業」を展開しています。これは教師が自分の指導方法を学習指導要領などの指針にかかわらず，自身の教師の信念（teacher belief）や教員養成・現職研修の期間に得た知識などにも基づいて決定するためです。

6.2.1　フィンランドの小学校での新出単語の学習

外国語としての英語の学習を開始して3年目の小学校5年生の授業です。2011年9月のある日の第3限（12時15分〜13時00分）にA小学校で行われた授業です。教師はJ先生，児童数は12人（男6人，女6人）です。この小学校の1学級の定員は24人ですが，効果を上げるために英語の授業はクラスを半分にして行われていました。児童の机はペアやグループで活動しやすいように2〜4個をセットにして対面式に配置されています。各児童の机上にはAnthonyやAngelaなどの英語名を書いたカードが置かれています。

使用教科書は *Wow! 5 Study Book*（Westlake, et al., 2009）です。教科書とともにそのワークブックの *Wow! 5 Busy Book*（Westlake, et al., 2011）も机上に並べて使います（いずれもヘルシンキのWSOYpro Oy社の出版）。本課の英文は，友だちの

家にお泊まりすることになった女の子が，友だちの父親が作るサラダなどについて会話する内容のものです。言語材料は，Molly lives with her dad. He makes great food.（三人称単数現在形，肯定文）と，grapefruits, tomatoes などの果物と野菜の日常的な語彙です。以下に新出単語の導入・説明・練習の部分の指導を描写します。（この授業の点描は高田（2013）に基づいています。）

（[注] L1：フィンランド語，L2：英語）

10：30　新教材の提示
- 教師は教科書の本 chapter のタイトルの意味を L2 で児童に尋ねる。児童は挙手して L1 で答える。
- 教師はワークブックの *Busy Book* の Chapter 3 の冒頭の詩を CD で流す。児童は開本して聞く。教師は *Busy Book* の p. 29 であると指示し，全員が開けたら Good, very good. とほめる。
- 英詩を聞いた後に，教師と児童は声を合わせて英詩を読み上げる。

12：20　新教材の内容確認
- 教師は詩の内容について What's in the salad? と問う。児童は挙手して答える（L1）。教師は正解を Good. とほめる。

13：40　新出単語の提示
- 本 chapter の新出語の音声を CD で流す。児童は *Busy Book* を開本して聞き，リピートする。
- 教師は *Busy Book* を開本し新出語と既習語，それに三人称単数現在形を含む英文を音読する。児童は教師の後にリピートする。終わると教師は Good, very good. とほめる。

15：30　新出単語の練習
- 教師は児童の席を移動させて，Now everybody has a paired worker. とペアワークの学習環境を作る。
- 教師は *Busy Book* の次の課題を L1 で説明し，OK? Please begin. とペア活動を促す。
- 児童は先ほどの新出語・既習語のリストについて，動詞・名詞・形容詞はどれかを質問・解答し合う。（p. 30 の 3）
- 教師は各ペアの進行状況をモニターし，必要な支援を行う。
- 本活動を終えた児童は，先ほどの単語リストの語彙の暗記に各自で取り組む。
- 児童は質問があれば，教師のところまで歩み寄って尋ねる。（後略）

　この授業で特徴的なのは児童の第一言語（L1）であるフィンランド語の活用で

す。A先生は指示を英語とフィンランド語の2言語で行っています。児童はタイトルの意味をL1で答え，新教材の英詩の内容をL1で答え，英単語の意味がL1のフィンランド語で示されているワークブック（*Busy Book*）を活用して，単語リストに示されている語彙の暗記に取り組みました。（なお，ワークブックの課題2の冒頭の指示文は，L1のフィンランド語で「聞いて繰り返してください。」と書かれています）。このようにフィンランドの小学校では英語から母語に訳す活動を重視していますが，そこには技能の重視に加え，母語のフィンランド語を大切にする心理が働いています（伊東，2014）。

6.2.2　日本の中学校での文法の導入

次は日本の中学校1年生に現在進行形の導入をしている授業の様子です。生徒は東京都府中市立府中第2中学校の1年生です。クラスサイズは日本の平均的な中学校のものです。教科担任の田口徹先生が約9分で以下のようにこの日の新しい基本文を導入されました。（以下は2007年5月にNHKで放送された番組「わくわく授業」より音声を書き起こしたものです。（　）内は生徒の発言です。）

Today's topic is this. (Sport.) That's right. Sport. Do you like sport? (Yes.) I like sports very much. I play tennis. I play table tennis. I play golf. Ayato, you play baseball. Which part do you play? (I, I am third.) Oh, you are a third base. OK, Shiori, do you like sport? (Yes.) What sport do you play? (Tennis.) OK. So make a sentence. I play tennis. (I play tennis.) Thank you. OK? She plays tennis. She plays tennis. OK. And, let's see. All right. So Yuta, stand up please. Yes, Yuta, stand up please. Tomoki, stand up please. ... How many boys? One, two, three, four, five, six, seven. One, two, three, four, five, six, seven boys. はい seven boys に共通すること英語で言ってください。言える人。（ハイ）OK, Takahiro. (They play soccer.) That's right. They play soccer. Everybody, repeat. They play soccer. (They play soccer.) Big voice. They play soccer. (They play soccer.) Now, look at television. Everybody, look at television. Can you see? Ryo, can you see? TV. OK. Listen everybody. [points to those playing soccer on the TV screen] They, they are playing soccer now. （はずした）They are playing soccer. Rooney! He is a good, good player of England. OK? They are playing soccer. Now. [points to the seven students sanding up] They play soccer. [points to the television] They are playing soccer. OK. Everybody, repeat. They play soccer. (They play soccer.) Look. Look at TV. They are playing soccer. (They are playing soccer.)【1. 以上，場面の設定】

第6章

何か違ってなかった。わかった人。何か違ってなかった？　Arisa。(are) are って聞こえた。テレビの方。他に。ハイ。(ing) ing って聞こえた。他に。Tomoki。(動詞が2つあった。) 動詞が2つあった。よくわかったね。OK. Thank you. All right. Sit down, please. さあうちのサッカーやっている連中と，テレビの有名人のプロの人たち。さあサッカー1人じゃできないよね。Yuta, Kento, Tomoya 面倒くさいね。they でいいよね。OK, everybody, look at the blackboard. [puts the card They on the blackboard] They, they その後動詞なんだっけ。(play) そうですね。They play, play スポーツをするは play だったよね。They play soccer. They play soccer. OK, everybody repeat. They play soccer. (They play soccer.) They play soccer. (They play soccer.) その後テレビを見ながら言った英語なんて言っていたかな。(They are) そう They are。are ってみんな知っている単語じゃない。(be 動詞) そのとおり。すばらしいね。はい一緒に言ってみましょう。are (are) are (are). ねえ，こんな文今まで見たことある。be 動詞もあるし，これ何だいこれ。(一般動詞) 一般動詞。こんな両方あるなんて。これはいけないよって言われていた文なのに。両方ある。他に気づいた人。(ハイ) 他に何か気づいた人。カナコ。(ing) ing って聞こえた。ing って聞こえた。聞こえた。(聞こえた) ing って音から想像してなんだと思う文字は。(アイエヌジー) 見たね。OK. ing の正体。それは [shows the card ing] これなんですね。さあこれ今日のキーワード。これ結構大事だからね。ing. 音は ing って言います。一緒に言ってみよう。ing (ing) ing (ing). これね実はね独立した単語じゃなくて，ある単語にこうくっついていたんだけど何にくっついていたんでしょ？　(play) play ing, OK, play だから，[adds the card ing to the 'play' on the blackboard] 音としては playing。これにつけます。【2．以上，基本文の引き出し】

　OK, they are playing soccer. (They are playing soccer.) They are playing soccer. (They are playing soccer.) One more time. They are playing soccer. (They are playing soccer.)【3．以上，基本文の反復】

　OK. さあ上の文と下の文。似ているけど違うよね英語が。じゃ，使われる場面が違うんだけど，どういう違いがあると思う。わかる人。どういう違いがあると思う。じゃあKaichi。(A はサッカーをやっていますで，B は今そこでやっています。) 今やっている。さあYuta 達，サッカー部の連中。サッカーやっている連中。今サッカーやってんの？　今やってんのサッカー？　今サッカーやったらおこられるよな。Kento 今サッカーやっていないよな。ねえ皆今何やってんの？　(勉強) 勉強してんだよね。今はやってないよね。だけど放課後とか週末とかはサッカーをやるよね。こういうのはまあ今やっているというよりも1つの習慣だよね。月水金はサッカーやるとか，週末はサッカーやるとか。1つの習慣ですよ。習慣って

194

```
┌─────────────────────────────────────────────────────────────────┐
│  Today's Point  今やっている動作について述べる→ 主語 + Be動詞 + 一般動詞 ing │
│                                              are, am, is    現在進行形    │
│                                                                 │
│   A1      They            play       soccer.（習慣）             │
│   B1      They     are    playing    soccer.（今やっている）       │
│            A                            B                        │
│                                                                 │
│   A2      I               study      eyery day.                 │
│                                        ↓                        │
│   B2      I        am     studying   now.                       │
└─────────────────────────────────────────────────────────────────┘

図 6.1　現在進行形の導入時の板書

わかる。この 1 週間の週間ではなくてこっちの習慣。こういう違いがあるってことでね。今日はじゃあねえこのＢの言い方。今やっている真最中。... OK, I study every day. 嫌だけどね毎日やっている。I study every day. 1 週間のこと。I study every day. OK, everybody. I study every day.（I study every day.）ハイ，じゃ，今，ね，もうサッカー部の人も，バレー部の人も，ピアノが大好きな人も，今はピアノ弾いたりスポーツしていないよね。今何やってんの？　勉強しているよね。いま勉強してんの。だからこれ [every day] を now にしてみる。こっちどう変わる？（ハイ）Volunteer. Any volunteers? Ryo.（I am studying now.）Very good. Perfect. そのとおり。I am って言っているよね。I am これが結構キーワード。I am. それから study ってどうだった。stu-, stu-（studying）studying これについていた。はい。ということで今日のポイントが見えてくると思うんだけどね。さあ今日のポイントはねえ。今やっている最中，それを表す動作について英語でどう言ったらいいか。はいそれじゃこの 2 つの例からみんなルールを導き出してみようか。まず最初何か来ている。B1, B2。最初何。(they, I) They, I こういうの何だっけ。（主語）主語だよね。その動作をしている人は誰がやっているの。自分なの，相手なの，お母さんなの，先生なの。主語が来ているよね。その後何来ている。(be 動詞) そう are とか am のこと何ていうんだっけ。(be 動詞) be 動詞って言いました。1 学期にやりました。be 動詞を使うんだね，これ。えっとここに出ているのは are とそれから am だけどもう 1 個なかった。もう 1 個なんだっけ？be 動詞。(is) is. OK. はい，主語の後にまず be 動詞が来ている。その後何来ている？（一般動詞）そう一般動詞だよね。今までは動詞ってどっちかしか使わなかったのに両方ある。ただし何かちょっとなんかくっついているよね。一般動詞に (ing) そう。要するに。何をやっているのっていうのは [points to 一般動詞] ここでわかるわけだ。遊んでいるの？　寝ているの？　走っているの？　勉強し
```

第 6 章

ているの？　ここでわかる。それにこれが付いている。これが今日のキーワードなんだね。ing. さあこの形をつくるとどうやら，この人がこの動作を今やっている最中だっていうことが言えるらしい。【4. 以上，文法事項の説明と文法事項の理解の確認】

　　... [授業の終盤で] Thank you now. All right. 今日の習った表現，実はこういう名前がついていて，現在進行形って言います。参考書見てこれを見ると今日習った表現が詳しく出ているから，自分で勉強したい人は見ておいてください。All right. So, everybody. Open your notebooks please. Open your notebooks please. [note taking]（後略）【5. 以上，板書事項のノートへの転記】

　一般に英語の授業での新出文法事項の導入は，「1. 場面の設定，2. 基本文の引き出し，3. 基本文の反復，4. 文法事項の説明と文法事項の理解の確認，5. 板書事項のノートへの転記」と進められます。上の書き起こしから理解されるように，田口先生は「1. 場面の設定」は目標言語で行い，それ以外は中学 1 年生がよく理解できるように第一言語（L1）の日本語を活用して進めています。図 6.1 は田口先生が最終的に整理された板書を示しています。ここでも現在進行形の働きを「今やっている動作について述べる」というわかりやすい日本語で示して，生徒の理解を確実にしています。田口先生は日本語の主語，Be 動詞，一般動詞という文法用語も繰り返し使用して，生徒に英語のしくみの確実な理解を保障しています。

6.2.3　日本の中学校での話す活動の指導

　次は中学校 2 年生の授業の Warm-up で話す活動の Guessing Game に取り組む様子です。教師は一部モザイクをかけた絵をスクリーンに投影します。生徒はその状況を自分なりに推測しながら級友に英語で説明し合い，互いの考えを共有します。この活動は I think that ～ の文の接続詞の復習にもなっています。

　次の図 6.2 の左の絵がモザイクをかけた状態の，右の絵が解答確認時に投影されたモザイクがとれた状態の絵です。以下は，新潟県新潟市立白新中学校の大岩樹生先生が，同校 2 年 2 組の生徒に 2014 年 5 月に行った授業の冒頭の約 11 分間の Warm-up の活動を書き起こしたものです。((　)内は生徒の発言です。"David" は同校の ALT の David 先生です。)

OK, everyone. Why don't we start the class? OK. Stand up please. OK. Good morning, everyone.（Good morning, Mr Oiwa.）Oh, is everyone here? No one is absent? OK? OK, sit down please. Look at the blackboard. This is Today's Menu.

図6.2 Warm-up（Guessing Game）用の絵

OK? So the first menu is ... how do you read?（Mosaic Picture.）Mosaic Picture. もう10回目かね？　はい，many times. OK? The second. This is the main menu. OK? Read. The Calendar of ... 点，点，点．（Ha, ha, ha.）OK? What kind of calendar? OK? OK. First, look at the screen.（出た。）This is Today's Mosaic Picture. OK? Please guess the mosaic part. OK? And open your notebooks. OK, you have only three minutes. Please finish in three minutes. OK? Explain this situation in English, OK? Ready, go! ... Yes, sure.（How do you say うるさくして？）あぁ，speak loudly.（邪魔して？　How do you say 邪魔している？）邪魔している？（うるさい？　うるさくして？）あ，うるさい！　How do you say うるさい？（うるさくはないのか？）OK, "noisy"? "noisy". You can use this word. まあ別に使わなくていいですよ。Other questions?（うっとうしい。）OK.（May I ask a question?）Sure, sure. Go ahead.（えっと，how do you spell ヘッドホン？）Oh really? "headphone". OK? Wow. Good question.（pi, pi, pi ...）I'm sorry. Time is up. So it's time to share your ideas in pairs. OK? But remember. Speak in English. OK? Don't use Japanese. Please try. I'll give you only one minute. OK? Ready. おぉ，これじゃ1秒だ。Ready, go.（I think the woman is in trouble because ...）（I think the woman is in trouble because woman is studying but man is noisy.）（I see. I ... I think you are right.）（I agree with ... me.）Ha, ha. I agree with me! Ha, ha. I agree with myself.（Myself.）Myself. I agree with myself. ...（Mr Oiwa, may I ask you a question?）Sure. Go ahead.（How do you say 勉強できていない，難しい？）Ah, できていない，できない。She is a woman. She ...（Can't.）Can't! Can't. Very natural. Christopher, very nice!（pi, pi, pi ...）OK. I'm sorry. Now, it's difficult, I know, I know. It's difficult. But please give us the idea. Who can give us the idea? OK ... let's start from Emily.（はい。）持ってていい？　ん？　Emily, OK?（えっと，自分の答えでいいんですか？）自分の答えでいいよ。OK.（えっと My answer is ...

第 6 章

the woman is in trouble because near boy is noisy. The boy is listening music.）（Ah, ah. I see.）これよく使ったね。（え？　違います。）Nearby じゃないの？　（違います。）（Near boy!）（Near boy!）（Ah, ha, ha.）Near boy! Nearby かと思った。習ったばっかりなのに。I see. Near boy is noisy. 男の子のまわりがうるさい。I see! Emily thinks that the woman is in trouble because near boy is noisy. I see. こういう時ね，状況を表す it を使うといいよ。（Ah.）It is noisy near the boy. 英語はこういう感じになります。Very good! OK, I have a little different idea? Who can try? OK, Alice.（I think the woman is in trouble because the man's headphone is noisy.）The man's headphone is noisy. I see. I agree with you. I agree with Alice. Raise your hand. お，いないの？　あぁ，OK. [Some students raise their hand] You agree with Alice. OK, other idea? もう１人ぐらいいこうか。Nobody? Finish? OK? いいの？　本当にいいの？　本当に？　OK?（Hu, hu.）Ha, ha. あぁ OK, if you can't answer in Japanese, ah, English, OK, it's OK to answer in Japanese. こういうこと言いたかったけど。はい，どうぞ。どうぞ。本当にいいの？ いいの？　いいのね。OK. はい"noisy"。この単語わかんなかったら，どうしよう。この前，技を授けたぞ。（逆。）逆！　Very good. "Not"…（"quiet".）"quiet". OK.（逆にそっちがわかんない。Ha, ha.）How about this, "silent"?（Ah! Ah!）OK? まあ，伝わります，伝わります。OK. Very good. Good try. 本当にいいの？　（Ha, ha.）もうないの？　いいの？　あぁ，OK. 来た，来た，来た！Henry.（The woman is in trouble because the boy is listening music with this, with big voice.）（Ah!）Ah! The man is listening to music with big voice. Big volume.（Ah!）Big volume. "voice" is from mouth, "volume" is from speaker. OK? Very good! Excellent. I have a different idea? OK. Let's go. Josh, あぁ，Josh. OK.（The woman is in trouble because a boy don't help …）Don't? Don't? A boy don't? What did you say? Because?（Because a boy don't help me. She can't finish her homework.）（Ah, ah. I see.）I see. A boy don't … boy doesn't, OK. A boy doesn't help me って言っちゃうと自分になっちゃうから boy doesn't help her.（Her.）なるほど。They study together but the boy doesn't study.（Ha, ha）I see. それはなかったアイディ ア　だ　な。Excellent! Very good! OK. Today we have David here.（Eh?）David, 【〈Pre-recorded〉What do you think, David? Well, I think she thinks the boy can't get a job because he doesn't study.】Do you understand? One more time?（One more time.）OK. One more time, please? OK. Listen again.【〈Pre-recorded〉What do you think, David? Well, I think she thinks the boy can't get a job because he doesn't study.】（Ah.）Can't get a job. What does "job" mean?（仕事）She thinks the boy can't get a job because he doesn't study.（あぁ，ニート？）（Ha, ha.）ニー

ト？ He doesn't study. He doesn't study. He is listening to music so he doesn't get a job. 将来大変だなぁって。こんな絵が入っているの？ （Ha, ha.) OK? OK. Do you understand? OK? David っておもしろいですよね。OK. That has finished. Let's go to the next menu. ...

　以上の Guessing Game は絵を説明する picture description の活動ですが，モザイク部分を想像して英文を発表しますので，生徒のユニークな発想などがクラスに紹介され，笑いのあふれる生き生きとした warm-up になっています。生徒は教科としての英語を習い始めてまだ 1 年 2 ヵ月しかたっていません。大岩先生は英語で授業を進めていますが，生徒の様子を見ながら適宜英語と第一言語（L1）の日本語のコード切り替え（code switching）をしています。活動の指示を英語で行うだけでなく"Very good! Excellent."のような称賛も英語で行っています。「A boy doesn't help me って言っちゃうと自分になっちゃうから A boy doesn't help her.」のように，文法の説明には L1 を使っています。また，「もう 10 回目かね？」や「David っておもしろいですよね。」などと生徒と感情を共有するときも L1 を使っています。「邪魔している？」は生徒の L1 での発話を繰り返しています。「まあ別に使わなくていいですよ。」や「自分の答えでいいよ。」や「もう 1 人ぐらいいこうか。」では活動の指示を短い L1 で端的に行っています。生徒の発話への称賛も「それはなかったアイディアだな。」と L1 でより深い内容を伝えています。"OK, if you can't answer in Japanese, ah, English, OK, it's OK to answer in Japanese."と生徒が日本語で回答することも許容しています。

　生徒も様々な理由で頻繁に英語と日本語のコード切り替えを行っています。生徒が授業中にできるだけ英語を使おうとする姿勢が見てとれます。"I see."と教師や級友の発言に同意する声がクラスのあちこちから上がり，2 年 2 組の学びの共同体としての一体感が伝わってきます。生徒は活動の進め方に不安がある場合は，「えっと，自分の答えでいいんですか？」のように L1 を使って確認しています。もちろん What does "job" mean?「仕事」というやりとりのように，英語の単語の意味の確認には L1 で解答しています。加えて生徒は，「えっと，how do you spell ヘッドホン？」のように英語の文の途中に日本語を混ぜるコード切り替えもしています。大岩先生はこの段階ではこの種の発話を許容しています。

6.2.4　フィンランドの高等学校での読む活動の指導

　以下のフィンランドの高校 3 年生の授業は，2011 年 9 月のある日の 1 限（9 時 55 分～11 時 25 分）に J 高校で行われたものです。P 先生が高校 3 年生 23 人（男子 2 人，女子 21 人）の G12 という選択授業（90 分）を担当されました。教室には

第6章

　　黒板とスクリーン2枚，机を2つずつ付けた列が3列あります。使用教科書はヘルシンキのTammi出版の *English United: Courses 7-8*（Daffue-Karsten, et al. n. d.）です。P先生はこの教科書の著者の1人でもあり，高い英語運用能力を駆使されます。（以下の授業の点描も高田（2013）に基づいています。）

（［注］L1：フィンランド語，L2：英語，T：教師，S：生徒）

00：00　授業日の授業の直前に受験したMatriculation Exam（Listening）［大学入試のリスニング試験に相当］についてのやりとり（T：L2, S：L1）。［教師は生徒のL1使用を禁止しない。L2使用を特に求めることもしない。］

02：00　本時のテーマの提示：Today's topic is love.（T：L2）。タスクの指示を出す。"Write down a love poem." リソースの利用を示唆。「教科書掲載の英詩の引用を利用してもよい。」［自力でタスクが遂行できるか判断させ，難しい場合に利用できるリソースを提示する。］

03：00　教師が好きなlove songを聞かせる。［音楽は創作意欲向上の工夫。］［先生個人としてテーマに向かう姿勢を見せる。］生徒は曲を聞きながらloveについて詩を書く課題に取り組む（3分）。

06：20　聞き手を探し，自分の詩を読むように指示（T：L2）。Let's see what sort of poets you've become. And every poem deserves an audience. You can choose a recipient.［自分の考えを，自分が話したい相手を選んで伝える。］グループ活動。2～4人で自作の詩を読み合う。活発に，時に笑い声をたてながら発表し合う（S：L2）。教師は机間指導。

08：20　活動終了後，数人の生徒の詩にコメントする。［教師は言語教師としてよりも一読者としての感想を述べる（T：L2）。］"I didn't know that Jona was such romantic." "I thought that … was more sort of his genre, but love poems are his genre too."

08：50　新教材の提示。指示：CDを聞きながら本文を読み，パラグラフごとのポーズで各パラグラフの要点を理解する。その後，パートナーと要点について話す。3人グループでもよい。L1またはL2のどちらを使用してもよい（T：L2）。［これから行う言語活動の目的は要点を捉えることであることを繰り返し強調。明確な目的意識を持たせている。］

10：00　第1パラグラフをCDで聞く・読む（S：L2）。（要点についてパートナーとL1で話す生徒が多い。S：L1）教師は生徒を指名し，第1パラグラフの要点を答えさせる。スクリーンにキーワード（L2）を映す。要点は口頭で答える。教師も生徒も書かない。生徒の応答はL1, 教師の言語はL1に時折L2が入る（T：L1 & L2, S：L1）。

…（14：00　同様の指導を第6パラグラフまで続ける）…

38：50　本文全体の要点について教師がL2で説明（T：L2）。"Love makes the world go round."映画や小説に言及。

40：45　本文を詳細に読みExercise 2（本文についての間違いを含む文を直す）の解答をペアで確認（S：L2）。"Correct them (i.e. wrong statements in Exercise 2) with your partner. If you insist that you work on your own, then all right, OK. You can do it on your own as well."［学習の方法（1人かペアか）を生徒自身に選択させる。］

49：20　生徒がExercise 2を終えたかどうか聞く。答えをスクリーンに投影し，各自が答え合わせをする。

50：10　教科書p. 220のシナリオの役をサイコロで選び，（ある状況にどう対応するか）ロールプレイする（T：L2, S：L2）。

60：20　来週のMatriculation Examのエッセイ［大学入試のライティング試験に相当，250 wordsの英語の文章などを書く］の書き方指導。Final advice for writing an essay. L1で説明（T：L1）。

71：30　空所補充問題（millennium, two-thirds等）のハンドアウトを配布。答えの確認をL1を交えて行う（T：L1 & L2, S：L2）。

84：00　授業終了。

　フィンランドの学校英語教育は成果を挙げています。TOEFLの成績を見るとフィンランドは絶えず世界の上位10位以内に位置しています。フィンランドの英語教育の成果について尋ねたところ，フィンランド人大学生の97％，同教師の100％が，「非常に成功している」または「成功している」と回答しました（Ito, 2013）。

　上の授業の書き起こしから，教師は英語を使って授業を進めているのがわかります。第一言語（L1）のフィンランド語を使っているのは，10：00からのパラグラフごとの要点の理解の確認，60：20からの大学入試エッセイの指導，それに71：30からの空所補充問題の解答確認の指導過程です。込み入った意味の理解の確認や深い内容に関わる話し合いは第一言語で，さらに解答確認や試験などの重要な情報も第一言語で確実に生徒に伝える方針が採られています。

　一方生徒も，10:00から始まったパラグラフごとの要点の理解の確認では，パートナーとL1で話し合っています。高校3年生で読む英文の内容が深く，また英文が複雑なため，英文の意味の理解の確認には目標言語ではなく第一言語で行うのが効率的だと考えられているようです。また読むことの学習では訳(translation)を活用しているのが特徴的です。上で引用したテキストの直後の文中にはaptly

という新出単語で使われています。生徒が aptly という新出単語の意味を知りたい場合は，English-Finnish と示された教科書巻末のアルファベット順語彙集で，そのフィンランド語訳を入手できます（右下の osuvasti, sattuvasti「適切に」）。生徒はまた新出英単語のフィンランド語訳を，教科書の別の箇所の課別語彙リストでも入手できます。こちらのリストでは，文章内での出現順に，「英単語＋発音記号＋フィンランド語訳」がセットで示されています。先の小学校5年生のワークブックに示された語彙リストと同様のものが，高校3年生の教科書でも示されているわけです。高い英語力を育てるフィンランドの高校英語教育ですが，卒業時までこの種の2言語語彙リストを活用しています。

　上の授業のもう1つの特徴が，教師がどの言語を使うか生徒に委ねている点です。本時で生徒は CD を聞きながら本文を読み，その後にペアで要点を話し合いますが，P 先生は L1 か L2 のどちらかで確認するよう指示しています。先生はまた，「教科書掲載の詩の引用を利用してもよい」や「Exercise 2 の解答確認は1人でしてもよいし，ペアでしてもよい。」などと指示しています。フィンランドでは常にこのように学習者自身に学習方略（learning strategy）を選ばせるようにして，学習者の自律（learner autonomy）を育てています。

6.3　英語で行う授業の理論

　これまで日本の高校英語教育も英国の学校外国語教育も，目標言語と第一言語の関係について「最適の立場」を採っていること，また日本やフィンランドの実際の授業では，生徒の実態，授業の場面，活動の目標などに応じて，教師も生徒も英語を中心にしつつも，第一言語（日本語，フィンランド語）も活用していることを見ました。外国語教育で第一言語の使用に教育的な意義を認めないのが「最大の立場」，意義をいくらか認めるのが「最適の立場」でしたが，これからの学校外国語教育はどちらの立場を採るべきでしょうか。本節では英語（目標言語）で行う1言語指導法（monolingual teaching）の授業の理論を理解しますが，それは2言語指導法（bilingual teaching）の理解，すなわち学習者の第一言語の活用の仕方の理解と表裏一体の関係にあります。

6.3.1　1言語指導法から2言語指導法へ

　先に確認したように，平成21年（2009）『高等学校学習指導要領』の『解説』は，新しい英語教育では「授業は英語で行うことを基本とする」ものの，「授業のすべてを必ず英語で行う」のではなく，「日本語を交えて行う」指導方法を説明しています。「授業のすべてを必ず英語で行う」授業は1言語指導法に，「日本

語を交えて行う」指導方法は2言語指導法に分類されます。世界各地には以前より，そして今日でも，外国語の指導方法は1言語指導法が最善だとする考え方があります。以下に「授業のすべてを必ず英語で行う」1言語指導法がどのように生まれ，その見方がどう変化してきているかを Hall & Cook（2012）などに基づいて検討します。

　これまで外国語をどのように教えるべきかという問題は，様々な視点から議論されてきました。19世紀後半以降は1言語指導法が外国語としての英語の学習指導に最も良いとされてきました。1言語指導法では，教師の説明，テスト，授業運営，教師と生徒の間の意思疎通などに生徒の第一言語を用いません。

　この1言語指導法は19世紀末の欧州の言語教育改革運動（Reform Movement）の産物と見なされてきました。この運動では文法訳読教授法の非効率さが問題視され，その結果，今日まで続く次の考え方が定着しました（Cook, 2008, pp. 4-5）。

　　a．指導の基本は音声であり，書面ではない。
　　b．教室では教師も生徒も第一言語ではなく第二言語を使うべきである。
　　c．教師は文法の明示的な議論を避けるべきである。
　　d．言語教育の目的は生徒を母語話者のようにすることである。

　bとdが1言語指導法に結びつきます。しかし改革運動の主導者の1人のSweet（1899/1964）は，語彙指導に第一言語での訳を勧めています。実は1言語指導法の出所は，第一言語の使用を一切禁じたベルリッツ語学学校（1878年設立）です。生徒の第一言語を知らない母語話者教師（native speaker teacher）を雇う語学学校（それに教科書を世界的に販売する出版社）にとって，目標言語のみで書かれた教科書を用いて母語話者に匹敵する外国語能力を学習者に育成する語学学校での外国語教育には，1言語指導法は現実的な理由で都合のよいものでした。

　1970, 80年代の第二言語習得研究（SLA）も1言語指導法を支持しました。目標言語の習得にはインプット・インタラクション・アウトプットが必要だと考えられています。1言語指導法の場合，学習者が学習開始時から常に学習言語のインプットを受け，学習言語でインタラクションやアウトプットをする機会を豊富に得ることになるため，目標言語の習得には2言語指導法より1言語指導法が効率的な指導法であると考えられました（Ellis & Shintani, 2014, p. 24）。

　一方で世界の様々な教室では，学習者の第一言語を活用する2言語指導法が途絶えることなく続いていました。現在は教師は学習者の第一言語の意義を認めて活用すべきだとする声が広がっています。その背景には，SLAの「自然な言語習得」観の否定や，グローバル化の進展に伴う2言語主義（bilingualism），多言

語主義（multilingualism）や複言語主義（plurilingualism, Council of Europe, 2001）の再評価があります。1言語指導法は，非英語母語話者教師（nonnative speaker teacher）の地位，英語学習者のゴール，（英語圏内外で学習者に必要な）2言語・2文化併用のアイデンティティーと技能に破壊的な影響を及ぼしている，と捉えられるようになりました。

　様々な学問領域でも1言語指導法から2言語指導法へという流れが見られます。言語心理学（psycholinguistics）は，学習者を2言語使用者（bilingual user）と見る必要性，それに第一言語と目標言語の対比の有効性を述べています。SLAは訳の活動が第二言語習得に不可欠なアウトプットの機会を生むこと，訳は最も利用される学習方略であること，学習者は第一言語を活用して困難なタスクの負荷を減じて学習を推進すること，語彙学習では訳が最も効果的であること，などを明らかにしています。構成主義（constructivism）は，新しい理解は学習者がすでに持っている知識をもとに成立すると捉え，目標言語の理解には第一言語で蓄積した言語技能や一般的知識が必要になると主張しています。社会文化理論（sociocultural theory）は他者との関係を重視し，学習者が第一言語を用いて級友や教師と対話してタスクをやり遂げることが大切だと捉えます。言葉の教室を2言語/多言語の実践共同体と捉え，一定の原則に基づいて学習者の第一言語の使用を認めて，結果的にコミュニケーションのための目標言語の使用を増やすべきだと主張しています。教師の信念の研究は，教師が「英語だけ（English only）」の原則ではなく，「おもに英語（English mainly）」の原則を支持していることを明らかにしました。学習者の意識の研究は，第一言語の使用が教室での学習者の不安を減じる役割を支持していることを明らかにしました。例えば，ポルトガルの中学と高校で英語を学ぶ生徒511人への調査では，中学生の72％，高校生の81％が外国語の教室での第一言語の使用は必要だと回答しています（Veiga, 2013）。

　以上の変化を受けて，世界的な外国語の教科書と教師向け指導書で，2言語指導法の活動や訳の採用が増えています。外国語の学習指導において「1言語指導法から2言語指導法へ」というパラダイムシフトが生じていると言えます。

　例えば，日本の学習指導要領に相当する英国のナショナル・カリキュラムも，1990年代初期および中期のものは目標言語については「最大の立場」を採り，学校外国語教育に1言語指導法を求めていました。それが第1節で見たように，1990年代の後期になると「最適の立場」を採って，教師と生徒の第一言語使用に価値を認めるように変化しました（Pachler, Barnes & Field, 2009）。1999年版のナショナル・カリキュラムは，生徒の目標言語（フランス語など）と第一言語（英語）の使用について次のように述べています（DfEE/QCA, 1999, p. 16）。

> 目標言語とは児童生徒が学習している現代外国語のことである。児童生徒は目標言語を使用し，応答すること，そして必要な場合（例えば文法事項について話し合うときや英語と目標言語を比べるとき）に限って英語を使用することが期待される。

2007年版ナショナル・カリキュラムになるとさらに，第一言語は学習者が言語や言語構造を比べたり暗記したりする際に役立つ可能性があるとして，目標言語の学習に第一言語（英語）の知識を用いること，単語・文・文章の各レベルで目標言語を第一言語（英語）と関係づけることを「指導内容（Programme of Study）」に規定するようになりました（Pachler, Barnes & Field, op. cit.）。

そして2013年版の「言語の指導内容（Languages Programmes of Study）」になると，短めの外国語の文章を読んで第一言語（英語）に正確に訳す指導と，短めの第一言語（英語）の文章を外国語に正確に訳して書く指導を外国語の教室で行うことが規定されました（DfE, 2013）。この指導を受けた生徒が受験する上級学校の入学試験では，読むことの大問の10％〜15％，書くことの大問の20％は，訳（translation）の力を測る出題とすることも決定されています（Ofqual, 2015）。

1言語指導法が良いとする考えは，「学習者は第一言語を習得した際と同様の環境にたっぷり浸かれば外国語を習得するだろう」という前提に基づいています。しかしそのような第一言語の習得が可能なのは，実際に目標言語で伝達する必要がある，目標言語に常にそして様々な形で触れている，新しく学んだ単語・句・構造を試すことができるといった環境があるからです。外国語の教室でこうした環境を実現することはほとんど不可能であり，実現できたとしてもそれは決まって不自然なものになります。子どもの第一言語の学習は高度に文脈に結びついて（contextualized）行われますが，児童生徒の教室環境での目標言語の学習は高度に文脈から切り離されて（decontextualized）行われます（Pachler, Barnes & Field, 2009, p. 121）。「人は赤ん坊が第一言語を習得するように第二言語を『自然に』学習する」という主張はまだ実証されていないのです（Macaro, 2000, p. 178）。

学習者の第一言語は認知的・教育的資源であり，学習者が外国語学習という仕事に持ち込む最大の資産であり，外国語に近づくための最も速く，確かで，正確で，完全な手段を提供してくれる道具であるという点で，外国語への唯一の親鍵（*the* master key to foreign languages）と捉えることができます（Butzkamm, 2003, p. 31）。逆説的ですが，目標言語の学習にやさしい教室環境は，第一言語の選択的な使用によって作られます（ibid., p. 32）。

6.3.2 各教授法での第一言語の位置づけ

表6.1はこれまでに開発され，使われてきた教授法が，学習者の第一言語の使用についてどのような立場を採っているかをEllis & Shintani（2014, pp. 226-227）に加筆して作成したものです。

表のA欄には第一言語の使用を禁止する教授法が，B欄には第一言語の使用に一定の役割を与える教授法が示されています。例えばA欄の最初のa1. 直接教授法（Direct Method）は第一言語の使用を禁止しています。学習者は第二言語に最大限に触れる必要があり，教室内での第一言語の使用は母語話者のような習慣を生徒に育成する際の妨げになると考えるからです（ibid.）。

表6.1 各教授法での第一言語の役割

A 第二言語の全面的使用に基づく教授法	B 第一言語の使用を要求する教授法
a1. 直接教授法 　　（Direct Method） 　語彙は物まねと実物指示的定義で教えられる。文法は帰納的に教えられる。教師中心で，第二言語の口頭使用を強調する教授法だった。	b1. 文法訳読法 　　（Grammar Translation Method） 　文法は演繹的に教えられ，第一言語から第二言語に訳す活動によって練習される。第二言語の語彙は第一言語での相当語句を経由して導入される。
a2. 口頭教授法 　　（Audio lingual Method） 　文法はドリル，それに第二言語で書かれた対話の台本を演じることで，帰納的に教えられた。目標は正しい「習慣」を育むことだった。	b2. コミュニティー言語学習法 　　（Community Language Learning） 　教師は生徒に興味のある話題について第一言語で何かを言わせ，そして第二言語に訳し，生徒にそれを繰り返させる。このようにして第二言語での対話が訳を経て作られる。
a3. 全身反応教授法 　　（Total Physical Response） 　学習者に命令文の理解を動作で示すことを求めることで，語彙と文法が帰納的に教えられる。	b3. バイリンガル教授法 　　（Bilingual Method） 　生徒が第一言語を使わずに第二言語で対話ができるようになるまでは，教師は第一言語を用いて，生徒が第二言語で対話を繰り返すのを支援する。生徒は第二言語の使用のみが許される。
a4. 場面言語教授法 　　（Situational Language Teaching） 　文法は場面別の課題を通して帰納的に教えられる。語彙は頻度に基づいて制御される。	b4. 二言語混用指導法 　　（Translanguaging Approach） 　学習者は1つの言語で情報を受け取り，別の言語で出力するように求められる。すでに2言語話者である生徒向けの指導方法である。

a5.　沈黙式教授法 　　（Silent Way） 　教師は完全に沈黙し，各種人工物（キジネア棒や色別発音表など）を用いて学習者から第二言語での発話を引き出す。	b5.　双方向型イマージョン教育 　　（Two-way Immersion Programmes） 　生徒は同一の教科内容を2つの言語（母語と第二言語）で別々に教えられる。生徒の第二言語を伸ばす一方で，第一言語も支援する教育である。
a6.　ナチュラル・アプローチ 　　（Natural Approach） 　教師と教材が提供する理解可能な第二言語のインプットを通して，文法と語彙を偶然に，意識せずに学ぶ。	b6.　コミュニカティブ言語教授法 　　（Communicative Language Teaching） 　　タスク中心の言語教授法 　　（Task-based Language Teaching） 　実際的な目的を実現するためのコミュニケーション活動やタスクに個人や集団で取り組ませる。授業では第二言語がほぼ独占的に使われるが，教師の場面設定の説明や生徒の課題解決の過程などで第一言語の使用を許容する。

　A欄とB欄の教授法は，学習者に文法と語彙を理解させる方法に違いがあります。A欄のa1〜a6の各教授法は第一言語を経由せずに帰納的に文法と語彙を理解させますが，B欄のb1〜b6の各教授法は新しい文法形式や語彙の意味を第一言語で説明して理解させることも許容します（ibid.）。

　授業中の第一言語の使用の割合では，a1. 直接教授法が最も低く，b1. 文法訳読法が最も高いと言えます。第1節で見たようにb1. 文法訳読法については，日本の中高で依然として採用されており，高校の学習指導要領の『解説』は「訳読や和文英訳，文法指導が中心とならないよう留意」せよと述べています。

　B欄の最後のb6. コミュニカティブ言語教授法は，実際的な英語運用能力養成が重視される今日にあって，いわば標準的な公認教授法として広く採用されている教授法です（米山，2011，p. 60）。この教授法は，意味のある目的のために第二言語を使う言語活動の機会を学習者に最大限に与える点にその特徴があります。そうした言語活動で学習者は，言葉の形式や正確さよりも，伝える意味と成し遂げるタスクにより多くの注意を払います。このとき学習者は創造的で予測不能な第二言語の使用を遂行するため間違いを犯しますが，それは言語の学習過程での自然な行為であるとされます。言葉の分析や文法説明は一部の学習者のためになるが，第二言語の広範な使用は全員の学習者のためになると考えて，教室での生徒の第二言語の使用を励まします。

　以上の捉え方は，1990年代初頭の英国の学校外国語教育で採用された種類のコミュニカティブ言語教授法のものです。この時点では，第一言語の使用について「最大の立場」と同様の完全排除の立場（total exclusion position）が採られていました。しかし外国語の学習指導の実践が進むにつれて，第一言語の使用につ

いては「最適の立場」に立つべきであり，言葉に焦点を当て，その形式面について考えることも重要である，と教師の間での認識が変化しました。第一言語は多くの学習者にとって思考のための言語（language of thought）である。教室内でのコード切り替えは自然な行為であり，第一言語を完全に排除することは外国語学習過程における学習者のアイデンティティーを脅かすことになる。こうした認識が以降の外国語教育に取り入られ，第一言語の使用に一定の役割を認める現在のコミュニカティブ言語教授法へと変化しています（Pachler, 2000）。

コミュニカティブ言語教授法の発展形であるb6. タスク準拠言語教授法も同様に，生徒がタスクに取り組む際の第一言語の使用に一定の役割を認めます（Willis, 1996, p. 130）。生徒は第一言語で互いにタスクを説明し合ったり，役割分担を話し合ったり，互いの発話や理解を確認し合ったりしますが，これはタスク準拠指導のねらいに合致した行為です（Cook, 2001, p. 418）。

現在の日本の中学校英語教育でも主流の教授法はコミュニカティブ言語教授法です。それは英語の文法や構造を系統的に，しかもできるだけ現実的な言語運用を再現した状況で教えることが望ましいとする種類の，いわゆる「弱い型」（weak version）のコミュニカティブ言語教授法です（Howatt, 1984, p. 279）。米山・高橋・佐野（1981, p. 22）は，日本におけるコミュニカティブ言語教授法を説明していますが，そこではI ate something *nurunuru* for breakfast this morning.のように，英語の枠組みの中で適宜日本語を使い，生徒にも同様に日本語を使用してコード切り替えをすることを認めるものでした。学習者の表現しようとする意欲を尊重し，第一言語の使用に教育的な意義を認めるこのような指針は現在も受け継がれています。

6.3.3　第一言語使用への賛否

先に外国語教育の指導方法の考え方が1言語指導法から2言語指導法へと変化していることを概観しました。このパラダイムシフトとも呼ばれる大きな変化は，外国語学習者が目標とすべき外国語能力についての認識の変化がきっかけとなって生まれています。それは，学習者が英語母語話者の熟達度をゴールとすることは，達成不可能であるばかりか望ましいことではないこと。学習者が目指すべきは英語が使われている地域や世界全体で必要になる「2言語・2文化のアイデンティティーと技能」であるという認識です（Hall & Cook, 2012, p. 273）。

本節は第一言語(学習者の母語)を活用することの利点と欠点を詳細に検討して，英語で行う授業のあり方を考察します。まず外国語教室での第一言語の使用場面は，次のように整理されます（Cook, 2008, pp. 184–185）。

a. 教師が意味を伝える
- 教師が単語や文の意味を第一言語を用いて伝える
- 教師が文法を第一言語を用いて説明する

b. 教師が授業をやりくりする
- 教師が教室の管理を第一言語を用いて行う
- 教師が学習活動の指示を第一言語を用いてする
- テストで第一言語を用いる

c. 生徒が教室で第一言語を使う
- 生徒が主たる学習活動の一部で第一言語を使用する
- 生徒が教室での活動で不意に第一言語を使用する

上のリストは生徒が不意に使う場合を除き，第一言語は目的を持って使われることを教えます。次の表6.2はそうした第一言語使用の目的とその使用への賛成・反対意見を詳しく示しています（Ellis & Shintani, 2014, pp. 234–235 より抜粋）。

表6.2 第一言語使用についての賛否

第一言語の使用	賛成意見	反対意見
a. 第二言語の意味を伝える。	a1. 第一言語は第二言語の単語と文の意味を伝える速くて簡単な方法として使える。	a2. 意味の伝達に第一言語を使うと，第二言語の意味を第一言語の訳語として扱ってしまう危険がある。
b. 規律を維持する。	b1. 教師が学級や生徒個人を注意する際に第一言語を使うと，「本気である」ことを示すことになる。	b2. 規律のための第一言語使用は，「本当の」伝達の際は第二言語は不要だと生徒に知らせてしまう。
c. タスクとテストを説明する。	c1. 第一言語はタスクやテストを始める最も速く効率的な方法で，生徒が何をすべきかを明確にできる。	c2. タスクの説明に第一言語を使うと，真の伝達目的には第一言語を使用せよと生徒に知らせてしまう。
d. 文法を説明する。	d1. 生徒に文法を理解させる目的には第一言語が最適の伝達手段である。	d2. 文法説明は上級者向けであり，上級者には第二言語での説明の方がインプットとしても益する。
e. コード切り替えを練習する。	e1. コード切り替えは同一言語を共有する教室では自然であり，効果的な伝達手段として奨励されるべきである。	e2. コード切り替えは伝達上の問題を第一言語で解決させ，結果的に生徒の第二言語での方略的能力の伸長を妨げることになる。

f. 生徒と関係を築く。	f1. 教師が生徒の個人的な生活指導をする際は高度な談話技能を必要とし、第二言語では効果的に行えない。	f2. 教師との人間関係の構築に第二言語を使うことは、生徒にとっては自分の気持ちを第二言語で表す最も自然な場面になる。
g. インプットの不要な修正を避ける。	g1. コード切り替えをしないと、教師はインプットの修正によけいな時間を費やして、インタラクションの機会を減じてしまう。	g2. インプットの修正はインプットを理解させる重要な手段であり、第二言語に触れて第二言語の学習を促進することになる。
h. 訳の技能を伸ばす。	h1. 第一言語の使用で、一部の学習者が教室外で必要となる訳の技能を伸ばすことができる。	h2. 第一言語の使用は、学習者に第二言語でなく第一言語で思考することを励ますから、第二言語での伝達技能の発達を妨げる。
i. 第二言語で行う活動の準備をする。	i1. 第一言語は聞くことや読むことのプレ活動でスキーマを活性化し、話すことや書くことのタスクの計画時に使えて、タスクの話題の深い理解を促す。	i2. 4技能の活動の準備は、その活動を行う言語（第二言語）ですることが、練習を転移させ、正確性を向上させるという理由から、最善である。
j. 学習者の不安を減じる。	j1. 教師のコード切り替えは第二言語を理解する際に学習者が抱く不安を、学習者の第一言語使用は学習者の不安を減じる。	j2. インプットの修正で第二言語で理解する際の不安を、また準備ができるまで発言を求めないことで第二言語で発話する際の不安を減じられる。
k. 第一言語使用者としてのアイデンティティーを認め学習者への敬意を示す。	k1. 学習者の第一言語の尊重は、第二言語が植民地的または経済的な従属に結びついている場合は特に重要である。	k2. 学習者への敬意は第一言語を使わずとも可能であり、生徒個人と親しくなり、交流することを通して示すことができる。

　この表6.2での「第一言語の使用」はa～kの11あります。これらは外国語の授業で第一言語が果たす機能（function）とも言えます。表6.2で第一言語の各機能に対して指摘されている賛成意見や反対意見は意見や信念であり、データに基づく結論ではないことに注意します。また11の第一言語の機能のうち、特にどれが第二言語の習得に有効かもまだ解明されていません（ibid.）。

　さらに、賛成意見も反対意見も一般的な外国語教室を想定して述べられている点にも注意します。第一言語の使用は、外国語としての英語教育（EFL）か第二言語としての英語教育（ESL）か、といった大きな環境（macro-context）の違いだけでなく、教室でダイナミックに構築される教師と生徒の人間関係などの小さな環境（micro-context）の違いにも作用されます（ibid.）。各生徒の認知的・言語的発達段階も重要な要因です。この意味で、いつ、どの機能で、第一言語または

第二言語を使うかを前もって考えるのは困難なことがあります。

　第1節で検討した高等学校学習指導要領の『解説』(2010) は，「a. 第二言語の意味を伝える」と「c. タスクとテストを説明する」については，教師の英語での説明や指示を理解できていない生徒がいる場合は，「日本語を交えた指導」を行うとしています。また「d. 文法を説明する」については，「言語活動を行うことが授業の中心となっていれば，文法の説明などは日本語を交えて行う」と述べています。そして「h. 訳の技能を伸ばす」については，「訳読や和文英訳，文法指導が中心とならないよう留意」して，「和文英訳を行う場合も，伝えたい内容を十分整理し，知っている語や表現を用いて，工夫して書くような活動として行うこと」と述べています (pp. 50-51)。つまり高校の学習指導要領の『解説』は，a1，c1，d1，h1 の賛成意見を支持して，意味の伝達，生徒への指示，文法の説明，訳読や和文英訳などの活動で，日本語を「最適」に，賢明に使用することを勧めていると言えます。

　表6.2 はおもに教師が第一言語を使う際の機能をまとめていますが，外国語の教室では生徒も第一言語を使います。「a. 第二言語の意味を伝える」と「e. コード切り替えを練習する」は「2言語・2文化のアイデンティティーと技能」(Hall & Cook, 2012, p. 273) を育成する，という再定義された外国語教育の目標に重要な第一言語の機能です。第二言語使用者はコード切り替えを日常的に行いますから，a1 や e1 の賛成意見を支持して，英語の授業では生徒が必要に応じて英語と日本語を切り替える練習をします (Cook, 2002, p. 335)。文間のコード切り替え (inter-sentential codeswitching) に加え，日本のコミュニカティブ言語教授法が許容したように，英語の枠組みの中で日本語を随時使う文内のコード切り替え (intra-sentential codeswitching) にも取り組むべきです。「f. 生徒と関係を築く」は教師と生徒の間のものですが，生徒は生徒同士の人間関係を円滑にするためにも第一言語を使用します。社会構成主義の理論はこうした生徒の行為を奨励しますので，教師は生徒の実態に応じてこの第一言語の役割を受け入れます。「h. 訳の技能を伸ばす」機能は再評価されています。先のコード切り替え同様に，第二言語使用者は訳を日常的に行いますから，英語の授業では生徒が必要に応じて英語から日本語，日本語から英語に訳す練習をすることが求められます (ibid.)。「i. 第二言語で行う活動の準備をする」際の第一言語の使用は，メタ談話 (meta talk) と言われます (Ellis & Shintani, 2014, p. 232)。学習者が1人でまとまりのある文章を書いたり発話したりする際は，まずその計画を第一言語で私的発話/内言 (private/inner speech) をすることが，課題解決の足場掛けとして有効な場合があります (ibid., p. 242)。またそうしたタスクをペアやグループで行う場合は，メタ談話を第一言語ですることが結果的により完成度の高いタスクの遂行につな

がります。教師は i1 の考え方を受け入れて，こうした生徒の第一言語使用の機会に十分配慮します。最後に「j. 学習者の不安を減じる」機能には，限られた第二言語能力しか持たない学習者が外国語の教室で感ずる様々な不安に対して，第一言語の使用を許容することでそれを減ずる働きです。情意フィルター仮説（Krashen, 1981）が示唆するように，感情面の緊張が高すぎると生徒は学習をうまく進められませんから，教師にはこの第一言語の機能に配慮しつつ，「最適の立場」に立って英語で授業を行うことが求められます。

6.4　英語で行う授業のヒント

第1節では，英語で授業を行う目的はインプット・アウトプット・インタラクションの充実にあり，そこでは教師は指導内容の説明，活動の指示，手本の提示，活動の励まし・講評，理解と活動の手助けを英語で行うことが求められていること，そして生徒は英語に触れ，英語でコミュニケーションする機会を充実し，聞いたり読んだりする際に日本語を介さずに理解することに慣れ，英語で要約したり，推敲を繰り返して英語の文章を書くことが求められていることを確認しました。こうした外国語の授業は，積極的にコミュニケーションをしようとする意欲（Willingness to Communicate, WTC）を育て，外国語学習への動機を高めることなどの学習者の情意面に良い影響を及ぼすことも期待できます。この種の英語で行う授業はどのような点に配慮して進めるべきでしょうか。本節ではその際のヒントを，最初に教師と生徒の視点から，次いで英語科の視点から提示します。

6.4.1　教師の英語使用と生徒の英語使用

イスラエルは中東にある国です。この国の学校英語教育の学習指導要領はこれまでバランスのよい教育目標を設定してきました（Cook, 2008, p. 211）。イスラエルの教育省はこのたび自国の学習指導要領を改訂しましたが，そこには以下の言語の学習指導を有意義にする原則（principle）が示されており，国が示す指導方法のより詳細な例として参考になります（表6.3, Ministry of Education, 2013, pp. 8-10）。本節ではこの原則に言及して，英語で授業を行う際に教師と生徒はどのように英語に触れ，英語を使うようにできるか，そのヒントを紹介します。

表6.3　言語の学習指導を有意義にする原則

言語学習	言語指導
学習者が以下を行うと言語学習が促進される。	教師が以下を行うと学習を促進する。

a1. 一連の書面と口頭のテキストに出会い，目標言語に最大限に触れること，これにより英語の偶発的な獲得を可能にする。	a2. 教室で英語を話し，一連の言葉や視覚の刺激で豊かな言語環境を与えて，学習者が語彙・他の言語特徴を偶発的に獲得する機会を提供する。
b1. 理解を助ける場合には，第一言語にときおり頼ることができる。	b2. 英語の学習を高める場合には，第一言語をときおり賢明に用いる。
c1. 外国語学習に求められる努力を，進んで意欲的に投じる。	c2. 学習者が興味を持つ話題・教材・活動を選ぶ。
d1. 当該言語を使う際の肯定的な自己イメージと自信を育む。	d2. 成功重視のタスクと肯定的なフィードバックを与える。
e1. 進んで危険を冒す。	e2. 脅迫的でない，支持的な学習環境を創造する。
f1. 既習の言葉と常識的知識をもとに事を進める。	f2. 学習者の事前知識をもとにして進めることになる内容や言葉を選ぶ。
g1. 自分の進歩を自覚し，達成感を持つ。	g2. 形成的なフィードバックを継続的に与える。
h1. 最近接発達領域内で自分が試される。	h2. 学習者の認知的・言語的な発達段階を考慮し，多様性を認識し，それに気を配り，対応する。
i1. 内在する言語規則を理解する。	i2. 難しい言葉の問題を明快に説明する。
j1. 焦点を合わせた，意味のあるタスクの中で，文法・語彙・他の言葉の問題を練習する。	j2. 学習者が文法・語彙・特定の言葉の問題を練習できる，意味のある課題を与える。
k1. 語彙を増やす。	k2. 語彙を大量に教え，頻繁に繰り返し使わせて，学習を定着させる。
l1. 目標言語が意味をなすように，また意図的に使う機会を持つ。	l2. 学習者がコミュニケーションのために目標言語を使うことを要求するタスクを与える。
m1. 自分が学習していることの有用性と意義を理解する。	m2. 本物で実世界のタスクを与え，学習者にその有用性を理解させる。
n1. 情報を共有したり，考えや意見を交換したりして，級友と互いに協力する。	n2. 教室での活動にペア活動やグループ活動を持ち込み，級友とインタラクションする機会を与える。
o1. 当該言語をどのように学ぶか意識し，自分で学びを分析し，省察する。	o2. 学習の前，最中，後に，省察とメタ認知を励ます。
p1. 学習目標を意識している。	p2. 単元，授業，特定のタスクの目標を説明する。
q1. 自律的な学習を可能にする言語学習方略を進展させる。	q2. 言語学習方略を教え，それを使う機会を与える。
r1. 自分の言語学習に責任を持つ。	r2. 学習者に目標を設定し，自分の進歩を評価することを励ます。
s1. 批判的思考や創造的思考のための機会を持つ。	s2. 高次の思考技能の適用を要求する，やりがいのあるタスクを与える。

t1. 自分の好みに基づいてテキストやタスクを選ぶ機会を時々持つ。	t2. いろいろなテキストやタスクから生徒が選択する手順を含める。
u1. 自分のレベルに合う様々な種類のテキストを読む。	u2. 学習者の読みのレベルに合う様々な種類のテキストを与え、1人で読む時間をとっておく。
v1. レベルに合った本を定期的に読み、1人で読む習慣を育てる。	v2. 多読（楽しみのための読書）のための時間をとっておく。
w1. 当該言語に関連する文化や文学を探究する意欲を持つ。	w2. 異なる文化や文学につながりを持つように学習者を励ます。

　上の原則は望ましい生徒の学習（左欄1）に向けて教師はどんな指導をすべきか（右欄2）を対の形で示しています。例えばこれまで見てきたように、学習者は第一言語を認知的・言語的資源として活用すると、目標言語をより有意義に学習できます。これを学習者向けには原則b1、教師向けには原則b2で示しています。（なお、イスラエルが第一言語について「最適の立場」に立つことを示すこの原則b1とb2は、同国のこの2013年版学習指導要領で初めて記されました。）

　日本の高校の学習指導要領は「英語で授業を行う」目的は、「生徒が英語に触れる機会を充実する」ためと、「授業を実際のコミュニケーションの場面とするため」の2つと述べ、それを第二言語習得研究はインプット・アウトプット・インタラクションの充実と説明しています。まずインプットの充実については、表6.3のa, f, h, t, u, v, wの原則で示されています。原則aは教師が話す英語などのインプットで、学習者が「目標言語に最大限に触れること（maximum exposure to the target language）」が語彙などの獲得に効果的であることを述べています。この時の教師の英語は学習者の事前知識（prior knowledge）（原則f）や認知的・言語的な発達段階（cognitive and linguistic development）（原則h）に配慮して、わかりやすくします。これを日本の高校の学習指導要領の『解説』は、教師言葉（teacher talk）の留意点として、「語句の選択、発話の速さなどについて、十分配慮する」「英文の内容を簡単な英文で言い換えるなどする」「生徒の理解の状況を把握するように努めながら、簡単な英語を用いてゆっくり話すこと等に十分配慮する」などと挙げています（pp. 50-51）。

　表6.3の原則はこうした音声の刺激に加えて、教室内の掲示や書面のテキストも生徒のインプットとして重要だとしています（原則a）。そして学習者が自分で文学（原則w）を含む様々な種類のテキストを読んだり（原則tとu）、楽しみのための読書（原則v）をしたりして英語に触れさせることを重視しています。

　次に、英語でのインタラクションについては原則d, g, nなどで示されています。まず教師が肯定的で形成的なフィードバックを継続的に生徒に与えることが大切です（原則dとg）。その際に教師はやはり、学習者の事前知識（原則f）

と認知的・言語的な発達段階（原則h）に配慮して英語を用います。生徒は目標言語を周囲の人々との様々なやりとりを通して習得します。この考えはSLAでは相互交流仮説（interaction hypothesis）として提案されています。相互交流はインタラクションとも言われ，学習者が教師や目標言語の母語話者などと交わす言葉によるコミュニケーションを指します。学習者は相互交流を通して意味の交渉を行い，相手からより理解しやすい入力（インプット）と様々なフィードバックを得ます。このことが外国語の習得を促進すると考えられています。したがって教師は，生徒との相互交流の過程で生徒が効果的にまた的確にコミュニケーションを行えるように，自らの発話を調整することが大切になります。こうした教師の英語使用は相互交流修正と呼ばれており，次の方法があります（米山（2011, pp. 162-163）のLarsen-Freeman & Long（1991）の紹介に基づく）。

表6.4　教師言葉における相互交流修正

種類	例
a. 反復 （repetition）	教師：I have been to Britain several times. I went there last year. I went there three years ago, too. I have been there several times.
b. 明確化要請 （clarification request）	生徒：Does Nancy is Japanese? 教師：One more time please. 生徒：Does Nancy is, ah, does Nancy speak Japanese?
c. 理解チェック （comprehension check）	教師：I went to the auditorium by myself. Do you follow me?
d. 確認チェック （confirmation check）	生徒：I went to the library. 教師：Library? 生徒：Yes.
e. 言い直し （recast）	生徒：What do the students like sports? 教師：What sports do the students like?

　相互交流修正の方法にはまずa.反復があります。教師は自分の言った英語をそのまま繰り返すか，表現を少し変えて発話して生徒の理解を助けます。教師のb.明確化要請は生徒の英語を教師が理解できなかったときに生徒に再度発話させてコミュニケーションを続ける方法です。教師はc.理解チェックの方法で自分の英語を生徒が理解しているかどうかを確認します。逆に教師はd.確認チェックをして，生徒の英語の発言内容を確認しつつ相互交流を続けることも大切です。教師のe.言い直しは生徒の発話の内容を教師が受け入れながら，その形式上の不適切なところの正しい言い方を提示することで，暗黙のうちに指摘する方法です。言い直しは形式の訂正という否定のフィードバックを生徒に提供します。生

徒は言い直しの英語を聞いて自分の英語の誤りに気づき，自分の発話を訂正します。この過程が目標言語の習得を促進すると言われています。英語で行う授業は，教師にこうした相互交流修正の方法を駆使して生徒とインタラクションすることを求めます。

　英語でのインタラクションはまた，ペア活動やグループ活動に取り組む学習者間でも生じるように配慮します（原則 n）。

　最後に，アウトプットについては原則 e, j, k, l, m, s などで言及されています。まず学習者が安心して英語でのアウトプットに挑戦できる環境作りが大切です（原則 e）。語彙や文レベルでのアウトプットは英語の基礎的な知識と技能の習得に必須の事柄ですが，意味のある課題の中で練習したり（原則 j），繰り返し使う機会を与えたりすることが大切です（原則 k）。学習者にまとまりのある文章や発話のレベルでのアウトプットをさせる場合には，意味のあるコミュニケーションを行うタスクに取り組む形で行わせます（原則 l）。そうしたタスクには本物で実世界（authentic, real-world）のもの（原則 m），学習者が高次の思考スキルを駆使して批判的思考や創造的思考（critical and creative thinking）を働かせる種類のもの（原則 s）が，学習者に英語学習の有用性と意義（usefulness and significance）を理解させる（原則 m）ために望まれます。

6.4.2　英語科の学科方針

　本章の第 1 節で英国の学校外国語教育の事例を通して英語で授業を行うためには，外国語科としての取り組みが重要であることを見ました。そこでは目標言語の使用を次のように改善する計画が示されていました（Ofsted, 2013, pp. 1-2）。

改善を要する（Requires Improvement）
□学校の外国語教師の間で目標言語の使用の質と量に一貫性が見られない。
良い（Good）
□外国語科の統一した方針のもと，外国語教師の間で目標言語の使用の質と量について高いレベルの一貫性が見られる。
最良の実践（Outstanding Practice）
□教師の目標言語の使用は外国語科主任によりモニターされ，良い実践が定期的に外国語科内で共有され，結果として高いレベルでの一貫性が生じている。

　小・中・高の英語授業において教師により授業中の英語使用の質と量に差があることは，学習者の英語教師集団に対する不信感を生むばかりでなく，学校全体の英語教育の成果にマイナスの影響を与えます。上のリストは，学校英語科とし

て最適の立場に立って,「第一言語の使用がいつ,どのように正当化されるか,その教育の原則」(Macaro, 2001, p. 535) を確認し,英語科主任を中心にしてお互いに確認しつつ英語で行う授業を推進すべきことを提案しています。

　こうして確認された英語で行う授業の教育の原則は「英語科学科方針」のような文書にまとめておくことが大切です。これは英語科の学科会議などで英語の使用方針を確認し,改善する機会を持つことで「目標言語の使用の質と量について高いレベルの一貫性」(Ofsted, op. cit.) を生むために必要になります。それは年度が替わって新任教師が担当したり,年度の途中で教科担当が非常勤教師に交代したりする場合に,英語で行う授業の一貫性を維持するためにも重要です。

　以下はそうした学科方針の例です(King Edward VI School, 2013, pp. 9–10)。(「英語」を「第一言語」に置き換えています。)

　　不適切だと考えられる場合を除き,教室での決まった場面では目標言語が使われる。目標言語がより効果的だと考えられる場合を除き,複雑な文法の説明,それに一部の生徒指導上の事柄は第一言語で行われる。特に日々の教室での指示は普通はすべて目標言語で行われる。児童生徒と教師は教室内でのあらゆるコミュニケーションに適切で可能な程度,目標言語を使うように励まされる。これは教室外でのコミュニケーションにもよく当てはまる。(中略) 生徒作品には目標言語で短くコメントすることが期待される。そのコメントは適度に肯定的であるべきである。短く肯定的なコメントに続く,改善の提案や必要な説明を加えたより詳細なコメントは,目標言語か第一言語でなされる。こうした詳細なコメントは実行可能な限り目標言語でなされる。

　上記の学科方針には示されていませんが,テストについての取り決めとして,児童生徒にテストの問題文を目標言語で示す方針を記述する場合もあります (Pachler, Barnes & Field, 2009, p. 130)。我が国で英語科をあげて英語で行う授業に取り組んだ例に井口・鈴木 (2014) があります。また英語で行う授業を計画し,実施する際の詳細な参考図書として Willis (1981) が挙げられます。2 言語指導法をさらに知りたい場合は Butzkamm & Caldwell (2009) で学べます。

CHAPTER 7

第7章
役立つフレーズ
——生徒が英語で言いたいこと

7.1 英語で言いたかった表現を集めた学習者コーパス

(1) なぜコーパスが必要なのか

　学習者が英語で表現できたことはスピーチのスクリプトやチャットなどの書き起こしデータを見れば容易にわかります。ところが，学習者がチャットの最中，言いたいことがあってもその表現を知らないためにあきらめてしまったり，あるいは日本語で表現したりすることがありますが，こういった表現がどのような表現であったかは発話者に聞くしかわかりません。

　学習者が持ち前の英語を使ってコミュニケーション活動を行うことは大切ですが，学習者が英語で言いたかったけれども言えずあきらめてしまった表現はどのような表現だったのかを教師が知ることができて，チャットなどのコミュニケーション活動の前に，学習者にその表現を教えることができれば，学習者のストレスを軽減できるだけでなく，学習者のコミュニケーション能力を高めることができると思います。

　本章では，以下の3項目を中心にこれから述べたいと思います。
・学習者がコミュニケーション活動で，英語で言いたかったけれども言えなかった表現をどのように収集したらよいか。
・学習者の言えなかった表現を教師が収集し，学習者にフィードバックするためにどのようにコーパスを構築したらよいか。
・構築したコーパスを，検定教科書を補って授業の中でどのように活用したらよいか。

　以上のことについて具体的に述べてみたいと思います。

(2) 英語で言えなかった表現をどのように収集し，コーパスを構築したらよいか

中学校で筆者は，月曜日に決まってチャットの活動を実施しました。2人1組になってもらい，週末の生活の様子を英語で話すコミュニケーション活動です。以下のワークシートは，中学1年生が過去形の学習を終えたときに使用したものです。

会話のキャッチボールをしよう！

What did you do last weekend?

1. 聞かれたら一文付け足して答えよう。また，答えたら聞き返そう。

A: What did you do last weekend? —— Topic   Extra information

B: Let's see. I watched *Shinsengumi* on TV. I like *samurai* dramas. How did you spend your last weekend?

A: Let me see. I listened to a *Kuraki Mai* MD. She is my favorite singer. Do you like her songs?

B: Question

A: What else did you do last weekend?

2. What did you do last Saturday? What did you do last Sunday? Please write about your weekend.

トピックを最低3つ以上選ぼう。5つあればとてもよい！　具体的に書こう！

Topic 1 _____

　　　　Extra information

Topic 2 _____

　　　　Extra information

Topic 3 _____

　　　　Extra information

Topic 4 _____

　　　　Extra information

Topic 5 _____

　　　　Extra information

第 7 章

3. 本当は英語で言いたかったけれど言えなかった表現を日本語で書きなさい。

　このような活動は応用範囲が広く，春休み，ゴールデンウィーク，夏休み，冬休みの後に，What did you do last weekend? を How was the spring vacation? というように表現を変えることで使用できます。休みの前にチャットとして実施する場合には，What are you going to do during the summer vacation? とすればよいです。この活動は，中 1 から中 3 まで行える活動で，継続して行えばよりスムーズに行うことができると思います。

　この活動を終えた後には，決まって，上記のワークシートの「3. 本当は英語で言いたかったけれど言えなかった表現を日本語で書きなさい。」というように，英語で言いたかった表現を日本語で書いてもらいます。授業実践が繰り返されるにつれて，学習者が英語で言いたかったけれど言えなかった表現は蓄積されていきます。

(3) 収集した表現を整理し，日英パラレル・コーパスをどのように構築したらよいか

　上記(2)のチャットのワークシートのタスク 3 で，学習者が英語で言いたかったけれど言えなかった表現を日本語で書いて提出してもらいますが，それを，教師が授業の空き時間を使いながら，1 件ずつ Excel のセルに入力していきます。入力作業をしていると，同じような質問が別のクラスからも出ていることに気がつきますが，省略しないで入力していきます。質問の頻度が重要な情報で，同じような質問が多ければ多いほど，多くの学習者がその英語表現が必要であるということです。

　続いて，ALT の協力を得て，Excel の日本語の質問に対する英語を作成します。シンプルな英語を使用すること，できるだけ自然な英語にすることが大切です。利用する学習者の英語のレベルを考慮することが大切です。左側に日本語そして右側に英文（逆に，左側に英語，そして右側に英語でも問題ありません）を一対一対応になるように入力作業を進めます。

　この Excel データを検索ツールの EasyConc.xlsm[1)]にコピー＆ペーストで貼り付ける作業を行います。EasyConc.xlsm は，日英パラレル・コーパスを検索するために開発した VBA のツールです。

　この EasyConc.xlsm を用いることにより，目的用途に応じた検索や授業で使用するワークシートを作成することができます。例えば，教科書に play という

動詞が出てきたときに，EasyConc.xlsm で play を検索すれば，学習者が play に関連するどのような表現を英語で言いたいのかがわかります。あるいは，日本語で「おみくじを引いたら大吉が出た」などと言うときに，英語で「おみくじ」をどう表現したらよいのか，また，「大吉」をどう言ったらよいのかわからないとき，EasyConc.xlsm を検索することにより，その表現を知ることができます。知りたいと思う目的用途に応じてツールの検索を行うことができます。EasyConc.xlsm は，知りたい語句を英語からも日本語からも引くことのできる便利な検索ツールなのです。

(4) 日英パラレル・コーパス EasyConc.xlsm からどんなことが見えてくるのか

英語による発信型日本文化がよく話題にされます。検定教科書ではページ数の制限もあり，日本文化に関する表現をすべて網羅できているわけではないので，中・高生から英語でどのように表現したらよいのか質問を受けます。日本のお正月に関連する英語表現を EasyConc.xlsm で検索してみましょう。面倒な操作はいりません。すでにお手元のコンピュータに EasyConc.xlsm がダウンロードされていることを前提にお話しします。

① EasyConc.xlsm の起動

最初に，EasyConc.xlsm をダブルクリックし，起動します。このとき，「i 保護ビュー　注意—インターネットから入手したファイルは，ウイルスに感染している可能性があります。編集する必要がなければ，保護ビューのままにしておくことをお勧めします。」と表示されることがありますが，「編集を有効にする」をクリックします。続いて，「i セキュリティの警告　マクロが無効にされました。」と表示されますが，「コンテンツの有効化」をクリックします。

② マクロの起動方法

続いて，Ctrl キーと K キーとを同時に押して，マクロを立ち上げます。下図を参照してください。

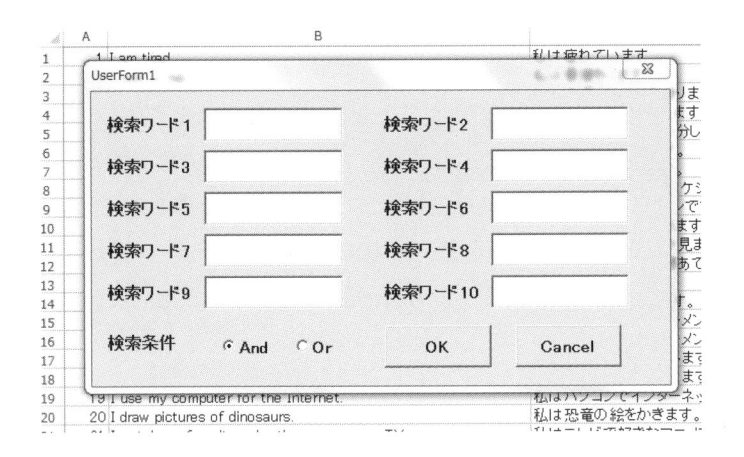

③　検索ワードの入力方法

　検索ワードに，「元旦」，「神社」，「初詣」，「おみくじ」，「お年玉」と入力し，「Or検索」にチェックを入れて，検索してみましょう。検索ワードの1〜10に順番に語句を入力します。検索語は10語まで使用できます。検索ワードの入力では，Tabキーを使用すると検索ワード間をすばやく移動することができます。

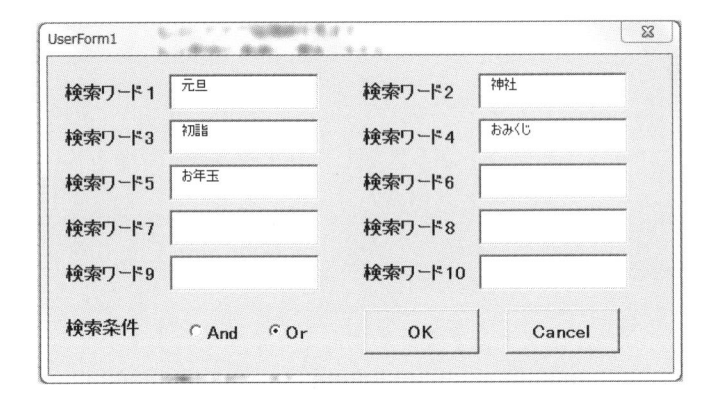

④　検索結果

　以下のようにヒットします。

	A	B	C
1	167	I went to the festival at Tamagawa shrine with my family.	私は玉川神社のお祭りに家族と出かけました。
2	1014	I drew (chose) my fortune slip. I got the best one. (I drew the best one. I drew the worst one.)	おみくじを引いて大吉が出た。大凶が出た。
3	1015	I went to Meijijingu on New Year's Day.	私は明治神宮に初詣でに行きました。
4	1016	I visited Meijijingu on New Year's Day.	私は明治神宮に初詣でに行きました。
5	1028	I couldn't get much money on New Year's Day.	お年玉をあまりもらえなかった。
6	1519	I bought a Mac computer with the money I got from my grandfather as a New Year's gift.	おじいちゃんからのお年玉でマックを買った。
7	1608	I visited a shrine on New Year's Day.	神社
8	1719	I went to a shrine on New Year's Day.	初詣に行く
9	1727	I drew my fortune slip at the shrine.	おみくじを引いた
10	1824	I visited a shrine on New Year's Day.	お正月に神社を参拝した。
11	2079	How did you get to the shrine on NewYear' Day?	（初詣で）どうやっていったの？
12	2097	Unfortunately, (or I regret that) I couldn't visit the shrine.	初詣に行けなくて悔しかった。
13	2099	I drew a New Year's fortune slip at the shrine.	私は初詣でおみくじをひきました。
14	2103	My fortune slip said "a little happiness".	おみくじが小吉
15	2108	I don't usually do anything special for New Year, but this time I visited a shrine(, for a change).	あまりお正月っぽいことはしていないのですが、珍しく初詣に行きました。
16	2195	About what time did you go to the shrine?	初詣には何時ごろ行ったの？
17	2202	Did you see in the New Year at a shrine.	大晦日から元旦にかけて神社で過ごしましたか。
18	2203	I visited a shrine on New Year's Day.	年明けに初詣に行った。
19	2223	How much New Year's gift money did you get?	お年玉いくらもらった？
20	2229	I picked (took) a fortune slip at the shrine.	おみくじを引いた。
21	2232	I picked a fortune slip at the shrine.	神社でおみくじを引いた。
22	2302	I went to the shrine to get rid of my bad luck.	神社に厄除けに行きました。

（検索結果の一部抜粋）

冬休み後に２人１組になってチャットの活動を行うような場合には，事前に上記の表現を学習者に提示しておくことが必要です。そうでないと言いたいと思う表現が浮かばず，スムーズにコミュニケーション活動を行うことはできません。

7.2　input と output との関係について先行研究ではどのようなことが言われているのか

外国語学習では，インプットが大切だと言われています。はじめに先行研究を通して，インプットとアウトプットとの関係を見たいと思います。

Ellis（1997）では，インプットからアウトプットまでのまでの流れを以下の様に説明しています。

The learner is exposed to input, which is processed in two stages. First, parts of it are attended to and taken into short-term memory. These are referred to as **intake**. Second, some of the intake is stored in long-term memory as L2 knowledge. The processes responsible for creating intake and L2 knowledge occur

第 7 章

within the 'black box' of the learner's mind where the learner's interlanguage is constructed. Finally, L2 knowledge is used by the learner to produce spoken and written output (i.e. what we have called learner language).

　Ellis (1997) の第二言語習得のコンピュータ・モデルによると，最初，インプット情報の一部が短期記憶の中に取り込まれます。これをインテイクと言います。次に，そのインテイクの一部分が第二言語知識として長期記憶に蓄えられ，最後に，アウトプットで利用されるということです。

　このインプットとアウトプットとの関係を踏まえると，学習者が英語で表現したい語句が教科書を通してインプットされていれば，学習者はアウトプットとして，英語で言いたいことをスムーズに表現しやすくなると思います。もし検定教科書に学習者がコミュニケーション活動で必要とする表現語句が含まれていないとすれば，生徒にインプットしていないのにアウトプットを期待することになり，生徒が表現するのは難しいと思います。

7.3　中学校の検定教科書にどのような表現を補って指導したらよいのか

　学習者のコミュニケーション能力を育成するために，教科書を補ってコミュニケーション活動でどのような表現や語句，文法事項を学習者に指導したらよいのか提案したいと思います。

7.3.1　基本動詞　play など

　中1の検定教科書の基本動詞として play や like などが挙げられますが，動詞 play を例に教科書ではどのように提示されているのか，また学習者はどのようにその動詞を使って表現したいと思っているのか見てみます。

(1)　インプットとしての教科書

　中学校の検定教科書 *New Crown English Series* Book 1, Book 2, Book 3 を AntConc[2)] の Concordance 機能を使って調べてみます。play は中学校で238例ほど提示されますが，下記の表からもわかるように使い方の多くは圧倒的に，「play ＋スポーツ名，楽器名」というパターンです。

　　【Search Term：(\bplay\b|\bplays\b|\bplaying\b|\bplayed\b)】

Hit	KWIC	File
148	r White. 3 Say A the girl, playing tennis, Miki The girl playing	24nc3
149	d baseball, but he doesn't play tennis. Mr Smith: I see.　No.2 Mr	24nc1
150	practice kendama? 3 Say A play tennis When do you play tennis? E	24nc1
151	e the drums? 3 Say A Miki, play tennis When does Miki play tennis	24nc1
152	play the shamisen? 3 Say A play tennis Where do you play tennis?	24nc1
153	the guitar? 3 Say A Miki, play tennis Where does Miki play tenni	24nc1
154	ster, Jean. Ken: Does she play the bagpipes? Ms Brown: Yes, she	24nc1
155	llege. Paul: When does she play the bagpipes? Ms Brown: She play	24nc1
156	tland. He likes music. He plays the bagpipes.　They live in Sco	24nc1
157	l baseball soccer　The boy plays the drum every day.　LESSON 6 (	24nc1
158	: What do you play? Bob: I play the drums. Lisa: How long have yo	24nc3
159	t play the guitar, but he plays the flute. Ami: How about sports	24nc1
160	ten, 2 Repeat A Koji can't play the flute. B Amy can't use comput	24nc1
161	play the flute Koji can't play the flute. B Amy, use computers A	24nc1
162	swim Can Amy swim? C Tom, play the flute Can Tom play the flute?	24nc1
163	p.15 No.1 Lisa: Koji, you play the flute, don't you? Koji: Yes,	24nc3
164	. Mari. I like music. I can play the flute. I can play the piano t	24nc1
165	can't swim. 3 Say A Koji, play the flute Koji can't play the flu	24nc1
166	u? Koji: Yes, I do. I like playing the flute. Lisa: How long have	24nc3

（一部抜粋）

次に，教科書のインプットとは別に，学習者がコミュニケーション活動で言いたいと思う表現を調べてみたいと思います。

(2)　学習者のアウトプットから見えてくること

　EasyConc.xlsm の「検索ワード」欄に「play」，「plays」，「playing」，「played」を入れ，OR 検索で調べてみると，なるほど教科書で提示される「play＋スポーツ名，楽器名」もヒットしますが，それに加えて下記のように「play〜with [against]...」の表現や，「won the game 5 to 2（〜対……で勝った）」という表現も見られます。

【検索ワード：play, plays, playing, played　検索条件：Or】

354	We played a soccer game with the Oizumi J.H.S. team.	戦った相手は、学芸大大泉中。
608	Who are you playing with in the match?	対戦相手は誰（どこ）なの。
609	Who are you playing against?	対戦相手は誰（どこ）なの。
610	Who's playing with you in the game?	対戦相手は誰（どこ）なの。
622	Which teams played baseball?	どこのチームとどこのチームが対戦したのですか。
712	We won the game 5 to 2. / The result of the game was 5 to 2. / In the next game we are going to play against Tsukukoma J.H.S.	試合の結果は5対2で勝利、次は筑駒と勝負する。

（一部抜粋）

さらに，EasyConc.xlsm の検索ワード欄に，試合に勝ったとか負けたで検索すると以下のようになります。

【検索ワード：試合，勝，負，検索条件：Or】（一部抜粋）

第7章

126	The Kita Junior High School team lost the game to the Minami Junior high School team 20 to 60.	北中学校対南中学校は20対60ぐらいで北中学校が負けてしまいました。
127	The Kita Junior High School team lost the game to the Minami Junior high School team by 40 points.	北中学校対南中学校は40点差で南中学校が負けてしまいました。
382	We lost the game to Higashi J.H.S. by 3 to 1.	東中学校にその試合は3対1で負けてしまった。
392	I watched a baseball game between the Tigers and the Bay Stars on TV.	私はテレビでタイガースとベイスターズの野球の試合を見ました。
393	The Tigers won the game by 1 to 0.	野球のスコア1対0でタイガースが勝った。
477	the score of the game	試合のスコア。
478	I am really sorry we lost the game.	試合に負けて悔しい。
479	I feel sorry to lose the game.	試合に負けて悔しい。
480	I am frustrated because we lost the game.	試合に負けて悔しい。
481	I was disappointed we lost the game.	試合に負けて悔しい。

　上の表からは，学習者が「lose the game ～ to ...」や「試合に負けて悔しい」といった表現を言いたかったことがわかります。この lost について，検定教科書でどのように提示されるのか調べてみたいと思います。

【Search Term：(\blose\b|\bloses\b|\blosing\b|\blost\b)】

Hit	KWIC	File
1	l baseball was his dream. He lost his right arm in an accident when	24nc3
2	eryone clapped hands. Win or lose, we all had a good time.　Winter	24nc1

　中1，中2，中3の検定教科書中，lost だけが2回出現するだけです。これではインプットが少ないだけにチャットなどのコミュニケーション活動で支障をきたすことになります。教師が意図的に教えたい単語と言えます。
　以上のことから，中1の1学期に出現する play ですが，検定教科書を補って，「play the game with [against] ...」(……と試合をする)，「win [lose] the game ～ to ...」(～対……で勝つ［負ける］)，「I am really sorry we lost the game.」(試合に負けて残念) などといった表現を指導することにより会話が発展していくと思います。

(3)　学習者の言いたい表現をどう教えたらよいか
　学習者にコミュニケーション活動で言いたい表現を教える方法として，落語の三題噺のアイデアを用いてワークシートを作成します。
　授業でワークシートを配布し，教師の後につけて，英文の発音練習を行います。その後，生徒に各自の経験を英語で書いて，発表してもらいます。

〈ワークシート例（日臺・太田，2008）〉

Class_____Number_____Name_____

Interview Challenge に強くなるために（No. 1）

質問	質問の英訳
戦った相手は，北中学校。負けて，とても悔しかった。	We played a soccer game with the Kita J.H.S. team. We were frustrated when we lost the game.
私は家族の中で2番目にテニスが上手です。	I am the second best tennis player in my family.
対戦相手はどこ？	Who are you playing with in the match? / Who are you playing against? / Who's playing with you in the game?
どこと，どこのチームが対戦したのか？／あなたはどのチームと対戦しましたか。	Who played against who? / What (Which) team did you play against?
どことどこが戦って，どっちが何対何で勝った。	Who played against who? / Who won and by how much?
試合の結果は5対2で勝利。次は南中と勝負する。	We won the game 5 to 2. / The result of the game was 5 to 2. / In the next game we are going to play against Minami J. H. S.

三題噺（さんだいばなし）

play, win, lose の各語をすべて使って，5文以上でお話をつくりなさい。

7.3.2 接続詞 because

(1) インプットとしての教科書

従位接続詞も学習者にとって厄介な文法事項なのでよく質問を受けます。従位接続詞は検定教科書 *New Crown English Series* では中2で指導する文法事項です。because の実例を検索してみましょう。

【Search Term：because】

Hit	KWIC	File
1	so, I like to work in movies because a lot of people can see my wc	24nc3
2	s favorite place is Kumamoto because he is interested in the beaut	24nc3
3	nd killed. I respect Dr King because he made great efforts for the	24nc3
4	. Why do you like him? John: Because he's a good soccer player. N	24nc3
5	Why do you like him? Takuya: Because he was very powerful. No.3 A	24nc3
6	Last year I was not happy because I didn't win any kendo matche	24nc3
7	Why do you like science? B: Because I like animals. your grandmot	24nc2
8	y do you like basketball? B: Because it's fun. science / I like ar	24nc2
9	a Many animals are in danger because of pollution. For example, se	24nc2
10	do you think so? Kana: Well, because pandas are cute. John: I see.	24nc2
11	they go up and down stairs. Because Sanae talks and smiles, peopl	24nc2
12	ou like your grandmother? B: Because she is very kind. LESSON 3	24nc2
13	ntinents. I respect Ms Tabei because she never gave up climbing in	24nc3
14	Why do you like her? Emma: Because she plays the piano very well	24nc2
15	: Why do you like her? Mika: Because she's very cool. LESSON 2 S	24nc3
16	the tent. This is important because these Mongolians follow their	24nc3

because は中2で初出となり，*New Crown English Series* では16例ヒットし，そのうち大文字で始まる Because が8例，小文字で始まる because が8例出現しています。

(2) 学習者のアウトプットから見えてくること

学習者がチャットなどのコミュニケーション活動で because をどのように使いたかったのか見てみます。EasyConc.xlsm の検索ワード欄に「なので」「だから」「原因で」「理由」「ために」「せいで」を入力し，Or 検索で調べてみると，以下のようになります。

【検索ワード：なので　だから　原因で　理由　ために　せいで
　検索条件：Or】

170	I was very busy because of basketball practice and studying for the STEP test.	英検とバスケットボールの試合のせいで私は先週の土曜日とても忙しかった。
395	I like history more than science because I like to imagine what old people think.	理科より歴史が好きな理由は昔の人の考えを想像するのが好きだから。
401	The TV program was canceled because of a baseball game.	テレビ番組が野球のせいで中止だった。
402	I went shopping because I wanted to buy a birthday present for my friend, Yukiko in Class 3 A.	A組みの〜さんのために買いました。

442	The shop is new, because it opened recently (lately).	最近お店ができたばかりなので新しいよ。
1192	I had to quit taking piano lessons becasuse I had to prepare for the high school entrance exams.	高校受験のためにピアノをやめなくてはいけなかった。
1333	Because of that, I was so sledepy the next day.	そのせいで次の日はとても眠かった。
1387	Because I was injured, I troubled my classmates. / Because of my injury, it was a trouble to my classmates. / because of my injury, my classmates were troubled.	怪我のせいでメンバーのみんなには迷惑をかけてしまった。
1416	I can't play the piano well because I am a beginner.	でも、初心者なのでなかなか上手く弾けません。
1441	My big brother stayed up late to study for the entrance exams. My big brother studied late into the night because of the entrance exams.	僕の兄は受験生だから夜遅くまで勉強していました。
1464	I wanted to see the movie because it stars my favorite actor.	その映画を観たいと思った理由は・・・からです。

（一部抜粋）

ヒットした例文を見て気づくことは，学習者が英語で言えなかった理由として考えられることは，because を用いて2つの文をどのようにつないでよいのかわからないということや，because of の表現を知らないことが挙げられます。また，学習者が言いたいと思う気持ちにぴったり合った表現がインプットとしての教科書に取り上げられていないことも原因と考えられます。教科書に何もかも盛り込むことはできませんので，必要に応じて教師が教科書を補って指導する必要があると思います。

(3) 学習者の言いたい表現をどう教えたらよいか

例えば，空所補充問題で接続詞についての理解を確かめることが可能です。下記のワークシートは，EasyConc.xlsm で検索した英文で作成したものです。教師が問題を作成するために創作した英文ではありません。EasyConc.xlsm に納められた英文を使用することで，学習者が言いたい英文のフィードバックにもなり，同時にインプットすることができるのではないでしょうか。

〈ワークシート例〉

Gapfill exercises: Fill in the each bracket with a suitable linking word in the box.

(because while if)

1. I am very sleepy (　　　　) I was reading all night long.
2. I read a book (　　　　) listening to music.
3. I went shopping (　　　　) I wanted to buy a birthday present for my friend, Yukiko

4. I eat dinner (　　　　) watching TV.

7.3.3　接続詞　while

中学生から,「夕食を食べながらテレビを見た」はどう言ったらいいですか,という質問をよく受けます。「夕食を食べる」,「テレビを見た」は言えるのに,この「〜しながら……する」という接続詞 while を使った言い方も学習者にとって厄介な言い方だと思います。

(1)　インプットとしての教科書

教科書ではどのように接続詞 while が使用されているのか見てみます。

【Search Term：because】

Hit	KWIC		File
1	culture and enjoy your stay while you are in Anangu Land.	W	24nc2

このように New Crown English Series では,3年間に1例しかヒットしません。このような状況で,学習者が接続詞 while を使えるようになるのは難しいと思います。

(2)　学習者のアウトプットから見えてくること

EasyConc.xlsm の検索ワード欄に「ながら」と入力し,学習者がどのような表現で使おうとしているか検索してみます。

【検索ワード：ながら　検索条件：And】

46	I read a book while listening to music.	私は音楽を聞きながら本を読みます。
64	I have dinner while watching TV. I watch TV during dinner.	私は夕食を食べながらテレビを見ます。
134	I watched TV while eating (dinner).	私は(夕食を)食べながらテレビを見た。
223	I go to sleep while listening to a MD player.	MDを聞きながら寝ます。
260	I read books at ten while listening to music.	私は10時に音楽を聴きながら本を読む。
275	I study while I am listening to the radio.	勉強しながらラジオを聴きます。
517	I watched the news program while I was eating spaghetti.	スパゲッティーを食べながらニュースを見た。
586	I studied English while I was watching TV.	テレビを見ながら勉強した。
763	I watched the news while (I was) eating spaghetti.	スパゲッティを食べながらニュースを見た。
1109	We played a card game while listening to the radio.	ラジオを聞きながらカードゲームをした。
1488	I talked with my friend while eating lunch.	食べながら話をした。
1512	I ate breakfast while watching TV.	テレビを見ながら朝食を食べた
1731	I welcomed in the year 2007 while I was writing New Year's cards.	僕は年賀状を書きながら2007年を迎えた。

(一部抜粋)

上の表の例文から，この「～しながら……」するという表現は，実によく学習者の生活を表現していることがわかります。

(3) 学習者の言いたい表現をどう教えたらよいか

　接続詞の違いに気づかせながら，理解や定着を深めたいという意図から以下のワークシートを作成し，活用します。例文は，教師の創作英文ではなく，Easy-Conc.xlsm に納められている英文を使用しています。

〈ワークシート例〉

Matching Exercises: Use a linking word in Box B to match the sentence parts in boxes A and C.

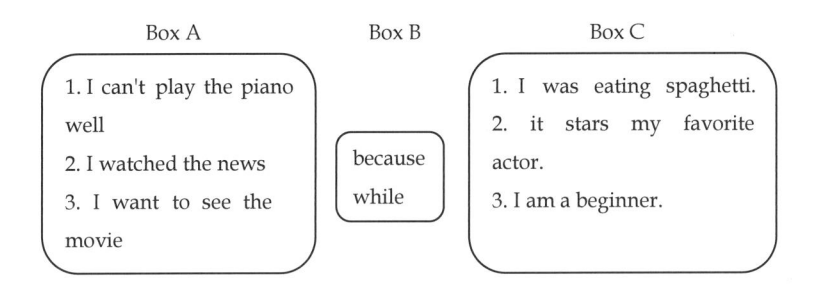

Box A	Box B	Box C
1. I can't play the piano well 2. I watched the news 3. I want to see the movie	because while	1. I was eating spaghetti. 2. it stars my favorite actor. 3. I am a beginner.

7.3.4 不定詞

　不定詞の中でも形容詞的用法の不定詞は後置修飾の働きをし，学習者にとって定着しにくい文法事項だと思います。はじめに教科書で提示される例についてみてみます。*New Crown English Series* の Book 1，Book 2，Book 3 から，形容詞的用法の to 不定詞を WordSmith 6.0[3] を用いて，目視により抽出します。

(1) インプットとしての教科書

　形容詞的用法と言われる不定詞を抽出すると以下のようになります。

1	tus leaves have a special way to keep clean. Thousands of ti	24nc3
2	fight for the right of anyone to take any seat on any bus."	24nc3
3	y, black people won the right to sit anywhere. p.72 Dr King	24nc3
4	be a doctor. Can I find a way to do both? p.81 Kimie-san wan	24nc3
5	be a scientist and find a way to travel in time. I don't kno	24nc3
6	: I will too. Well, it's time to go. Ken: Take care. Emma. E	24nc3
7	I am. I had a lot of homework to do today. Yuta: I see. Are	24nc3
8	shed it. I need a little time to relax. No.2 Lisa: Yuta, you	24nc3
9	g 6 Exercise p.78 1 something to eat A: Would you like somet	24nc3

第 7 章

10	t A: Would you like something to eat? B: Yes, please. / No.	24nc3
11	. He likes music. His purpose to come to Japan is learning w	24nc3
12	Japan. There were many tasks to do and things to learn abou	24nc2
13	e many tasks to do and things to learn about rice farming. N	24nc2
14	rtist. I have a lot of things to learn. But I will do my bes	24nc2
15	k. Ayers Rock is just a place to visit to these people. The	24nc2
16	ing. Let's look at three ways to do this. Drawings This draw	24nc2
17	hs are the most effective way to show information about numb	24nc2
18	ables Tables are the best way to show different types of inf	24nc2
19	g about it. Find the best way to show your ideas and use it.	24nc2
20	." Zorba said. "Now it's time to fly." "Why do I have to fly	24nc2
21	2 Repeat A Miki has something to eat. B Miki has something t	24nc2
22	to eat. B Miki has something to read. C Miki has something	24nc2
23	to read. C Miki has something to drink. 3 Say A eat Miki has	24nc2
24	Say A eat Miki has something to eat. B read Miki has someth	24nc2
25	at. B read Miki has something to read. C drink Miki has some	24nc2
26	d. C drink Miki has something to drink. LESSON 5 GET Part 2	24nc2
27	doing? Kota: I want something to eat, but the supermarket is	24nc2
28	he drugstore to get something to eat. Kota: That's right. I	24nc2

　上記のコンコーダンスから，教科書では，おもに「way [time, things, something] + to 不定詞」というパターンでインプットされていることがわかります。

(2) 学習者のアウトプットから見えてくること

　EasyConc.xlsm に収集されている表現から，目視によって形容詞的用法の不定詞のパターンを多い順に拾い出してみると以下のようになります。

【検索ワード：appointment to, nothing to, something to, money to, time to　検索条件：Or】

294	I made an appointment to see Ralph at the Hachiko statue in Shibuya at six.	渋谷のハチ公で6時にラルフと待ち合わせをした。
305	I watched the movie several times. It was not my first time to see that movie.	「青の時代」を見たのは、初めてではない。
308	I made an appointment to see Ralph at the Hachiko statue in Shibuya at six.	私は渋谷のハチ公で6時にラルフと待ち合わせをした。
578	I made an appointment to see Sachiko.	私は幸子と待ち合わせをした。
662	I had nothing to do today. I was free all day.	するべきことがなかった。ひまな一日だった。
783	On Sundays I have nothing to do. I'm bored.	毎週日曜日は何もすることがないので退屈である。
1105	I had a little time to kill.	だが、少しだけ時間はつぶせた。
1201	I didn't think so, but I had just enough money to buy it. I didn't think I did, but I had just enough money to buy it.	危うくお金が足りなくなりそうだった

1906	I ate a snack in the middle of the night. / I had something to eat in the middle of the night.	夜食を食べる
1954	didn't have time to finish writing (my answers).	書く時間がなかった。
2062	The money I had was not enough to buy many CDs. I didn't have enough money to buy many CDs.	私が持っているお金はCDを何枚も買うには少ないものでした。

(一部抜粋)

　上記表のコンコーダンス・ラインから，make an appointment to see, money to buy, nothing to do の表現が，学習者にとって英語で言いたかったのだということがわかります。教科書のインプットで見られなかったこのような表現を教科書を補って指導すると学習者のコミュニケーション能力を伸ばすことができるのではないでしょうか。

(3) 学習者の言いたい表現をどう教えたらよいか
　学習者には，日本語のニュアンスを，to 不定詞を使って正しい語順で表現できるようになってほしいと思います。以下の整序問題で使用する英文は，教師の創作英文ではなく，EasyConc.xlsm に納められている学習者からの質問を取り上げて，作成しています。
〈ワークシート例〉
　日本文の意味を表すように（　）内の語を並べ替えて書きなさい。
(1) 毎週日曜日は何もすることがなくて退屈です。
　　I have (to / nothing / do) on Sundays. I'm bored.
(2) その CD を買うのにお金が足りなかった。
　　I didn't (buy / enough / have / to / money) the CD.
(3) 私は町田で5時に憲と待ち合わせをした。
　　(I / Ken / made / an / to / see / appointment) at six o'clock at Machida Station.

7.3.5　関係代名詞

　関係代名詞のような後置修飾は，日本語にはない文構造だけに習得するには時間も要します。ここでは関係代名詞の that に着目し，教科書ではどのようにインプットされているのか見てみます。

(1) インプットとしての教科書
　WordSmith 6.0 を用いて *New Crown English Series Book 3* で使われている関係代名詞 that のコンコーダンスを調べてみると以下のとおりです。

第7章

1	n in English. D I have a book that has a lot of pictures. 3	24nc3 .txt
2	lot of pictures I have a book that has a lot of pictures. LE	24nc3 .txt
3	d yesterday. B This is the CD that Miki bought yesterday. C	24nc3 .txt
4	Mr Smith: It's a picture book that I bought at the city muse	24nc3 .txt
5	ught yesterday This is the CD that Miki bought yesterday. C	24nc3 .txt
6	tanding on the top of a tower that he built. The tower broug	24nc3 .txt
7	lothes in it. Miho: Something that has clothes in it. I see.	24nc3 .txt
8	n the bedroom. It's something that has clothes in it. Miho:	24nc3 .txt
9	n the kitchen. It's something that has cups and dishes in it	24nc3 .txt
10	dishes in it. Miho: Something that has cups and dishes in it	24nc3 .txt
11	kanji. It is a very cold food that we eat in summer. It come	24nc3 .txt
12	t to build a windmill company that provides energy to people	24nc3 .txt
13	n, for children I have a book that is fun for children. B is	24nc3 .txt
14	ten. 2 Repeat A I have a book that is fun for children. B I	24nc3 .txt
15	ulture. There are some things that we know about, for exampl	24nc3 .txt
16	erday. C This is the musician that Tom likes the best. D The	24nc3 .txt
17	the best This is the musician that Tom likes the best. D the	24nc3 .txt
18	t there to listen to a speech that Martin Luther King, Jr. g	24nc3 .txt
19	hese kimonos. It is a lantern that we often use for festival	24nc3 .txt
20	bing. She was the first woman that stood on the top of the h	24nc3 .txt

（一部抜粋）

　関係代名詞 that の節中の動詞について，教科書では bought が3例使用されていることに着目しておいてください。この後の学習者のアウトプットと比較してみます。

(2)　学習者のアウトプットから見えてくること

　中3の検定教科書では，接触節を学習してから関係代名詞を，関係代名詞を学習してから接触節を学習するものと2種類あります。EasyConc.xlsm では，接触節の場合には，「検索ワード」に英単語を入力して検索することはできませんので，検索ワードに，日本語の文字列を入力し検索しなくてはいけません。EasyConc.xlsm に納められた英語と日本語の文字列を目で追いながら検索ワードに当たりをつけて検索してみます。検索ワードは広めにとることをお勧めします。例えば，「買った」で検索しないで「買」で検索します。検索結果では不要なものも出力されますが，目視により後で削除すればよいです。

役立つフレーズ

【検索ワード：欲　買　探　面白　検索条件：Or】

290	One of accessories I bought was 400 yen.	買ったアクセサリーのうち一つが400円だった。
587	I couldn't buy a book I wanted in the bookstore.	その本屋には私の欲しかった本がなかった。
588	There wasn't a book I wanted to buy in the bookstore.	その本屋には私の欲しかった本がなかった。
592	I went shopping in Shimokitazawa. But I don't want to buy anything. There weren't anything that I wanted to buy.	下北沢に買い物に行ったけど、買いたいものは何もなかった。
703	I went to the bookstore but I couldn't find any books I wanted. I enjoyed. Illustrated books. I enjoyed reading books in the bookstore.	本屋に行ったけど買いたい本がなかった、画集、立ち読み。
784	I couldn't find any books that I wanted (to buy). I couldn't find a book that I wanted (to buy).	欲しい本がなかった（欲しい本が見つからなかった）。
1082	I couldn't find anything in the store that I wanted to buy.	欲しい物が売っていなかった。
1159	Even though I was looking for furniture, as soon as I entered the shop I saw a lot of little things I wanted to buy.	家具を買いに行ってみると、1階は見たらすぐ欲しくなるような小物がたくさん売っていた。
1206	I didn't have enough money with me to buy all the CDs I wanted to.	私が持っているお金はCDを何枚も買うには少ないものでした。
1263	I found something I wanted to buy.	買いたいものがあった。
1411	That book is the one which I have wanted for a long time. / That is the book which I have wanted for a long time.	その本はずっと前から欲しかった。
1413	I went to the CD shop but I couldn't find the one which I wanted. / I went to the CD shop but I couldn't find the one which I was looking for.	CD屋に行ったが、自分の欲しかった物がなかった。
1420	I couldn't find the comic which I wanted so I walked around until I found one that I was interested in. / I walked around until I found one which looked interesting. / I walked around and looked for one which looked interesting.	特に欲しい漫画がなかったので、店内を見渡して面白そうな漫画を探した。
1519	I bought a Mac computer with the money I got from my grandfather as a New Year's gift.	おじいちゃんからのお年玉でマックを買った。

(一部抜粋)

　コンコーダンス・ラインから，学習者が英語で言いたかった表現はおおよそ以下のものであることがわかります。教科書で提示される上記(1)の「that Miki [I] bought」とは若干異なり，「that I wanted to buy [I have wanted]」となり，wantedが加わることにより日本語の微妙なニュアンスを英語で表現できるのではないでしょうか。できればこういう形も教科書で補って指導したいものです。

・私は本屋に行ったけど買いたい本がなかった。
・お店には買いたいものが何もなかった。
・それ，私が前からずーっと欲しいと思っていた本なんです
・CDショップに行ったけど欲しかったCDがなかった。
・私はCDショップに行ったが，自分の探していた物がなかった。
・私は欲しい漫画がなかったので，店内をまわって面白そうな漫画を探した。

(3) 学習者の言いたい表現をどう教えたらよいか

整序問題形式で文構造を理解させたいと思います。例文は教師の創作ではなく，学習者からの質問を取り上げ，整序問題を通して学習者にフィードバックします。

〈ワークシート例〉

A sample word order exercise: Put the words in the brackets in the right order.

1. I couldn't buy (a / wanted / book / I) in the bookstore.
2. That is (the / wanted / which / I / have / book) for a long time.
3. I went to the bookstore but I couldn't (find / books / I / any / wanted).
4. I went to the CD shop but I couldn't (CD / I / which / wanted / find / the).
5. (one / I / of / accessories / bought) was 400 yen.

7.3.6 発信型日本文化

冬休み明けの最初の授業で，2人1組になって冬休みの出来事を英語で話すチャットを行いますが，活動後には決まって，「大吉って何て言うんですか」とか，「お節料理は何て言うんですか」と質問を受けます。生徒は日本語と英語の一対一対応の表現を求めがちですが，日本文化は英語の文化にないものですから，日本語から英語への一対一対応の単語を求めようとしてもうまくいきません。具体的に説明しないと文化の異なる相手には理解してもらえないと思います。自国の文化を文化の異なる相手によく伝えることのできる方法は，各自が経験した日本文化を写実的に説明しながら相手に伝えることがコツだと思います。

教室での指導として，いくつか具体例を取り上げ，生徒に説明のコツをつかんでもらいたいと思います。

(1) 七五三

生徒：「七五三」をどう説明したらよいですか。

先生：七五三がどのような行事で，自分の体験を通して説明できれば，相手に興味を持って聞いてもらえることになります。「七五三」が数字だとは理解できても，年齢を指しているとは，文化の異なる人に想像がつかないかもしれません。このような説明はどうでしょうか。

「七五三は3歳の男の子と女の子，5歳の男の子と7歳の女の子のお祝いです。3歳のときに両親が私を近くの神社に連れて行って，私の健康と幸せを祈ってくれました。これは父がそのとき撮ってくれた写真です。」

Shichi-go-san is a festival for 3-year-old boys and girls, 5-year-old boys and 7-year-old girls. When I was three, my parents took me to the shrine near my house. They prayed for my health and happiness. This is the photo of me my father took then.

(2) お盆

生徒：「お盆」をどう説明したらよいですか。

教師：「お盆」を"the *Bon* Festival"と英訳しただけでは相手にはその意味が伝わらないと思います。お盆がどのような行事であるのか自分の体験を通して説明してみましょう。このような説明はどうでしょう。

「8月13日から16日までがお盆です。お墓参りをし，お墓の掃除をします。仏壇に花やろうそく，線香を供えます。祖先に家族の健康と幸せを祈ります。」

The *Bon* Festival is from August 13th to the 16th. My father and I visited our ancestors' grave and cleaned it. We put flowers, cradles, and incense on the grave. My father burned some old newspaper. I asked my father why you made a fire. He told me the burning fire would show the way to the spirit of our ancestor. We prayed to the spirit of our ancestors for the health and happiness of our family.

(3) お節料理

生徒：「お節料理を食べた」の「お節料理」はどう言いますか。

教師：英語圏にない"お節料理"は，ピッタリ合う英語もないので，日本語でどう説明するかを考えながら英語にしましょう。

"お節料理"というのは「お正月特有のお料理」ですから，"special dishes for the New Year"と説明すればいいですね。さらに"special dishes for the New Year, called *osechi*".というように", called *osechi*"を付け加えれば，お節料理を知らない人にも，日本語ではお正月の特別なお料理がお節と言われていることも理解してもらえ，関心を持ってもらえることになります。

「私はお節料理を食べました」は，"I ate special dishes for the New Year (, called *osechi*)."と言えばよいですね。

My mother is a good cook and she usually cooks special dishes called *osechi* for the New Year. My mother and I go to the supermarket to buy black beans, seaweed and so on. I help her cook. On the first three days of the New Year, we eat *osechi* and it is very delicious.

(4) 除夜の鐘

生徒：「除夜の鐘を聞いた」はどう言えばよいでしょうか。

教師：「鐘（bell）を聞いた（listen to）」なら"listen to the bells"でいいわけです

第7章

が，「除夜の鐘」というのは，「大晦日に聞くお寺（temple）の鐘」ということですから，"the temple bells on New Year's Eve"となります。

まとめますと，「私は除夜の鐘を聞いた」は次のようになります。

I listened to the temple bells on New Year's Eve.

My family goes to the temple near our house to listen to the temple bells on New Year's Eve. It is around 12 midnight and very cold, but many people come to the temple. Last year I could ring the big bell with a wood stick. Then we drank some sweet sake called *amazake*. We could warm ourselves.

(5) 初詣

生徒：「初詣に行った」はどう言いますか。

教師：「初詣に行く」というのは，元旦の日（New Year's Day）に，「神社を（参拝のために）訪れる」ことですね。「家の近くにある神社を訪れる」と考えて，"visit the shrine near my house"で済ますことができます。

まとめますと，「私は家の近くにある神社に初詣に行きました」は次のように言えばよいです。

I visited the shrine near my house on New Year's Day.

My friends and I visited the shrine near my house on New Year's Day. There were so many people there, so we stood in a long line and waited for our turn to pray. I threw small coins into a wooden box. I prayed for my New Year resolution to come true.

(6) おみくじ

生徒：「おみくじを引いたら，大吉が出た」はどう言いますか。

教師：「おみくじ」というのは運勢（fortune）の書いてある細長い紙（slip）ということですから"fortune slip"でよいです。「大吉が出た」というときの大吉は，「最も良い運勢の書いてある紙」ということで，"best fortune slip"でよいですね。「大凶が出た」はその最悪の運勢が書いてある紙ですから"the worst fortune slip"と言えばいいですね。

「～したら，……」という日本語の文構造を，「～したとき，……」と考え，接続詞の"when"を使います。

まとめますと，「おみくじを引いたら，大吉が出た」は次のように言えばよいですね。

When I drew (または chose) my fortune slip, I got (drew) the best one.

「おみくじを引いたら，大凶が出た」なら以下のようになります。

When I chose my fortune slip, I got the worst one.

My friend and I went to the shrine on New Year's Day. We bought fortune slips. When I opened it, it said the best luck. I was so happy. But my friend got the worst fortune slip. He was shocked and bought another one. It was the worst one too. It was a lucky day for me, but it was the worst day for my friend.

［注］

1） 日䑓滋之（2014）EasyConc.xlsm [Computer Software] Tokyo, Japan: Tamagawa University. http://www.tamagawa.ac.jp/research/je-parallel/
2） Anthony, L.（2011）AntConc (ver 3.2.4w) [Computer Software]. Tokyo, Japan: Waseda University. http://www.antlab.sci.waseda.ac.jp/software.html
3） Scott, M.（2012）WordSmith 6.0 [Computer Software]. http://www.lexically.net/wordsmith/version6/index.html

おもな英語試験（2015年7月時点での情報）

　ここでは，「英語4技能試験情報サイト」（http://4skills.eiken.or.jp/）が提供している9種類の試験について紹介します。

■ **英検（実用英語技能検定）**　http://www.eiken.or.jp/
　英検は小学生から社会人まで幅広い世代が受験する国内最大規模の英語検定試験です。年間の受験者は200万人を超えます。学習レベルに応じて7つの級（5級，4級，3級，準2級，2級，準1級，1級）が設定されており，各級の合否型のテストです。すべての級の1次試験では筆記とリスニングのテスト，3級以上の5つの級では2次試験で面接形式のスピーキングテストが実施されます。学校や企業などの団体での実施も可能です。

■ **Cambridge English**　http://www.cambridgeenglish.org/jp/
　Cambridge English，いわゆる「ケンブリッジ英検」には幅広いレベルにわたっていくつもの試験がありますが，その中でもメイン・スイート（KET/PET/FCE/CAE/CPE）と呼ばれる試験を紹介します。KETは「日常生活に必要な基礎的なコミュニケーション力」，PETは「英語圏で日常生活を送ることができる力」，FCEは「英語を使用する職場で働く力」，CAEは「仕事で英語を専門に使う力，および英国の大学・大学院に入学可能な力」，CPEは「英国の大学入学許可の最上級レベルの力」をそれぞれ測るテストです。

■ **GTEC CBT**　http://www.benesse-gtec.com/cbt/
　GTEC CBTはベネッセコーポレーションが開発した，おもに日本の高校生を対象とした4技能を測定する試験です。コンピュータ上で実施し，試験時間は約175分です。日常生活で必要な英語力および英語圏での留学で必要なアカデミックな英語力まで，幅広い英語運用力を測定します。スピーキングは，コンピュータ上で，問われたことに対して解答を述べる形式となっています。各技能350点で，計1400点満点です。

■ **GTEC for STUDENTS**　http://www.benesse-gtec.com/fs/
　GTEC for STUDENTSはベネッセコーポレーションが開発した，おもに日本の中高生を対象とした，読む・聞く・書くの3技能の試験です。別途，オプションとして，スピーキングも受験することができます。難易度順に，Advanced, Basic, Coreという3つのタイプが設定されています。この3つのタイプは絶対評

価のスコア制をとっているため，例えば学年が上がり別のタイプを受験したとしても，同じ基準でのスコアが算出されます。決められた検定日に受験する「検定受験」と，学校の日程に合わせて年間いつでも受験が可能な「通常受験」の方法があります。

■ **IELTS**　http://www.ielts.org/

IELTS（International English Language Testing System）には，アカデミック・モジュールとジェネラル・トレーニング・モジュールの2種類の試験があり，前者は海外の大学や大学院への入学目的の受験者が，後者は学業以外の目的の受験者がそれぞれ対象となります。いずれも4技能型の試験です。試験官と対面式で行うスピーキングテストはその他の3技能の筆記試験の前後6日以内に実施されます。4つの技能合わせて，約2時間45分の試験です。テスト結果は，1.0～9.0の0.5刻みでのバンドスコアが，技能ごとの評価および全体評価としてそれぞれ算出されます。

■ **TEAP**　http://www.eiken.or.jp/teap/

TEAP（Test of English for Academic Purposes）は上智大学と日本英語検定協会が，おもに日本の高校3年生を対象とした大学入試を想定して共同で開発したテストです。一対一の面接方式のスピーキングテストを含む4技能を測定する約3時間20分のテストです。留学を含む大学教育で遭遇する場面や状況を踏まえた問題内容となっています。結果はスコアとともに，4技能とも，CEFR（Common European Framework of Reference for Languages）のレベルのA2～B2までの3段階における位置も提示されます。

■ **TOEFL iBT**　http://www.cieej.or.jp/toefl/

TOEFL iBT（Test of English as a Foreign Language, Internet Based Test）はETS（Educational Testing Service）が開発した4技能を測定するCAT（Computer Adaptive Test）型のテストです。各技能0～30点でスコアが算出されます。スピーキングも含めてすべてテストセンターでコンピュータ上で実施します。所要時間は約4時間～4時間半となります。スピーキングとライティングでは他の技能（リーディングやリスニング）と合わせたIntegrated Taskも出題されます。おもに英語圏の大学に留学する能力があるかどうかを測定するテストであるので，大学の講義を聴くなど，おもにアカデミックな設定の問題が出題されます。

■ **TOEFL Junior**　http://gc-t.jp/

　TOEFL Junior は TOEFL の中高生版のテストです。4技能を測定する Comprehensive と，読む・聞くの2技能を測定する Standard があります。Comprehensive はコンピュータベースで134分の試験，Standard はペーパーベースで約115分の試験となります。

■ **TOEIC**　http://www.toeic.or.jp/

　TOEIC（Test of English for International Communication）はETS（Educational Testing Service）が開発したリスニングとリーディングからなるテストです。10〜990点までのスコアで評価されます。リスニングは4つのパート，リーディングは3つのパートからなり，合計約2時間の試験です。企業が期待するスコアとして，国際部門は660点以上，海外赴任は605点以上といったように，ビジネス環境で必要な英語力を表す指標として用いられることが多いテストです。個人で申し込むのは「公開テスト」，学校などが団体で実施するのは「TOEIC IP テスト」となります。別途，TOEIC S & W（Speaking & Writing）では，受験会場にてパソコンを利用して，スピーキングとライティングの試験を受けることができます。スピーキングは約20分，ライティングは約60分の試験で，両技能をセットで受験します。

参考文献

■第 1 章

J. C. リチャーズ,R. シュミット編,高橋貞雄・山崎真稔・小田眞幸・松本博文訳(2013)『ロングマン言語教育・応用言語学用語辞典』(増補改訂版)南雲堂.

村野井仁(2006)『第二言語習得研究から見た効果的な英語学習法・指導法』大修館書店.

山岸信義・高橋貞雄・鈴木政浩(2010)『英語授業デザイン――学習空間づくりの教授法と実践』大修館書店.

文部科学省(2008)『中学校学習指導要領解説 外国語編』開隆堂出版.

文部科学省(2010)『高等学校学習指導要領解説 外国語編 英語編』開隆堂出版.

Canal, M. & Swain, M. (1980) Theoretical bases of communicative approaches to second language teaching and testing. *Applied Linguistics. 1.*

Chamot, A. U. & O'Malley, J. M. (1994) *The CALLA Handbook.* Reading, MA: Addison Wesley.

Crystal, D. (2010) *The Cambridge Encyclopedia of Language.* Cambridge University Press.

Ellis, R. (1997) *Second Language Acquisition.* Oxford University Press.

Gardner, H. (1993) *Multiple Intelligences: The Theory in Practice.* New York: Basic Books.

―――― (2006) *Multiple Intelligences: New Horizons in Theory and Practice.* New York: Basic Books.

Griffiths, C. (Ed.) (2008) *Lessons from Good Language Learners.* Cambridge University Press.

Harmer, J. (2010) *The Practice of English Language Learning.* Pearson Longman.

Hymes, D. (1972) On communicative competence. In J. B. Pride & J. Holmes (Eds.), *Sociolinguistics.* Harmondsworth: Penguin.

Krashen, S. D. & Terrel, T. D. (1983) *The natural approach: Language acguisition in the classroom.* Oxford: Pergamon.

Larsen-Freeman, D. & Anderson, M. (2011) *Techniques & Principles in Language Teaching.* Oxford University Press.

Morrow, K. (1981) Principles of communicative methodology. In K. Johnson & K. Morrow, *Communication in the classroom.* London: Longman.

Oxford, R. (1990) *Language Learning Strategies: What every teacher should know.* Boston, MA: Heinle & Heinle.

Phillipson, R. (1992) *Linguistic Imperialism.* Oxford University Press.

Richards, J. & Rodgers, T. (2001) *Approaches and Methods in Language Teaching.* Cambridge University Press.

Rubin, J. (1975) What the 'good language learner' can teach us. *TESOL Quarterly*, 9: 41-51.

Tomlinson, B. (1998) *Materials Development in Language Teaching.* Cambridge University Press.

■第2章

Council of Europe (2001) *Common European Framework of Reference for Languages: Learning, Teaching, Assessment.* Cambridge University Press.

Green, A. (2012) *Language functions revisited: Theoretical and empirical bases for language construct definition across the ability range* (Vol. 2). Cambridge University Press.

North, B. (2000) *The Development of a Common Framework Scale of Language Proficiency.* Peter Lang Publishing, Inc.

外国語能力の向上に関する検討会（2011）「国際共通語としての英語力向上のための5つの提言と具体的施策～英語を学ぶ意欲と使う機会の充実を通じた確かなコミュニケーション能力の育成に向けて～」http://www.mext.go.jp/component/b_menu/shingi/toushin/__icsFiles/afieldfile/2011/07/13/1308401_1.pdf

国立教育政策研究所教育課程研究センター（2002）「評価規準の作成，評価方法の工夫改善のための参考資料（中学校）」
http://www.nier.go.jp/kaihatsu/houkoku/index_jh.htm

国立教育政策研究所教育課程研究センター（2010）「評価規準の作成のための参考資料（中学校）」http://www.nier.go.jp/kaihatsu/hyoukakijun/chuu/all.pdf

国立教育政策研究所教育課程研究センター（2011）「評価規準の作成，評価方法等の工夫改善のための参考資料（中学校　外国語）」
http://www.nier.go.jp/kaihatsu/hyoukahouhou/chuu/0209_h_gaikokugo.pdf

国立教育政策研究所教育課程研究センター（2012）「特定の課題に関する調査（英語：「書くこと」）調査結果（中学校）」
http://www.nier.go.jp/kaihatsu/tokutei_eigo_2/tyousakekka.pdf

国立教育政策研究所教育課程研究センター（2012）「評価規準の作成，評価方法等の工夫改善のための参考資料（高等学校　外国語）」
http://www.nier.go.jp/kaihatsu/hyouka/kou/11_kou_gaikokugo.pdf

高橋貞雄ほか（2012）『NEW CROWN ENGLISH SERIES 3（平成24年度版）』三省堂.

投野由紀夫編（2013）『CAN-DOリスト作成・活用　英語到達度指標CEFR-Jガイドブック』大修館書店.

文部科学省（2008）『中学校学習指導要領解説 外国語編』

http://www.mext.go.jp/component/a_menu/education/micro_detail/__icsFiles/afieldfile/2011/01/05/1234912_010_1.pdf

文部科学省初等中等教育局（2013）『各中・高等学校の外国語教育における「CAN-DOリスト」の形での学習到達目標設定のための手引き』http://www.mext.go.jp/a_menu/kokusai/gaikokugo/__icsFiles/afieldfile/2013/05/08/1332306_4.pdf

文部科学省初等中等教育局教育課程課（2010）「小学校，中学校，高等学校及び特別支援学校等における児童生徒の学習評価及び指導要録の改善等について（通知）」http://www.mext.go.jp/b_menu/hakusho/nc/1292898.htm

■第3章

Asher, J. (1996) *Learning Another Language Through Actions* (5th ed.). Sky Oaks Production.（初版は1977年）

樋口忠彦（2013）「外国語活動の目的と目標」樋口忠彦（代表）・加賀田哲也・泉惠美子・衣笠知子編著『小学校英語教育法入門』研究社，pp. 2–14.

国立教育政策研究所教育課程研究センター（2011）『評価規準の作成，評価方法等の工夫改善のための参考資料【中学校 外国語】』教育出版.

文部省（1998）『小学校学習指導要領』大蔵省印刷局.

文部科学省（2001）『小学校英語活動実践の手引』開隆堂出版.

文部科学省（2008a）『小学校学習指導要領』東京書籍.

文部科学省（2008b）『小学校学習指導要領解説 外国語活動編』東洋館出版社.

文部科学省（2008c）『中学校学習指導要領解説 外国語編』開隆堂出版.

Richards, J. C. & Schmidt, R. (2002) *Longman Dictionary of Language Teaching and Applied Linguistics* (3rd ed.). Harlow: Pearson Education.

酒井英樹（2014）『小学校の外国語活動 基本の「き」』大修館書店.

渡邉時夫・髙梨庸雄・齋藤榮二・酒井英樹（2013）『小中連携を意識した中学校英語の改善』三省堂.

■第4章

文部科学省（2008）『中学校学習指導要領解説 外国語編』開隆堂出版.

日臺滋之（2009）『中学 英語辞書の使い方ハンドブック』明治図書出版，pp. 80–82.

「指導案づくりの要点をつかもう」『若手教師のための授業づくりガイドブック（平成27年度版）』新潟市立総合教育センター　http://www.netin.niigata.niigata.jp/guide_book/guide_book.html（閲覧日：2015年5月31日）．

「学習指導案のページ」東京都教職員研修センター　http://www.kyoiku-kensyu.metro.tokyo.jp/08ojt/helpdesk/plans/index.html（閲覧日：2015年5月31日）．

Sinclair, J. & Coulthard, R. (1975) *Towards an Analysis of Discourse.* Oxford University Press.

Harmer, J. (2007) *The Practice of English Language Teaching.* Peaarson Longman, pp. 117-118.

New Crown 編集委員会（2012）『NEW CROWN ENGLISH SERIES 2　Picture Cards』三省堂.

門田修平・野呂忠司・氏木道人編著（2010）『英語リーディング指導ハンドブック』大修館書店，pp. 152-157.

■第5章

Canale, M. & Swain, M. (1980) Theoretical bases of communicative approaches to second language teaching and testing. *Applied Linguistics,* 1, 1-47.

Krashen, S. D. (1985) *The Input Hypothesis: Issues and Implications.* New York: Longman.

Swain, M. (1985) Communicative Competence: Some Roles of Comprehensible Input and Comprehensible Output in its Development. In S. Gass & C. Madden (Eds.), *Input in Second Language Acquisition.* Rowley, MA: Newbury House.

Widdowson, H. G. (1978) *Teaching Language as Communication.* Oxford: Oxford University Press.

金谷憲・高知県高校授業研究プロジェクト・チーム（2004）『高校英語教育を変える和訳先渡し授業の試み』三省堂.

工藤洋路（2007）「本当に効果的なライティング指導とは——指導を行うために留意すること」『英語教育』2007年9月号，大修館書店.

白井恭弘（2013）『英語はもっと科学的に学習しよう——SLA（第二言語習得論）から見た効果的学習法とは』中経出版.

村野井仁（2006）『第二言語習得研究から見た効果的な英語学習法・指導法』大修館書店.

文部科学省（2009）『高等学校学習指導要領』東山書房.

文部科学省（2010）『高等学校学習指導要領解説 外国語編　英語編』開隆堂出版.

文部科学省（2015）『平成26年度 英語教育改善のための英語力調査事業報告書』文部科学省.

■第6章

井口実千代・鈴木卓（2014）「『英語で授業』で生徒の運用力は定着したか——科学技術高校での実践」『英語教育』63(3)，16-17，大修館書店.

伊東治己（2014）『フィンランドの小学校英語教育——日本での小学校英語教科化後の姿を見据えて』研究社.

高田智子（2013）『ポートフォリオ的アプローチによる未来指向型英語指導モデルの構築

平成 23 年度〜26 年度科学研究費補助金（基盤研究（B））研究課題番号 23320117）中間報告書』.

松沢伸二（2010）「多量のインプットで英語力を育む」『TEACHING ENGLISH NOW』19, 2-5, 三省堂.

文部科学省（2001）「英語指導方法等改善の推進に関する懇談会（報告）」.

文部科学省（2003）「『英語が使える日本人』の育成のための行動計画」.

文部科学省（2009）『高等学校学習指導要領』東山書房.

文部科学省（2010）『高等学校学習指導要領解説 外国語編・英語編』開隆堂出版.

文部科学省（2013）「グローバル化に対応した英語教育改革実施計画」.

文部科学省（2014）「平成 25 年度 公立高等学校・中等教育学校（後期課程）における英語教育実施状況調査」.

米山朝二（2011）『新編 英語教育指導法事典』研究社.

米山朝二・高橋正夫・佐野正之（1981）『生き生きとした英語授業——コミュニカティブ・ティーチングの考え方と手法　上巻』大修館書店.

ACTFL. (2010) Use of the target language in the classroom. Retrieved from http://www.actfl.org/news/position-statements/use-the-target-language-the-classroom-0

Barnes, A. (2007) Communicative approaches to modern foreign language teaching and using the target language. In N. Pachler & A. Redondo (Eds.), *A practical guide to teaching modern foreign languages in the secondary school* (pp. 4-11). London: Routledge.

Butzkamm, W. (2003) We only learn language once. The role of the mother tongue in FL classrooms: Death of a dogma. *Language Learning Journal, 28*, 29-39.

Butzkamm, W. & Caldwell, J. A. W. (2009) *The bilingual reform: A paradigm shift in foreign language teaching.* Tübingen: Narr Studienbücher.

Cook, V. (2001) Using the first language in the classroom. *The Canadian Modern Language Review, 57*, 402-423.

Cook, V. (2002) Language teaching methodology and the L2 user perspective. In V. Cook (Ed.), *Portraits of the L2 user* (pp. 327-343). Clevedon, UK: Multilingual Matters.

Cook, V. (2008) *Second language learning and language teaching* (4th edn.). London: Hodder Education.

Council of Europe. (2001) *Common European Framework of Reference for Languages: Learning, teaching, assessment.* Cambridge University Press.

Cummins, J. (2007) Rethinking monolingual instructional strategies in multilingual classrooms. *Canadian Journal of Applied Linguistics, 10*, 221-240.

Daffue-Karsten, L., Luukkonen, H., Moilanen, K. & Pollari, P. (n. d.) *English United Courses 7-8.* Helsinki: Tammi.

DfE. (2013) *National curriculum in England: languages programmes of study.* Retrieved from https: //www.gov.uk/government/publications/national- curriculum-in-england-languages-progammes-of-study/national-curriculum-in-england-languages-progammes-of-study#key-stage-3-modern-foreign-language

DfEE/QCA. (1999) *Modern foreign languages: The National Curriculum for England.* London: HMSO.

DES. (1988) *Modern languages in the school curriculum: A statement of policy.* London: HMSO.

Ellis, R. & Shintani, N. (2014) *Exploring language pedagogy through second language acquisition research.* London: Routledge.

Hall, G. & Cook, G. (2012) Own-language use in language teaching and learning. *Language Teaching, 45,* 271–308.

Howatt, A. P. R. (1984) *A history of English language teaching.* Oxford University Press.

Ito, H. (2013) An analysis of factors contributing to the success of English language education in Finland: Through questionnaires for students and teachers. *ARELE, 24,* 63–75.

King Edward VI School. (2013) *Modern and classical languages faculty handbook 2013–2014.* Retrieved from http://www.kes.hants.sch.uk/resource. aspx? id = 38946

Krashen, S. (1981) *Second language acquisition and second language learning.* Oxford: Pergamon.

Larsen-Freeman, D. & Long, M. H. (1991) *An introduction to second language acquisition research.* Harlow, Essex: Longman.

Liu, D., Ahn, G. -S., Baek, K. -S., & Han, N. -O. (2004) South Korean high school English teachers' code switching: Questions and challenges in the drive for maximal use of English in teaching. *TESOL Quarterly, 38,* 605–638.

Macaro, E. (2000) Issues in target language. In K. Field (Ed.), *Issues in modern foreign languages teaching* (pp. 175–193). London: RoutledgeFalmer.

Macaro, E. (2001) Analysing student teachers' codeswitching in foreign language classrooms: Theories and decision making. *The Modern Language Journal, 85,* 531–548.

Macaro, E. (2011) *The teacher's codeswitching and the learner's strategic response: Towards a research agenda and implications for teacher education.* Plenary address at JACET Annual Conferences, Fukuoka, Japan.

Ministry of Education. (2013) *Revised English curriculum: Principles and standards for learning English as an international language for all grades.* Jerusalem: Pedagogical Secretariat, English Inspectorate. Retrieved from http://meyda.education.gov.il/files/HaarachatOvdeyHoraa/Englishcurriculum.pdf

Ofqual. (2015) *GCSE subject level guidance for modern foreign languages (French, German, Spanish)*. Retrieved from https: //www.gov.uk/government/uploads/system/uploads/ attachment_data/file/402156/gcse-subject-level-guidance-for-mfl-french-german-spanish.pdf

Ofsted. (2011) *Modern languages: Achievement and challenge 2007–2010*. Retrieved from http://www.ofsted.gov.uk/resources/100042

Ofsted. (2013) Judging the use of the target language by teachers and students. Retrieved from http://www.ofsted.gov.uk/resources/subject- professional-development-materials-judging-use-of-target-language-teachers-and-students

Pachler, N. (2000) Re-examining communicative language teaching. In K. Field (Ed.), *Issues in modern foreign languages teaching* (pp. 22–37). London: RoutledgeFalmer.

Pachler, N., Barnes, A. & Field, K. (2009) *Learning to teach modern foreign languages in the secondary school: A companion to school experience* (3rd edn.). London: Routledge.

Sweet, H. (1899/1964) *The practical study of languages: A guide for teachers and learners.* London: Dent. Republished by Oxford University Press in 1964, R. Mackin (Ed.).

Veiga, M. J. (2013) *Translation as a tool in foreign language learning: The learner's perspective.* Retrieved from http://journals.all-languages.org. uk/2013/10/translation-as-a-tool-in-foreign-language-learning-the-learners-perspective/

Westlake, P., Aula, T., Kuja-Kyyny-Pajula, R. & Turpeinen, E. (2009) *Wow! 5 Study Book.* Helsinki: WSOYpro Oy.

Westlake, P., Aula, T., Kuja-Kyyny-Pajula, R. & Turpeinen, E. (2011) *Wow! 5 Busy Book.* Helsinki: WSOYpro Oy.

Willis, J. (1981) *Teaching English through English.* Harlow, Essex: Longman.

Willis, J. (1996) *A framework for task-based learning.* Harlow, Essex: Longman.

■第7章

Ellis, R. (1997) *Second Language Acguisition*. Oxford: Oxford University Press.

太田洋・日臺滋之（2006）『新しい語彙指導のカタチ──学習者コーパスを活用して』明治図書出版.

高橋貞雄ほか（2012）『NEW CROWN ENGLISH SERIES』（1, 2, 3）三省堂.

日臺滋之・太田洋（2008）『1日10分で英語力をアップする！　コーパスワーク56』明治図書出版，pp. 122-123【初出出典】.

日臺滋之（2009）『中学 英語辞書の使い方ハンドブック』明治図書出版.

Daniel Lyttelton・日臺滋之（2010）『楽しい会話で英文法も身につく！　英語スキット・ベスト50──50 Skits for Learning English』明治図書出版.

執筆者（掲載順）

高橋貞雄（たかはし・さだお）＝編者，はじめに，第1章
　玉川大学卒業，玉川大学大学院文学研究科修了，レディング大学大学院言語科学研究科修了。応用言語学修士（MPhil in Applied Linguistics）。玉川大学名誉教授。専門は英語教育学・応用言語学，特に英語教授法，教材論，カリキュラム論，言語習得論，言語文化教育論。大学英語教育学会理事・教材研究会代表，大学入試センター客員教授，ILEC言語教育文化研究所理事，文部科学省検定中学校英語教科書著者代表等を歴任。おもな著書・訳書に，『英語授業デザイン――学習空間づくりの教授法と実践』（共著，大修館書店），『ロングマン言語教育・応用言語学用語辞典』（共訳，南雲堂），*Interactive Reading : Global Communication*（JACET教材研究会編，朝日出版社）等がある。

根岸雅史（ねぎし・まさし）＝第2章
　東京外国語大学卒業，東京学芸大学大学院教育学研究科英語教育専攻修士課程修了，レディング大学大学院言語学研究科応用言語学専攻修士課程修了。言語学博士（レディング大学）。東京外国語大学大学院教授。専門は英語教育学，言語テスト，言語能力評価枠組み研究。「外国語能力の向上に関する検討会」委員，「英語力評価及び入学者選抜における英語の資格・検定試験の活用促進に関する作業部会」委員。学習指導要領実施状況調査および様々な英語力調査に長年関わる。おもな著書に，『コミュニカティブ・テスティングへの挑戦』（三省堂），『無責任なテストが「落ちこぼれ」を作る』（共著，大修館書店），『CEFR-Jガイドブック』（分担執筆，大修館書店）等がある。

酒井英樹（さかい・ひでき）＝第3章
　信州大学教育学部卒業，信州大学大学院教育学研究科修士課程修了，テンプル大学大学院博士課程修了。教育学博士（Doctor of Education）。信州大学学術研究院教育学系教授。専門は第二言語習得（SLA）および英語教育学。小学校英語教育学会理事，日本児童英語教育学会理事，日英・英語教育学会会長，全国語学教育学会JALT Journal Editorial Board，中部地区英語教育学会運営委員を務める。おもな著書に，『小学校の外国語活動　基本の「き」』（大修館書店），『小中連携を意識した中学校英語の改善』（共著，三省堂），『英語が使える日本人の育成――MERRIER Approachのすすめ』（共著，三省堂）等がある。

日臺滋之（ひだい・しげゆき）＝第4章，第7章
　玉川大学文学部英米文学科卒業，東京学芸大学大学院教育学研究科英語教育専攻修了。教育学修士。長野県，東京都の公立中学校，東京学芸大学附属世田谷中学校教諭を経て，現在，玉川大学文学部教授。専門は英語教育学。英語コーパス学会所属。1991年，英国ノッティンガム大学（文部省奨学生）研修。第44回全国英語教育研究団体連合会（全英連東京大会）中学校授業実演者，2008年度文部科学大臣優秀教員表彰（学習指導）。おもな著書に，『中学 英語辞書の使い方ハンドブック』（明治図書出版），『英語力はどのように伸びてゆくか』（共著，大修館書店），『英語授業は集中！――中学英語『633システム』の試み』（共著，東京学芸大学出版会），『これからの英語の研究と教育――連携教育の展開と課題』（共著，成美堂）等がある。

工藤洋路（くどう・ようじ）＝第5章，おもな英語試験

東京外国語大学卒業，同大学院博士前期課程修了，同大学院博士後期課程修了。学術博士。玉川大学文学部英語教育学科准教授。専門は英語教育学，英語ライティング論，英語授業論。ELEC同友会英語教育学会副会長，同ライティング部会部長。おもな著書・論文に，『英語授業ハンドブック〈高校編〉』（第4章「ライティング」，大修館書店），「日本人英語学習者のライティングにおける結束性の特徴」東京外国語大学博士論文（2011年），「英語習熟度別に見る英語学習の実態と英語に対する意識の違い〜これからの英語の学習と指導への示唆〜」『研究所報VOL. 56　第1回中学校英語に関する基本調査報告書【教員調査・生徒調査】』（Benesse教育研究開発センター）等がある。

松沢伸二（まつざわ・しんじ）＝第6章

新潟大学教育学部卒業，東京学芸大学大学院教育学研究科修了。教育学修士。レディング大学大学院応用言語学科修了。応用言語学修士。新潟大学教育学部教授。専門は，外国語コミュニケーション能力の養成を重視するコミュニカティブ・ティーチング理論を，日本の学校英語教育でのカリキュラム，教材，学習指導，テスト，評価，教員養成，教員研修，校内研究などに応用する研究。新潟大学教育学部英語学会会長，コミュニカティブ・ティーチング研究会顧問，関東甲信越英語教育学会会長，全国英語教育学会理事。おもな著書に，『英語教師のための新しい評価法』（大修館書店），『英語教育学大系第13巻　テスティングと評価──4技能の測定から大学入試まで』（共著，大修館書店）等がある。

新しい英語教育の展開

2016年 3月25日　初版第1刷発行

編者　―――　高橋貞雄
発行者　―――　小原芳明
発行所　―――　玉川大学出版部
　　　　　　〒194-8610　東京都町田市玉川学園6-1-1
　　　　　　TEL 042-739-8935　FAX 042-739-8940
　　　　　　http://www.tamagawa.jp/up/
　　　　　　振替　00180-7-26665
装幀　―――　水橋真奈美（ヒロ工房）
印刷・製本――株式会社クイックス

乱丁・落丁本はお取り替えいたします。
©Sadao Takahashi 2016　Printed in Japan
ISBN978-4-472-40512-9 C3082 / NDC376

玉川大学出版部の本

「小学校英語」指導法ハンドブック

J・ブルースター／G・エリス 著
佐藤久美子 編訳
大久保洋子／杉浦正好／八田玄二 訳
A5判並製・384頁　本体3,600円

小学校英語教師向けに、そのノウハウを説いた一冊

*

先生、英語のお話を聞かせて！
小学校英語「読み聞かせ」ガイドブック

J・ブルースター／G・エリス 著
松香洋子 監訳
八田玄二／加藤佳子 訳
B5判並製・304頁　本体3,800円

教室で指導しやすい、英語「読み聞かせ」の理論と方法

*

きょうから私も英語の先生！
小学校英語指導法ガイドブック

佐藤久美子／松香洋子 著
B5判並製・216頁　本体3,000円

言語獲得に関する研究成果から、子どもが楽しめる活動案を提供

*

チュートリアルで学ぶ
新しい「小学校英語」の教え方

シーラ・リクソン／小林美代子／八田玄二／宮本　弦／山下千里 編著
B5判並製・408頁　本体3,600円

チュートリアル（面接指導）を疑似体験しながら、小学校英語の全般を理解

表示価格は税別です。